エリア・スタディーズ 139

ASEANを知るための50章

【第2版】

黒柳米司、金子芳樹、
吉野文雄、山田　満（編著）

明石書店

まえがき

本書は、2015年に刊行された『ASEANを知るための50章』の改訂版である。周知の如く東南アジア諸国連合（ASEAN）という地域協力機構は、1967年に海洋部東南アジア5ヵ国によって創設され、その後逐次参加国を増大して10ヵ国体制を整え、さらに2023年春、東ティモールを11番目の加盟国とすることを原則了承する「ロードマップ」を採択して今日に至っている。

東南アジア地域における地域機構としては、親米派諸国の反共同盟としての「東南アジア条約機構（SEATO）」、英連邦諸国を束ねた「5ヵ国防衛取決め（FPDA）」などがあったが、これらは域外大国主導の反共軍事機構であった。

これらと対照的にASEANは、一つには、東南アジア諸国独自の発意により、域内諸国のみで構成され、運営されたという自発性、もう一つは、域内諸国の友好協力を目的としたという非軍事性において、戦後初めて登場した地域協力機構であった。

創設から57年を迎えてASEANは、初版刊行から2024年の今日までに、広域アジア太平洋に生じた地域・国際環境の変容や、域内のあれこれの政治情勢の変化に起因する多様な挑戦に直面し、これらに対応してその機能と国際的評価とを維持するか、これを果たせず衰退を迎えるかの岐路に立たされている。

奇しくも2023年末には「日本・ASEAN交流55周年記念」を迎えたことから、本書の執筆者諸兄姉は、岐路にあるＡＳＥＡＮの基礎を再確認し、直面する問題を解明し、合わせて今後の展望を検討するという課題を設定して執筆に臨んだ。

その基本的認識には、初刊発行以来、域内・域外に生じた主要な変動、両者の相関をめぐる地政学の新潮流がＡＳＥＡＮに与えたインパクトが、ＡＳＥＡＮにいかなる展望をもたらすかの問題があった。

21世紀冒頭の現在、ＡＳＥＡＮは、いまやほとんど全欧州を包摂するに至った欧州連合（ＥＵ）に次いで実効的な地域協力機構であるとの国際的評価を確保するに至った。実際、域内10ヵ国をメンバーとし、東南アジアと等身大になったＡＳＥＡＮを理解することなしには東南アジアを理解することは事実上不可能であるといっても過言ではあるまい。

もっとも重要なことは、１９６７年にインドネシア・マレーシア・フィリピン・シンガポール・タイの５ヵ国がＡＳＥＡＮを結成したことは、第２次世界大戦後の東南アジア地域にとって、ある種の地殻変動の出発点となったという点である。端的には、混乱と紛争、貧困と後進性によって特徴づけられてきた東南アジア――より正確には海洋部東南アジア――に平和と安定、そして成長と発展をもたらす契機を提供したのがＡＳＥＡＮだったのである。

１９６７年に誕生したＡＳＥＡＮは、全文わずか５００語余りの「バンコク宣言」をよりどころとして地域協力の歩みを始めた。ＡＳＥＡＮは、ほぼ唯一の実効的制度ともいえる「定期閣僚会議」（外相会議）を通じて域内の外交エリート間に徐々に対話の機運と相互理解をもたらし、次第に地域的アイデンティティを醸成するところとなった。海洋部東南アジアの平和と安定は、いわばその延長線上に収穫された果実に他ならなかった。

しかし、これによって「東南アジアのＡＳＥＡＮ化」や「一つの東南アジア」が実現したというのは、もちろん、過大評価に過ぎる。というのは、何よりもＡＳＥＡＮに加盟したのはもっぱら「海洋部東南アジア」の諸国であり、「大陸部東南アジア」に属するインドシナ３国――ベトナム・ラオス・カンボジア――やビルマ（現ミャンマー）はその埒外にあったからである。いうまでもなく、ＡＳＥＡＮ結成当時の地域国際情勢の基調は冷戦であり、その冷戦の力学との関連でいえば、ＡＳＥＡＮはまさしく「反共諸国の連合」にほかならなかった。その限りでいえば、ＡＳＥＡＮの誕生がもたらしたのは、概念的には「二つの東南アジア」――反共のＡＳＥＡＮと社会主義のインドシナ――でしかなかったのである。

域内の歴史的遺産ともいうべき複雑な緊張要因を継承したまま成立したＡＳＥＡＮは当初、いわば存続そのものを自己目的とせざるをえないほど脆弱な協議体であったが、やがて、域内諸国の友好連帯のシンボルとなり、外交政策における共同歩調をとるよう調整する力量を獲得し、対外的にも交渉力・発言力・影響力を着実に蓄積していった。とりわけ、１９７８年末から91年までの13年間におよぶ「国際内戦」たるカンボジア紛争の平和的解決に際して果たした役割はＡＳＥＡＮの国際的評価を顕著に高めることとなった。

１９８０年代末、冷戦構造が崩壊するにいたって、ＡＳＥＡＮとしても新たな地域国際環境の下でその役割や位置を模索する必要に迫られた。そのときＡＳＥＡＮは、米中両国が影響力を求めて対峙しつつ相互に牽制する間隙をぬう形で「アジア太平洋における広域対話」という方向性を打ち出し、

1993年には「ASEAN地域フォーラム」(ARF)などを通じて、弱体な諸国の連合体にもかかわらず——従来は大国のみが担ってきた——地域秩序の構築に主導的な役割を果たすのに成功した。「ASEANの中心性」という自負が登場したのはこのためである。

本書が、読者にASEANへの関心を導き、アジア太平洋地域の複雑で微妙な文脈の中でASEANを理解する視線を養い、あるいは将来のASEAN研究への契機を提供することができれば、編者として無上の喜びである。

編者を代表して

黒柳米司

2024年6月

ＡＳＥＡＮを知るための50章【第２版】

目次

Ⅲ　ASEANの理念と規範

Ⅳ　ＡＳＥＡＮの安全保障問題

Ⅴ　ＡＳＥＡＮの経済統合

Ⅵ　ASEANの社会文化協力

Ⅸ ASEANの展望と評価

注 本文中ではアルファベットの略語で表記される用語の多くで全表記を省略した。全表記については巻末の略語一覧を参照されたい。

データ		政治的データ		
主要宗教	主要言語	政治体制	自由度	透明度（位）
イスラム（82.1%）国教 仏教（6.3%） キリスト教（6.7%）	マレー語（公用語）	立憲君主制	非自由	n.a
仏教	クメール語	立憲君主制	非自由	150
イスラム（86.69%） キリスト教（10.72%） ヒンドゥー教（1.74%）	インドネシア語	共和制	部分的自由	110
仏教	ラオス語	人民民主共和制	非自由	126
イスラム（64%）国教 仏教（19%） キリスト教（9%） ヒンドゥー教（6%）	マレー語（国語） 中国語 タミール語 英語	立憲君主制	部分的自由	61
仏教（90%）	ミャンマー語（公用語）	共和制、大統領制	非自由	157
カトリック（83%） キリスト教（10%） イスラム（5%）	フィリピノ語（国語） 英語	共和制	部分的自由	116
仏教 イスラム キリスト教 道教 ヒンドゥー教	マレー語（国語） 英語 中国語 タミール語	立憲共和制	部分的自由	5
仏教（94%） イスラム（5%）	タイ語	立憲君主制	非自由	101
仏教 カトリック カオダイ教	ベトナム語	社会主義共和国	非自由	77
キリスト教 99.1% （大半がカトリック）	テトゥン語及びポルトガル語（公用語） インドネシア語及び英語（実用語）	共和制	自由	77

3. 「透明度」データは Transparency International の Corruption Perceptions Index 2022 による。180ヵ国中の順位（ランクが低いほど腐敗度が高い）。

● ASEAN 加盟諸国の概要 ●

基礎的

国名	人口（百万人）	面積（万 km²）	GDP（億ドル）	GDP ／人（ドル）	主要民族
ブルネイ・ダルサラーム	0.4	0.6	140.0	30,320（GNI 値）	マレー系（67.4%） 中華系（9.6%）
カンボジア王国	15.3	18.1	262.0	1,780.0	クメール人（90%）
インドネシア共和国	270.0	192.0	10,584.0	4,349.5	大半がマレー系
ラオス人民共和国	7.3	24.0	190.0	2,595.0	ラオ族（過半数）
マレーシア連邦	32.6	33.0	14,166（億リンギット）	10,270.0	マレー系約 70% （先住民 15%を含む） 中華系約 23% インド系約 7%
ミャンマー連邦共和国	51.1	68.0	595.0	1,105.0	ビルマ族（約 70%）
フィリピン共和国	109.3	29.8	3,615.0	3,572.0	大半がマレー系
シンガポール共和国	5.7	0.1	4,690（億シンガポールドル）	82,503（シンガポールドル）	中華系（76%） マレー系（15%） インド系（7.5%）
タイ王国	66.0	51.4	4,952.0	7,089.0	大半がタイ族
ベトナム社会主義共和国	99.4	32.9	4,110.0	4,110.0	キン族（越人）（約 86%）
東ティモール民主共和国	1.3	1.5	1,902.0	1,660.0	メラネシア系 パプア系

備考

1. 基礎的データは外務省 HP（2020）による。
2. 「自由度」データは Freedam House（2022）による。

【東アジア地図】（網掛け部分が ASEAN 加盟国）

I

ASEAN 生成発展の歴史

1

ASEANの誕生

★拙速ぎみの機構立ち上げ★

前史としての「マレーシア紛争」

東南アジア諸国連合（ASEAN）は、冷戦の厳しい緊張状況のただ中に、海洋部5ヵ国――インドネシア、マレーシア、フィリピン、シンガポール、およびタイ――によって創設された地域協力のための機構である。

ASEAN結成をめぐって象徴的なことは、これに先立つ数年間、（タイを除く）海洋部東南アジア諸国は、「マレーシア紛争」と総称される錯綜した対立・敵対状況の渦中にあったという事実である。一つには、マラヤ、シンガポール、ボルネオという英領3地域を糾合して独立させようとする「マレーシア連邦」構想に対して、スカルノ大統領の下で北京＝ジャカルタ枢軸とさえ称される容共路線に傾斜したインドネシアが反発し、「マレーシア粉砕」を呼号する「対決外交」(Konfrontasi) を展開したイデオロギー的対立である。第二は、英領ボルネオの一部サバ地域への領有権を主張するフィリピンがマレーシア構想に異を唱えたため悪化した領土紛争。そして第三が、マレーシアの一州に取り込まれた華人を中核とするシンガポールが、連邦がマレー人中心で運営される――「ブミプトラ」政策――ことに反発して、華人の地位向上を求める機運を高め、連邦内に人種間反目を悪化させたという側面である。

この複合的な紛争は、1965年半ば以降、域内で進行した一連の地殻変動によって急速に終息に向かった。第一は、インドネシア共産党系の国軍部隊の一部が決起し、反共派と目される国軍指導部6名を誘拐・殺害した、いわゆる「9月30日事件」である。インドネシア共産党に支持されたスカルノ大統領に批判的な国軍反共派は、事件を「共産主義者による政府転覆の陰謀」とみなすスハルト准将の下に反撃に転じ、当時300万人とされる党員を擁するインドネシア共産党を容赦なく壊滅に追い込んだ。その延長線上で、スカルノ大統領は失脚し、代わってスハルト将軍が大統領に就任したことで、インドネシアは一気に反共路線に転じた。

第二に、サバ州問題でマレーシアと対立してきたフィリピンでも、1965年末の大統領選挙でマカパガルを破ってフェルディナンド・マルコスが大統領に就任し、サバ問題の棚上げによるマレーシアとの関係正常化に着手したことで潮目が変わった。

さらにシンガポールでは、「マレー人のマレーシア」をスローガンとする連邦政府と華人が圧倒的に多数を占めるシンガポールとの軋轢が限界に達し、1965年8月、シンガポールの分離独立という形で決着を迎えた。

かくして海洋部東南アジア諸国の間に、二度とこの紛争状況が再現されぬよう地域環境を整えることが不可欠であるとの共通認識が生まれ、ようやく地域協力の枠組みが外交日程に上るにいたったのである。

地域主義の歴史的先例

これとの関係で想起すべきは、この地域には歴史的にいくつかの――背景を異にする――地域協力の先例があったという事実である。

そもそも近代的意味での地域概念としての東南アジアは、第二次大戦中に英国が、太平洋地域に展開される日本軍を排除した後の連合国主導の地域秩序を構築すべく創設した――セイロンに本部を置き、ビルマ・マラヤ・スマトラなど英領各地を管轄する――「東南アジア司令部」（SEAC）を嚆矢とする。それ以前には、「南洋あるいは南方」というきわめて茫漠たる地域概念が用いられるにすぎなかった。次いで、戦後1954年には、中ソという共産主義諸国の膨張を阻止すべく米国が組織した「東南アジア条約機構」（SEATO）――米英両国を中核に、仏・豪・NZの欧米諸国にフィリピン・タイを糾合した――が成立している。

これらは、いずれも域外国主導型の、いわば外からの地域主義であった。これと対照的に、その発意も構成も主体も内発的な地域主義にも若干の先例を見ることができる。もっとも早くは、1947年、インドで開催された「アジア諸国会議」があるが、これは広域アジアのゆるやかな対話の場以上のものではなかった。

東南アジアに限ってみれば、一方には1961年、マラヤが提唱し、タイ、フィリピンが参加して3ヵ国で結成された「東南アジア連合」（ASA）があった。ASA憲章には、「東南アジア諸国間の経済・文化協力のための連合」と位置づけられている。しかし、マレーシア紛争の渦中で機能停止に陥った。他方には、1963年、マレーシア紛争処理の目的で協議を重ねたマレーシア・フィリピン・インドネシア3ヵ国の頭文字からなる協議体たる「マフィリンド」(MAPHILINDO)がある。
マレーシア紛争の終結を契機として東南アジア諸国の平和的発展を志向する努力が始動したが、域内諸国にとっての最後のハードルとなったのが、ASAに立脚するか、MAPHILINDOを母体とするかの選択であった。マレーシアは機構としての体裁を備えていたASAの復活と拡大を優先したが、域内大国インドネシアは非同盟路線を許容するMAPHILINDOの拡大を志向した。親米諸国からなるASAに膝を屈して加盟申請する形となることが受け入れがたかったからである。

ASEANの成立

この三つ巴の軋轢を緩和するイニシアティブをとったのは、マレーシア紛争の域外にあったタイのタナット・コーマン外相で、インドネシタのアダム・マリク外相との意見調整を重ね、ASEANの原型ともいうべき構想を描いていった。機構面では先行的なASAを基調とし、設立原理に非同盟インドネシアの主張――域内外国軍事基地は一時的なもの――を反映させるというバランス感覚の産物であった。

この機構は「東南アジア地域協力連合」(SEAARC)と名付けられ、「インド・パキスタンの東、中国・日本の南にあたる全域」の諸国に参加を呼びかけていた。主導国のインドネシアは、非同盟に傾斜していたビルマ・カンボジアの参加を呼びかけ、タナットはマレーシア・フィリピンにインドネシアとの和解に連なる地域協力体への参加を呼びかけるという作業分担で地域世論に働きかけた、

1967年8月4日、バンコク郊外バンセンの準備的会合に参加したのは、インドネシア・マレー

シア・フィリピン・シンガポールおよびタイの5ヵ国外相であった。すでに地域機構の設立に向けた基調で合意が成立していたが、バンセン会議の過程で、SEAARCという地域機構の名称につきフィリピンが難色を示した。発音が「鮫」(shark)に酷似して不気味というのである。これについては、インドネシアのアダム・マリク外相がASEANの名称を提案して成案となり、8月8日の外相会議でバンコク宣言を発出して無事発足するところとなった。

最後に、これまで言及されることは稀だったが、ASEANという地域協力機構の名については、米国の東南アジア研究者R・フィフィールドが――1963年の自著で、米国の安全保障の見地から――「共産主義の膨張に抗する防潮堤としてのASEAN創設の必要性」を訴えている。ただ、マリク外相がこれにならったのか、別途同じ名称を着想したのかは判然としない。

ASEAN成立期の地域・国際環境

ASEAN結成当時の地域・国際情勢は、冷戦真っ只中で、隣接する大陸部ではベトナム戦争に集約される「熱戦」が最盛期にあった。したがって、インドシナの社会主義諸国は、親米諸国の協力体たるASEANに対して極めて批判的・敵対的であった。かくしてASEAN諸国は、これら隣接諸国の敵意を煽ることのないよう、「政治・安全保障」に関わる分野から身を遠ざける姿勢を堅持せねばならなかった。同様に米国も、これを「アジアの新しい波」として歓迎しつつ、これが米国の反共戦略の産物と見做されるような姿勢を厳に戒めてきた。

(黒柳米司)

2

ASEAN拡大の歴史

★ASEAN-5からASEAN-10へ★

１９６７年に海洋部を中心とする5ヵ国で発足したASEANは、１９８４年にブルネイを6番目の加盟国に迎え入れた。さらに１９９５年のベトナムに続き、１９９７年にラオスおよびミャンマーが、１９９９年にカンボジアが加盟したことによって、10ヵ国体制となった。その後、２００２年に東ティモールがインドネシアから独立しており、経済力や外交力をめぐり若干の加盟国から示されていた懸念も軽減されて、まもなく11番目の加盟国となる見通しである。しかし、ASEANの歴史のなかでも特別の意味をもっているのは、１９９０年代をつうじて進んだインドシナへの拡大であろう。それによって東南アジアがASEANとインドシナとに大きく分裂していた時代が終わり、ASEANはひとまず東南アジア規模の地域機構となったのである。

ASEANが発足したのは、ベトナム戦争が激化していた時期であり、ビルマと呼ばれていたミャンマーも鎖国的体制の下にあった。しかしASEANはインドシナの排除を大前提としていたわけではない。１９６７年のバンコク宣言には、ASEANが「その目標、原則および目的に賛同する東南アジア地域

表 2-1　ASEAN 加盟国

国　名	加盟年月日
インドネシア マレーシア フィリピン シンガポール タイ	1967 年 8 月　8 日
ブルネイ	1984 年 1 月　8 日
ベトナム	1995 年 7 月 28 日
ミャンマー ラオス	1997 年 7 月 23 日
カンボジア	1999 年 4 月 30 日

のすべての諸国を受け入れるものとする」と明記されていた。１９７５年以降にインドシナが共産化する前後にも、ＡＳＥＡＮ諸国はそれと敵対しない姿勢をみせていた。南ベトナムの失陥の翌月に開催された外相会合は、「各国はインドシナ諸国との間に友好的な関係を結ぶ用意がある」と表明するとともに、社会体制や政治体制の相違は関係の改善を妨げるものではないと述べていた。

しかしこれらは、長期の展望以上のものでは決してなかった。ＡＳＥＡＮ諸国の多くは国内の共産ゲリラと格闘してきた歴史をもち、北ベトナムの勝利が地域に及ぼす諸影響を警戒していた。ベトナムもＡＳＥＡＮ諸国をアメリカの従属国のようにみなす傾向があり、ＡＳＥＡＮへの疑念を払拭できないでいた。ＡＳＥＡＮとインドシナが互いの不信を解いて、本格的な融和の道を歩み出すには、域内外の障害は依然として大きかった。さらにアメリカの撤退後、インドシナをめぐる中国とソ連の抗争が激しくなったことも、ＡＳＥＡＮの姿勢を慎重なものとした。そして、１９７８年にベトナムがカンボジアに侵攻し、インドシナの勢力圏を強化する動きをみせると、東南アジアの分裂は決定的となった。

この状況を転換したのは１９８９年のベトナム軍の撤退であり、１９９１年のカンボジア和平協定の成立であった。しかしそれは原因というより、むしろ結果であった。ベトナムの内部では、経済を着実に発展させつつ自立性を強化しているＡＳＥＡＮ諸国や、ＡＳＥＡＮへの再評価が始まっていた。

最大の支援国であったソ連が路線を転換し、ベトナムに圧力をかけたことも、ＡＳＥＡＮへの接近を促していた。ＡＳＥＡＮもまた、冷戦構造が崩壊へ向かうとともに新たな存在感の確保を模索するようになり、組織の拡大を一つの方策として考え始めた。とりわけ日本やオーストラリアの主導でアジア太平洋の広域的な地域主義が本格的に動き始めたことは、ＡＳＥＡＮに「埋没」の危機感を抱かせていた。

ＡＳＥＡＮの拡大は、段階的なプロセスとして開始された。最初に東南アジア友好協力条約（ＴＡＣ）に加入し、一定の期間をおいて加盟国となったブルネイの先例が、インドシナの国々にも適用された。１９９２年のＡＳＥＡＮ外相会合において、ベトナムとラオスがＴＡＣに加入するとともに、ＡＳＥＡＮのオブザーバーの地位を与えられた。カンボジアもそれに続いた。これらの諸国は、ＡＳＥＡＮ地域フォーラムをはじめとする多国間協議にも参加しながら、ＡＳＥＡＮとの距離を縮めていった。ＡＳＥＡＮはさらに、人権・民主化問題を抱えていたミャンマーをも拡大の対象とした。こうして１９９５年のベトナムの加盟を経て、他の3ヵ国も１９９７年に加盟を認められる見通しとなった。

拡大のプロセスは大方の予想よりも速いペースで進行したが、それは中国が地域の潜在的な脅威と認識されるようになったことや、ＡＳＥＡＮ自身がアジア太平洋の政治対話に乗り出したことと、大いに関係していたであろう。いずれにしても、ＡＳＥＡＮは10ヵ国体制の成立によって、発足30年の節目を祝賀ムードで迎えるはずであった。しかし実際には、１９９７年の外相会合の直前に起きた国内の政変のために、カンボジアの加盟は延期された。カンボジアは2年後に加盟を認められたが、それをＡＳＥＡＮ内部で強く後押ししたのはベトナムであった。ベトナムは、自国が手を引いた後のカンボジアが地域の不安定要因となる可能性を懸念しており、それを「インドシナのＡＳＥＡＮ化」により回避しようとしたと考えられる。

ＡＳＥＡＮにとって、インドシナへの拡大はどのような意義があるのだろうか。第一に指摘すべきは、ＡＳＥＡＮが東南アジアの大部分を傘下に収めたことである。ＡＳＥＡＮはそれによって、望ましい地域秩序の形成という発足以来の課題に本格的に取り組むことが可能となった。第二に指摘すべきは、東南アジアの地域機構としての正統性が確立されたことである。それは国際社会におけるＡＳＥＡＮの対外的発言力を、さらに増大させる基盤となり得るものである。第三に指摘すべきは、ＡＳＥＡＮの市場としての潜在規模が拡大したことである。それは世界経済のグローバル化や中国の対外開放の進展のなかで、ＡＳＥＡＮ諸国の経済的な魅力を高めることに貢献するかもしれない。

しかしインドシナへの拡大は、ＡＳＥＡＮに多くの課題をもたらすものでもあった。たとえば欧米諸国の制裁対象であったミャンマーを加盟させたことは、ＡＳＥＡＮの対外関係を制約したのみでなく、加盟国の間に亀裂を生じさせる場合もあった。またカンボジアのように、中国に接近し、中国への依存の大きい加盟国の存在は、ＡＳＥＡＮが南シナ海問題をめぐって統一的な意思を形成するのを困難にする傾向がある。さらに新規に加盟したのが経済的に後発諸国であったことは、既加盟の先発諸国との格差、いわゆるＡＳＥＡＮ二層化問題を生み出している。こうした課題の克服は、ＡＳＥＡＮが拡大の果実を確かなものとするとともに、一層の発展を遂げるためには不可欠であるといえる。

（小笠原高雪）

3

ASEANの軌跡

★奇跡から危機まで★

時期区分

ASEANは、かつて貧困・混乱で特徴付けられてきた海洋部東南アジアに安定と秩序をもたらした。しかし、域内紛争の和解の延長線上に成立するという過程が示唆するように、加盟5ヵ国の深刻な相互不信は、容易には払拭されず、1970年代までのASEANは――域外のみならず、域内諸国から――その存続をさえ危ぶまれていた。しかし、域内平和と安定を希求する原加盟5ヵ国首脳部の英知と努力の結果、当初の期待を超えて存続したばかりか、やがて地域統合の理想型とされるEUに次ぐとさえ評価される地域協力機構にまで成長した（次ページ表）。

揺籃期

1967年夏にASEANが発足したものの、それは域内諸国間の相互不信の払拭を意味したわけではなく、その道程は険しいものであった。ASEAN結成翌年にはマレーシア紛争の残滓の再燃という形で早くもその活断層が露呈した。1968年、ミンダナオ出身者からなるサバ侵攻作戦の参加者がフィ

表3-1　ASEANの時期区分（設立〜1990年代）

時期	期間	概要
揺籃期	1967〜70年	ジャビダの虐殺、マレーシア・フィリピン断交／復交、インドネシア・シンガポール反目
離陸期	1971〜77年	ZOPFAN、対日ゴム交渉、TAC、第1回サミット、バリ協和宣言
成熟期	1978〜88年	カンボジア国際内戦
挫折	1988／89年	アジア通貨危機、スハルト政権崩壊

（筆者作成）

リピン政府に処刑された事件（ジャビダの虐殺）で、フィリピンがサバ州奪還を断念していないことを白日の下に晒した。かくしてマレーシアとフィリピンは、1968年11月、国交断絶状態に陥ったが、両国が、翌年末、「ASEANという地域協力の精神に鑑みて」復交が実現したことは注目に値する。

他方、1968年10月、マレーシア紛争の渦中でシンガポールに潜入して破壊工作を行ったとして2名のインドネシア海兵隊員が処刑された。これにはスハルト大統領が助命嘆願を提示していたが、シンガポールは自国の法的手続きは他国の干渉で曲げられることはないとしてこれを忌避した。この結果、インドネシア国内でシンガポール大使館襲撃など激しい反シンガポール感情が炎上したが、アダム・マリク外相ら新体制指導部が冷静な対応を要請することで、かろうじて事態の沈静化に成功している。

離陸期

域内不和が反復したこともあってASEANの存続に関する悲観論が横溢したのも当然であった。こうした評価に変化が生じたのは、域内諸国間指導部の地道な接触・交流——ときには首脳部の会食やゴルフ・コースでの語らい——が蓄積され、1970年代初頭のあれこれの外交的実績が実った結果である。タイのタナット・コーマン外相はこれを「スポーツ・シャツ外交」と呼んでいる。

1971年11月、ASEAN外相はクアラルンプールで開催された特別外相会議で「東南アジア平和・自由・中立地帯」(ZOPFAN)宣言を採択した。ASEAN結成以来初めての外交政策上の成果として注目に値する。次いで1973年には、日本の合成ゴム生産・輸出に苦しむインドネシア・マレーシア・タイなど産出国にフィリピン・シンガポールなど非産出国が同調して、ASEANとして日本の自粛を求める折衝に当たり、一定の成果を得た。さらに1976年には、「東南アジア友好協力条約」(TAC)を採択、領土・主権の尊重、内政不干渉、紛争の平和的解決などの諸原則を——ASEANに限定せず、東南アジア全域の規範として——確認している。

成熟期

1975年、南北で戦闘が続いていたベトナムで南ベトナムの首都サイゴンが陥落し、同じくカンボジアのプノンペン、ラオスのビエンチャンも共産主義者に屈し、いわば社会主義インドシナ半島が出現したことで、ASEAN諸国にも深甚な衝撃波が打ち寄せた
これを受けてASEAN結成10周年にあたる1976年2月、域内5ヵ国首脳が初めて一堂に会して「ASEAN首脳会議」が開催されたことは、ASEAN離陸期の到達点であった。同会議では、域内の結束を誓う「バリ協和宣言」とASEAN事務局創設が合意されている。
一連の外交成果を積み重ねたASEANは、1970年台末、安全保障上の重要な試練に直面し、これを克服することで一段と国際評価を高めた。1978年末、中ソ対立が先鋭化する中、ソ連に支

持されたベトナムが、親中派カンボジア（ポル・ポト政権）に侵攻したことで触発されたカンボジア国際内戦が勃発した。大陸部タイはこれと国境を接する「前線国家」の位置にあった。最悪の場合、ASEAN諸国が「ドミノの駒」ともなりかねないことが懸念された。かくして、いかなる手段を講じても紛争を処理し、地域の安全を確保せねばならない運命に置かれたASEANは、⑴カンボジア内部に反ベトナム諸勢力を糾合し「カンボジア連合政府」を結成し、⑵国連では「民族自決・外国軍隊撤退」などを強調して国際世論を動員することに成功し、⑶ベトナムには①中ソからの自立維持、②タイの安全保障確約を前提に③インドシナ半島への主導的影響力を容認などからなる「クアンタン原則」に基づく妥協を提案するなどして、紛争の終結に決定的な役割を果たした。

絶頂から奈落へ

加えて、1978年の「ASEAN日本外相会議」を皮切りに、域外諸国との間で広範囲な分野に渡る意見交換を行う一連の——79年には米EC豪NZ、80年にはカナダ——「拡大外相会議」を推進した。その延長線上に、1994年にはアジア太平洋の広域・多国間安全保障対話メカニズムとしての「ASEAN地域フォーラム」（ARF）を発足させるなどめざましい成果を積み重ねた。翌95年、「ARFコンセプト・ペーパー」を発表、アジア太平洋諸国は地域平和と安全のため「ASEAN体験」の先例に倣うべきであるとし、⑴信頼醸成の促進、⑵予防外交の展開、⑶紛争解決へのアプローチという三段階シナリオを提唱したのは、その自信の現れであったろう。

しかし、その絶頂期からわずか3年後の1997〜98年にかけて、タイの通貨バーツの暴落を端緒として域内諸国（とりわけインドネシア）の経済に深甚な打撃を与えた「アジア危機」に見舞われた。ＡＳＥＡＮ諸国は自国の危機に対応するのが精一杯で、事態の救済にはＩＭＦなど国際社会の支援にすがる他なかった。当然ながら、ＡＳＥＡＮの国際的評価も最低限にまで転落した。

バーツ暴落の煽りでルピアも暴落したインドネシアでは、30余年におよぶ独裁体制を維持してきたスハルト大統領への国民の怒りがジャカルタ暴動をもたらし、ついにスハルトを辞任に追い込んだ。１９９０年代末、本来的リーダーとしてのインドネシアを失ったＡＳＥＡＮは、いわば漂流状態に陥ったとさえいえる。

（黒柳米司）

4

ASEAN 共同体論

★地域対話から共同体への里程標★

不毛な地域環境

シンガポールのK・マブバニは、国際社会で地域統合に相応しい地域を求めれば、東南アジアは恐らく最後の地点であろうと断じている。実際、直感的に検討しても、(1)民族・言語・宗教の多様性、(2)経済発展段階の格差、(3)政治体制の相違、(4)旧宗主国、(5)国力（人口・面積）、(6)歴史などなど、東南アジア諸国を塗り分ける要因は極めて多様である。かくして、「多様性の統一」(Binneka Tuggal Ika) を国是とするインドネシアに倣うように、ASEAN自体も「多様性の統一」をモットーに選び、ASEAN歌もこれを主題としている。さればこそマブバニは、結成当初には、その存続さえ危ぶまれたASEANが、ほぼ半世紀後には「ASEAN共同体」を射程に入れるほどの成果を達成したことを「ASEANの奇跡」と呼び、ノーベル平和賞に値するとさえ論じているのである。

地域統合で先行する欧州も「多様性の統一」をモットーとしているという事実は、非常に重要な論点を提供してくれる。しばしば指摘されるように、欧州統合の起点は米国の欧州戦後復興構想としての「マーシャル・プラン」に触発された仏・独

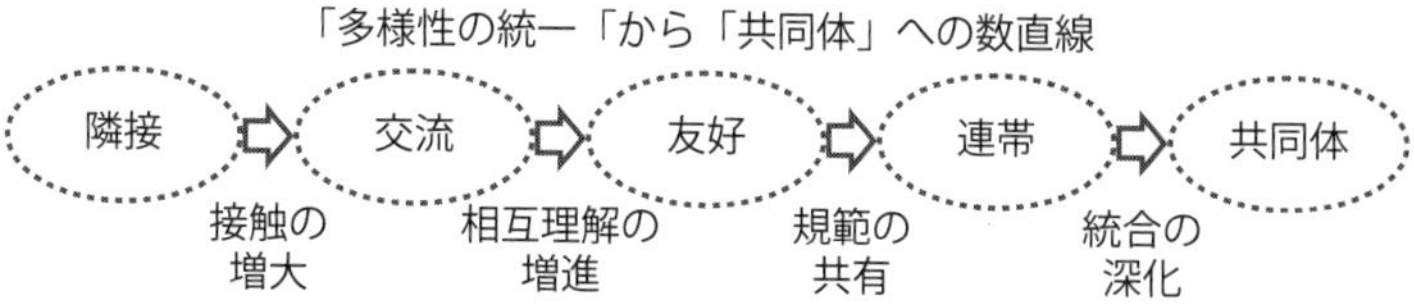

図 4-1　共同体への里程標：欧州と東南アジア
（筆者作成）

など西欧諸国が１９５１年パリ条約で構想した「欧州石炭鉄鋼共同体」（ＥＣＳＣ）にある。石炭と鉄鋼という資源を主眼としてはいたが、当初から「地域統合」を志向していたことは明らかである。他方、ＡＳＥＡＮは、本書第1章が示すごとく、まずもってかつての敵対関係の再燃を回避することに主眼がおかれていた。

１９５７年のローマ条約で、西欧6ヵ国からなる「欧州経済共同体」（ＥＥＣ）が設立され、１９６７年のブリュッセル条約で「欧州共同体」（ＥＣ）、１９９３年のマーストリヒト条約で「欧州連合」（ＥＵ）にまで統合が深化している。閣僚理事会や司法裁判所などを設け、地域統合のため加盟諸国の主権にさえ制限をかける「超国家主義」の歩みである。

これと対照的に、１９７７年、初の首脳会議に際して発出された「ＡＳＥＡＮ協和宣言」は、前文の末尾で「加盟各国は、地域的アイデンティティを醸成し、強固なＡＳＥＡＮ共同体を構築すべくあらゆる努力を尽くさねばならない」と規定しており、その際の原則として自決・主権平等・内政不干渉という三つが明示されている。端的に言って、ＡＳＥＡＮ共同体は「ASEAN Way」に立脚したＡＳＥＡＮ型共同体」なのである。

興味深いことに、ＥＵは「多様性」を尊重する趣旨からか、条約文などは域内24ヵ国語で記録される制度になっているが、ＡＳＥＡＮは、逆に、「統一」

を優先したか、公用作業用語は英語とされる（ASEAN憲章第34条）。前述のK・マブバニは、これを行政的プラグマティズムと呼び、「EUがASEANから学びうること」の四つのうちの第三に数えている。

共同体への軌道修正

もちろん、これまで、ASEANの公式文書の中で「共同体」の語が用いられたことがなかったわけではない。実際、設立文書にあたるバンコク宣言にさえ、第2章の冒頭に「東南アジア諸国の平和で繁栄した共同体」の基盤を強化すべく、域内の経済成長・社会発展・文化発展を促進することが機構の目的として明記されている。ここにいう「共同体」は、しかし、一連の協力プロジェクトで連帯感を醸成しつつある諸国を包摂する「地域的広がり」程度の意味に理解さるべきものである。1997年、世紀の変わり目にあってASEAN首脳は、2020年までに構築すべきASEANのあるべき姿――東南アジア諸国の協調、ダイナミックな発展へのパートナーシップ、福祉的な社会の共同体、および外向きのASEAN――を想定して「ASEANビジョン2020」を採択した。ここにいう共同体もまたそれ以上のものではない。

ASEANが今日的意味における「共同体」の構築に向けて明確に軌道を設定したのは、2003年の「第二ASEAN協和宣言」（BCⅡ）においてである。言い換えれば、アジア危機前後から、ASEANの低迷ぶりに対する反省に立って、域内では再活性化を図る動きが始動しており、ASEAN共同体構想はその到達点であったといえる。では、この「共同体を特徴づける要素」はいかなるも

表 4-1　ASEAN 再活性化への軌跡

年	主体	内容	備考
1997	非公式サミット	ASEAN ビジョン 2020	2020 年までに 3 共同体構築
1998	非公式サミット	ハノイ行動計画（HPA）	上記実現へのシナリオ
2003	R. スクマ	「ASEAN の将来」	ASEAN の「リセット」提案
2003	第 9 回サミット	第 2 協和宣言（BCII）	再活性化努力の総括
2004	第 10 回サミット	ビエンチャン行動計画	ASEAN 共同体への道程
2007	第 13 回サミット	ASEAN 憲章	ASEAN の成文憲章
2015	第 26 回サミット	ASEAN 共同体設立宣言	2015 年 12 月 31 日を期限に

（筆者作成）

のであったのか。

２００３年、インドネシアの代表的論客たるリザール・スクマは、ある民間ワークショップで、数ヵ月後に予定される非公式サミットをＡＳＥＡＮ再活性化論議の絶好の機会とみなし、インドネシアがＡＳＥＡＮにおける「戦略的中心性」を回復し、これを通じて国際社会におけるＡＳＥＡＮの「外交的中心性」を回復すべきであると強調している。スクマの見るところ、ＡＳＥＡＮの凋落は、⑴急速なメンバー増加（84年にブルネイ、93年にベトナム、97年にラオスとミャンマー、99年カンボジア）、⑵域内先進諸国における政情不安、および⑶インドネシアのリーダーシップ喪失に起因するという。

スクマはさらに、軍事同盟との誤解を回避すべく、安全保障関連の協力への言及をタブー視してきたＡＳＥＡＮの従来の姿勢を「平和への経済路線」と呼び、域内の平和的発展が経済協力の延長線上でのみ達成できるとする虚構から脱却せねばならないと警告している。ＡＳＥＡＮは、今や古い体質をリセットして再起すべき時を迎えたという。これに失敗すれば、国際社会において周辺化し、不適切化の運命を迎えるのみであると。

かくして、ＡＳＥＡＮ再活性化に向けて望ましい改革として、⑴２０２０年までに「ＡＳＥＡＮ安全保障共同体」の構築、⑵意思決定における「ＡＳＥＡＮマイナスＸ方式」の採用など ASEAN Way の軌道修正、⑶新バリ協和宣言かASEAN安全保障共同体宣言の発出などを提唱している。同年に採択された「第2ASEAN協和宣言」はまさにこの路線を忠実に反映しており、ASEAN共同体については、政治安全保障・経済・社会文化という3本の柱からなると既定している。

ASEAN共同体創設

ASEANの制度化の面で画期的な前進は、2007年に成立した――前文および13章全55条からなる――「ASEAN憲章」であろう。これによって、ASEANは「法人格を有する地域機構」と位置づけられ、ASEAN共同体創設に向け、意思決定手続き、機構強化、および民主主義、法の支配、人権尊重、グッドガバナンス等の規範の確立が規定されている。結成時に組織をあげて固執してきた行動規範としての"ASEAN Way"の非公式主義からは対極的に乖離した成文憲章となっている。文言上からは、欧米型の自由民主主義的規範への接近が顕著である。

こうした革新的な部分は、2006年、ASEAN強化に向けた大胆で先見性のある見解を求められた加盟各国を代表する有識者10名で構成された「賢人会議」（EPG）の勧告に負うところが大きい。ただ、域内保守派の抵抗もあって、EPG報告書第5部に含まれた勧告のうち、重大な規則違反を犯した加盟国に対する「制裁」条項、および安全保障や外交などに関わる重要事項以外でコンセンサスが成立しなかった場合の意思決定には「多数決」方式を許容する条項は憲章には盛り込まれなかった。

2015年、クアラルンプルで開催された第26回ASEANサミットは、2015年12月31日をもってASEAN共同体を設立すると宣言している。

（黒柳米司）

コラム1

ASEANのシンボル

黒柳米司

ASEANは、周知のごとく1967年8月8日、インドネシア・マレーシア・フィリピン・シンガポールおよびタイ（アルファベット順）という東南アジア5ヵ国によって創設された地域協力機構である。今日ではこれら原加盟国にブルネイ・ベトナム・ラオス・ミャンマー・およびカンボジア（加盟順）を加えた10ヵ国体制、いわゆる「ASEAN‐10」となっている。

ASEANには正規に定められたエンブレムがあり、当初5本の稲束を束ねたものであった。中心に1本、その左右に2本ずつの稲束が配されており、あたかも域内大国インドネシアを中心に結集する東南アジア諸国という現実を反映しているかのごとくであった。その後、加盟国が増えるにつれて稲束は増え、現在は当然10本の稲束である。インドネシアの7000ルピア切手中央部には、現在のASEANエンブレムがみられる（次ページ画像参照）。

ASEAN事務局のポータルには、このエンブレムについて詳細な解説がある。中央の図形は、10本の稲わらを束ねた姿であり、10ヵ国からなるASEANそのもののシンボルであり、全東南アジア諸国からなるASEANという、ASEAN創設の父の夢を体現している。これには4色が用いられているが、それらは、加盟各国の国章に用いられた色――青・白・赤・黄――でもある。加えて、青は平和・安定、赤は勇気とダイナミズム、白は純粋、黄は繁栄を示し、これらを囲む外円はASEANの統一を象徴すると。

かつて、中国によるASEAN分断工作が懸念されていた時期に、ASEANのエンブレムについてある研究者が、「稲束が偶数だから2

インドネシアの7000ルピア切手。中央にASEANエンブレムとモットーがデザインされている。

で割られやすいのではないか」との印象をもらしたことがある。対中関係（とりわけ南シナ海問題）をめぐる域内不協和音の常態化が憂慮されている現況からして単なる軽口で済まないものを感じさせる。

実際、久しく棚上げされてきた東ティモールの加盟が実現されれば、ASEANエンブレムも11本の稲束になり、二つに「分断」されることはない。ただ、もう一歩踏み込んで論じれば、これらの中心にあってASEANの重心をなす稲束たるべき域内最大国家インドネシアは、現ジョコウィ政権の下で、かつてのスハルトあるいは前任者ユドヨノ時代のような確固たるリーダーシップは影を潜めているといえまいか。

ASEANのエンブレムは、こうして、対中関係に触発されたASEAN「分断」とリーダーシップの不在という、21世紀のASEANにとって極めて重大な不安をも示唆するようである。

なお、あまり言及されることはないが、ASEANのシンボルには、上記エンブレムの他に「ASEAN歌」（ASEAN Anthem）がある。興味深いことに、そのタイトルはASEANのモットーたる「多様性の統一」ではなく、“ASEAN Way” である（以下の歌詞は黒柳仮訳）。

旗を掲げよ、天高く
誇りを抱け、胸深く
ASEANの団結固く

世界を見据え、見渡して
われら目指すは、まず平和
かくて来る世の栄え

ともに気遣い夢分かち
ともにＡＳＥＡＮ
夢見まし
ともに気遣い分かちあう

これぞ正しくASEAN Way

最後に、三つ目のシンボルとして、画像のエンブレムを取り囲むＡＳＥＡＮのモットーにも注目されたい。これもＡＳＥＡＮポータルに明記してある「一つのビジョン、一つのアイデンティティ、一つの共同体」(One Vision, One Identity, One Community) である。

II

ASEANの制度と機構

5

「バンコク宣言」

★わずか500語余りの設立文書★

ASEAN設立文書

「バンコク宣言」は、1867年8月8日、東南アジア5ヵ国外相がタイの首都バンコクで発出した文書で、これによって地域協力機構としての「東南アジア諸国連合」（ASEAN）が創設された。正式文書では「ASEAN宣言（バンコク宣言）」と表記されている。文書に署名したインドネシアのアダム・マリク外相、マレーシアのアブドゥル・ラザク副首相、フィリピンのナルシソ・ラモス外相、シンガポールのS・ラジャラトナム外相、およびタイのタナット・コーマン外相の5名は、この後「ASEANの父」の敬称で呼ばれることになる。

バンコク宣言は、ごく短い政治的文書であるが、ASEANにとってすべての公文書のうち最も重要なものである。この文書はASEANを知る上で極めて重要な視点を提供してくれる。たとえば、その前文の第5項目で「外国軍事基地は一時的なもの……」としているが、これは当時非同盟路線に固執するインドネシアが親米反共諸国主体のASEANに参加することを可能ならしめるための配慮であった。

この一文を除けば、バンコク宣言は、ASEANの前身母体の一つともいえる――マレーシア・フィリピン・タイからなる――1961年に誕生した「東南アジア連合」(ASA)の設立文書(こちらも同じく「バンコク宣言」と呼ばれる)から多くを継承している。

非公式主義

バンコク宣言を概観して明瞭なことは、その「非公式主義」的傾向である。この事実は、1957年に発足した西欧における地域協力機構たる「欧州経済共同体」(EEC)設立文書「ローマ条約」との対比に象徴される。前者が前文と全5ヵ条からなる加盟6ヵ国の結束を標榜する政治的宣言文であったのと対照的に、後者は前文と6部248条からなり、関税・農産品などに関する四つの付属文書、欧州投資銀行などに関する12の議定書、および9本の宣言文をともなっている。

両者の乖離は、機構・制度面でも顕著である。EECは理事会、委員会およびEEC議会という3本柱などからなる意思決定機関を有し、これを規定する条文に限っても72条におよぶ。これと対照的にバンコク宣言では、第3章で、年次外相会議(AMM)、同会議期間中の事務を統括する「常設委員会」、専門領域を司る臨時委員会、加盟各国に「ASEAN国内事務局」を置くとされている。この時点では加盟諸国の首脳会議さえ規定されておらず、そのコミットメントは外相レベルにとどめられていた。初のASEAN首脳会議が開催されたのは、結成10年目にあたる1976年であった。

このような非公式主義は、基本的には、新興独立諸国としての加盟国が国家主権と国益とを最優先するがゆえに、地域協力機構たるASEANが「超国家的機関」という性格を有することを忌避したからに他ならない。かくして、加盟諸国の主権に抵触しかねない中央事務局が設けられず、各国外務省に設けられた「国内事務局」に手続き的業務が委ねられたのである。後に、“ASEAN Way”として知られることになる行動原理の一端がここにうかがわれるともいえよう。

軍事同盟イメージ忌避

1960年代後半の東南アジアは、冷戦構造の下、激化する一方のベトナム戦争があり、域内各国にはほぼ例外なく共産主義者による反体制ゲリラの跳梁があって、文字通り「脅威に満ちた地域」に他ならなかった。その限りでは、地域協力の課題としてこうした脅威に対抗する方途がASEANに組み込まれても不思議はなかった。実際、ASEANの前身母体ともいえるASAの成立にイニシアティブを発揮したマレーシア（当時はマラヤ）のアブデル・ラーマン首相は、「貧困は共産主義者の最強の同盟者」との明確な認識があり、域内諸国の協力による経済発展こそ共産主義の膨張に対する最善の防御であると確信していた。

しかし、バンコク宣言中に「平和」の語は6ヵ所に登場するが、「安全保障」の語は前文で「域外からの干渉からの安全」という文脈で一度用いられているのみである。言うまでもなく、創設当時の冷戦環境の下、北ベトナムや中国など社会主義諸国や当時のビルマ・カンボジアなど中立主義諸国——両国ともASEANへの加盟を勧誘されたが忌避している——などから「親米・反共諸国の軍事同盟」と解釈され、反発されることを招かぬための配慮であった。

注目すべきことは、第一に、バンコク宣言第1章で東南アジア諸国の地域協力連合としてのASEANの設立が宣言されるのに続き、第2章ではその目標が明示されている。端的には、ASEAN

は、域内諸国の友好・協力のため、経済成長・社会進歩、文化発展、教育交流など七つの分野での協力が約束されているが、いずれも「宣言的な」文脈で列挙されているのが特徴である。これと対照的に、1957年に欧州経済共同体（EEC）を設立したローマ条約は、全248条、ほぼ3万語に及ぶ詳細な条約である。その第3条には、10項目以上の具体的かつ詳細な政策・機構・手続きが規定されている。

第二に、第1項で「繁栄し、平和な東南アジア諸国の共同体のための基盤強化」が謳われているが、この共同体の語は、単に地域的な広がりを意味するもので、2000年代に入って主要な課題として浮上した「ASEAN共同体」とは次元の異なる概念である。

最後に、目標の第4項目には、この地域機構はASEANの目的と原則に賛同するすべての東南アジア域内の諸国に開放されると明記されている。この時点で宣言に署名したのは島嶼部4ヵ国とタイにとどまったが、大陸部インドシナを含む「全東南アジアのASEAN化」が最終目標として想定されていたのである。この目標を達成し、全東南アジア10ヵ国を包摂する「ASEAN-10体制」が実現するには、さらに30年余りを要したのである。

（黒柳米司）

6

ASEANの事務組織

★合意の円滑な実施を目指して★

ＡＳＥＡＮにはいくつかの事務組織がある。主要なものは以下の三つである。最初の二つは、常設の事務組織で、１９７６年に設置された事務局と、２００８年に発効したＡＳＥＡＮ憲章（以下、憲章）で設置された常駐代表委員会（ＣＰＲ）である。三つめは、ＡＳＥＡＮの域外関係を管理するＡＳＥＡＮ委員会である。どの組織も、ＡＳＥＡＮの政策決定に実質的に関与せず、公式文書の管理や事務連絡など、ＡＳＥＡＮの合意や政策を加盟国が円滑に履行するために事務的・行政的な業務をおこなう。

インドネシアのジャカルタに設置されている事務局は、ＡＳＥＡＮ事務総長（以下、事務総長）を頂点として、政治安全保障共同体局など4局から構成され、事務次長が各局のトップに就任し、各業務を所管している（図6-1）。２０１４年にアジア開発銀行研究所が発表した報告書「ＡＳＥＡＮ　２０３０」によれば、２０１２年の事務局の職員数は２９７名でそのうち専門職は67名、予算は約１５８０万米ドルである。欧州連合（ＥＵ）の事務局に相当する欧州委員会の職員約3万人（２０１５年時点）、予算約37億米ドル（２０１６年時点）と比較すると、かなり小規模な事務局であることがわかるだろう。ASEANよりも加盟国数が多く、活動領域も広範囲にわたるEUと比較するのは適切でないかもしれないが、それでも、拡大しつつあるASEANの活動を十分にカバーするものとはいえない。たとえば、ASEANの会議の準備は事務局の重要な役割だが、年間750を超えるといわれる会議数を処理するのに、職員の数は十分とはいえない。事務総長と4名の事務次長のうち2名は政治任命で、他2名の事務次長と残りの職員は公募採用である。他の国際機関と比べて、給与などの待遇が低いことから、優秀な人材確保が難しい上に、職員となっても事務局にとどまらず他の国際機関に転職する例が後を絶たないという。

職員の数が少ないのは予算規模に起因するところが大きいが、拡大する活動に合わせて予算を確保することが難しい状況にある。なぜなら、事務局予算への加盟国の拠出額は、経済発展段階に関係なく同額とするルールのもとで、事実上、最貧加盟国が拠出できる金額に他の加盟国が合わせることになるからである。事務局は予算要求するものの、実際には、各国が拠出可能額を表明し、最も少額を提示した加盟国の拠出額を他の加盟国も拠出することで予算が決まる場合が多いという。こうした体制は、各国の経済力に応じて拠出金額が決定されるEUとは対照的である。ただし、ASEANが実施する事業のほとんどは、日本など域外国からの資金協力で賄われ、事業に絡む人件費や管理費はそうした資金が使われている。事務局予算を平等に負担する原則のもと、ASEAN諸国は、域外国に資金協力を要請し続けていくことで、事務局の運営体制を強化せざるを得ない状況に置かれている。

事務局の運営体制を強化することは、事務総長がその役割を発揮するためにも重要である。事務総長には二つの重要な役割がある。第一の役割は、紛争解決の仲介役を務めるとともに、ASEAN

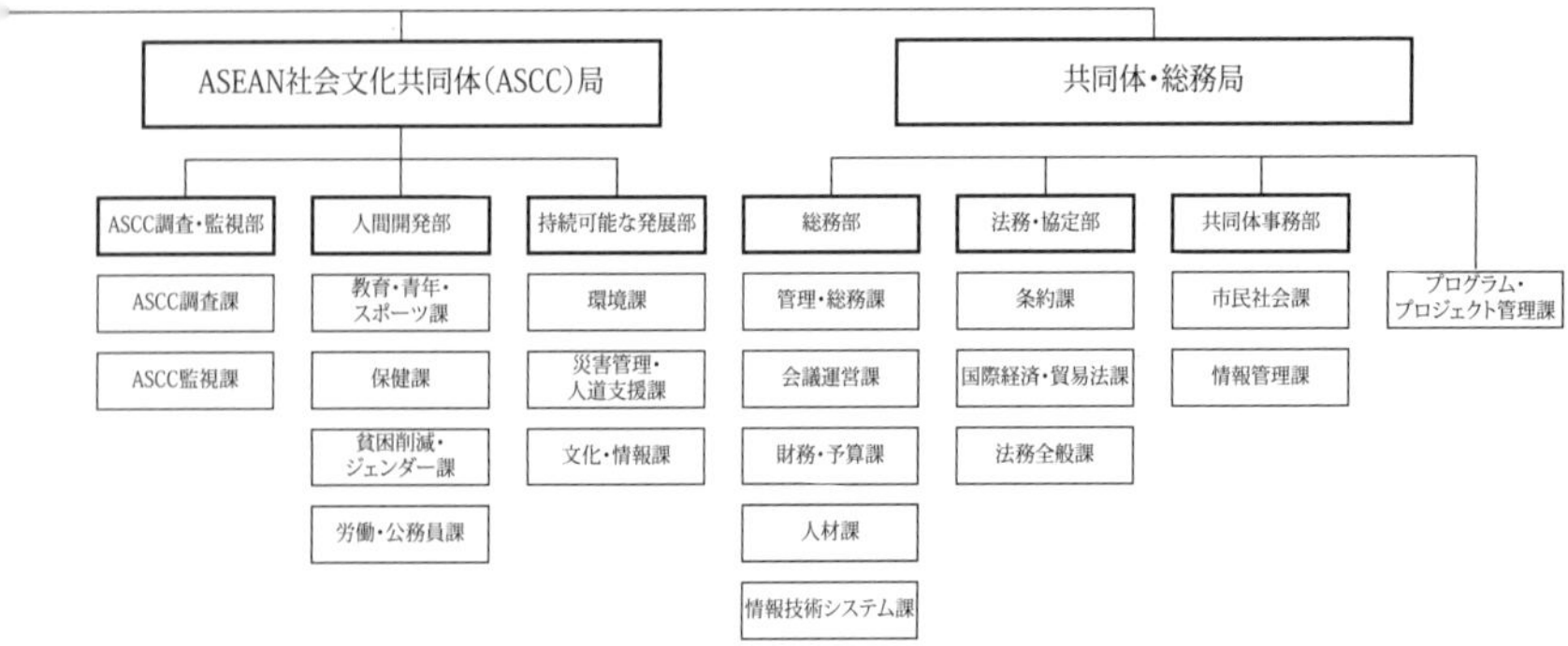

出所＝ASEAN事務局ウェブサイトより筆者作成。https://asean.org/the-asean-secretariat-basic-mandate-functions-and-composition/organizational-structure-of-the-asean-secretariat-2/（2023年7月22日ダウンロード）

の紛争解決手続きを活用して得られた決定を加盟国が遵守しているかを監視することである。第二の役割は、ＡＳＥＡＮ域内に人権侵害とみられる問題が発生した際に、憲章で新たに設置されたＡＳＥＡＮ人権政府間委員会（ＡＩＣＨＲ）に対して注意を喚起することである（第33章）。

二つめの常設機関、ＣＰＲは、ジャカルタに駐在する加盟国のＡＳＥＡＮ常駐代表（大使級）から成る組織で、常駐代表は月に2回会合を開いている。２０１７年のハンドブックによれば、ＣＰＲは、(1)首脳会議の合意履行の監視、(2)問題領域間の政策調整、(3)域外国との関係強化、(4)ＡＳＥＡＮ事務局の運営管理、の業務をおこなう。

第6章 ASEANの事務組織

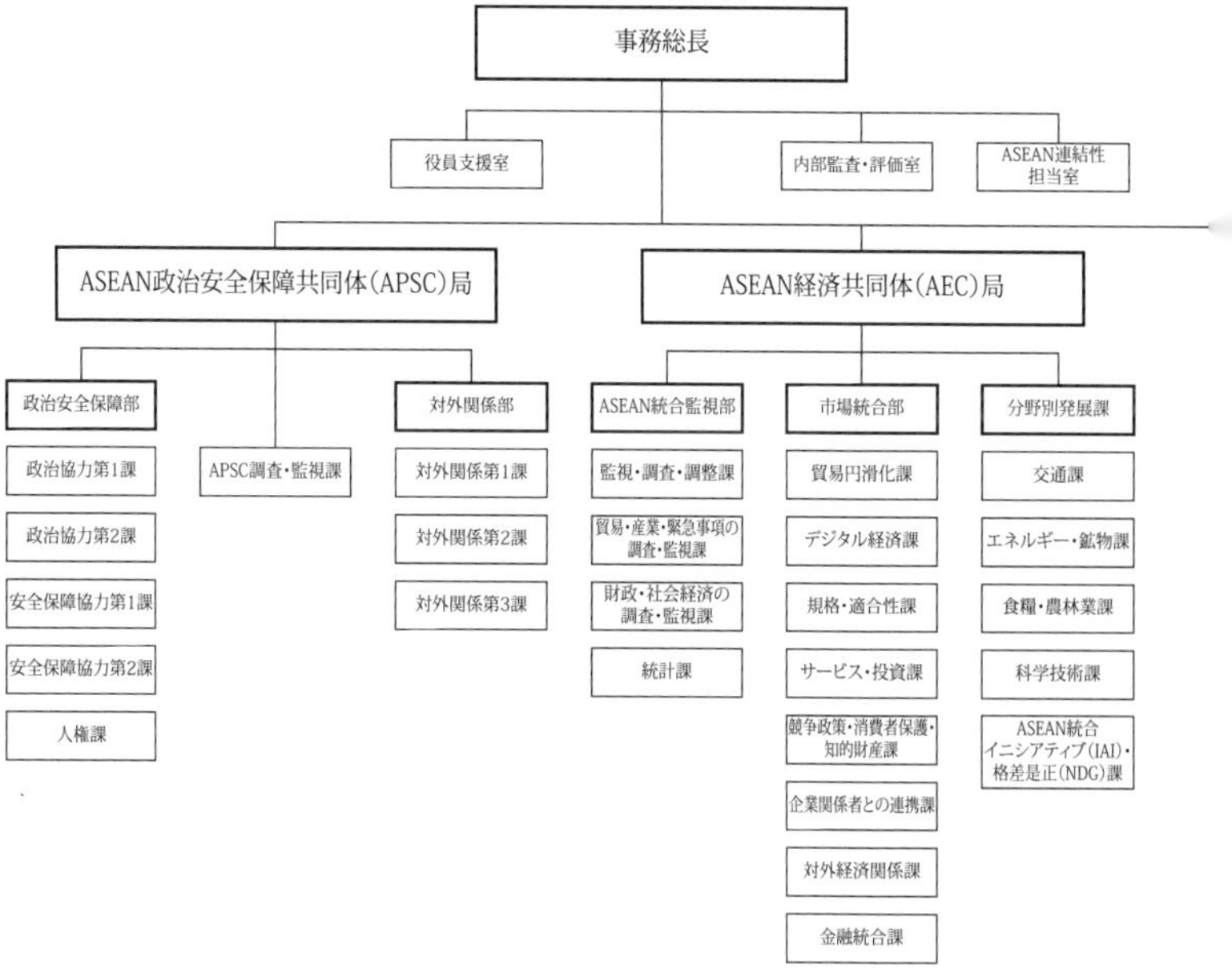

図6-1　ASEAN事務局の組織図（2016年1月以降）
注　2022年9月にデジタル経済課を追加

ＣＰＲの業務の多くは、２００８年末までは年に数回、加盟国の（常駐でない）代表が集まる常任委員会で処理されていた。憲章発効後に常任委員会を廃止し、ＡＳＥＡＮ常駐代表をジャカルタに置いてＣＰＲを組織したのは、日常業務を効率的に処理するためである。しかし、それ以上に注目されるのは、域外国との関係強化という役割である。

ＡＳＥＡＮ経済共同体の形成を加速するため、２０１０年、「ＡＳＥＡＮ連結性マスタープラン」が採択された。この計画は、道路や鉄道、電力網の整備、国境手続き、ビザ手続きの緩和などをつうじて加盟諸国間の連結を強化しようというもので、実施を管轄する組織として「連結性調整委員会」が設置された。この委員会のメンバーが、CPRを構成するASEAN常駐代表なのである。この計画を実施するにあたっては、域外国からの資金調達などの支援が不可欠であり、連結性調整委員会は、域外国や国際機関と定期的に協議し、そうした支援の目処をつけている。しかし、課題もある。加盟国の多くは、ASEAN常駐代表部を駐インドネシア大使館内に設置し、常駐代表部の職員は外務省出身者がほとんどを占める。しかし、ASEANの合意や協定は、外務省管轄のものだけにとどまらない。とくに、連結性強化のプロジェクトの多くは、経済関係の協定や合意であり、その実施を迅速に進めるためには、経済関係省庁から人材の参画が不可欠である。

このほか、ASEANの域外関係を日常的に管理するASEAN委員会が世界各国や地域機構の本部などに設置されている。ただし、委員会は、ASEAN常駐代表のように専任のポストではなく、その国あるいは地域機構の本部所在地に駐在する加盟各国大使から構成されている。さらに、委員会のなかには、加盟各国の大使館設置状況を反映し、すべての加盟国の代表が参加していないものもある。事務局の発表によると、2022年4月時点で、55都市にASEAN委員会が設置されている。もっとも古いのは、EUとの関係を管轄するASEANブリュッセル委員会で1972年に設置された。日本との関係を担当するASEAN東京委員会も比較的歴史は古く、1978年に設置され、全加盟国の駐日大使が参加している。

ASEAN諸国は、ASEANの合意や政策を加盟国が迅速に履行することができるよう事務組織の役割を強化しようとしているが、財政的・人的資源の増強が課題となっている。

（鈴木早苗）

7

ASEAN議長国

――★合意成立のための仕組みと利害反映の手段★――

ＡＳＥＡＮでは、同一の加盟国がＡＳＥＡＮの主要会議の議長を担い、西暦年を基準に交代する。その担当ルールは、加盟国の英語表記によるアルファベット順の輪番制である。議長国は、ＡＳＥＡＮの首脳会議や閣僚会議などの議長を担い、議事運営を通じて加盟国の利害調整や紛争解決の仲介役などを担う。

議長国の担当ルールは、最初に定例化された外相会議（ＡＭＭ）で採用されたもので、その後定例化された会議もそれに倣ってきた。ただし、ＡＳＥＡＮ憲章（以下、憲章）が発効する２００８年までは、それぞれの会議の議長は、同一西暦年でもそれぞれ別の加盟国が担当しており、会議開催時に交代していた。憲章においては、アルファベット順の輪番制という性質を残しながら、西暦年を基準に主要会議の議長国が交代することとなった。

議長国の重要な役割として合意形成における利害調整がある。ＡＳＥＡＮではコンセンサス制が意思決定手続きとして採用されている。この手続きは反対のない状態を合意成立とみなすため、加盟国の利害が対立した場合には合意が成立しにくい。議長国は合意を成立させるため、利害を調整する立場にある。一方で、加盟国が議長を担うという性質上、議長国の担当機会は、加盟国にとって自国の利害をASEANの合意形成に反映する手段でもある。ASEANでは、輪番制が10ヵ国という少ない加盟国数で運用されていることから、議長の機会が平等に、近い将来めぐってくるという予測がなされやすいため、利害調整において議長国に強い権限が与えられている。ASEAN諸国は、合意成立を容易にし、かつ、自国の利害を反映するために、議長国に強い権限を付与することを互いに了解したとみられる。

コンセンサス制のもとでは、反対する国を無視して議長国が自国の方針を押し通すことはできないため、議長国といえども入念な根回しと粘り強い説得が必要となる。とはいえ、議長国はそうした根回しや説得の機会を増やすことができるため、自身の提案については特に合意が成立しやすく、議長国の意向に反する提案や方針は見送られる場合が多い。その結果、ASEANの合意内容は、少なくとも議長国の不利にならないものになる傾向がある。この点は、たとえば、2003年の首脳会議と2012年のAMMの結果に如実に表れている。2003年の首脳会議の議長国インドネシアは、民主化が一段落したのを機に、自ら発表を主導した「第二ASEAN協和宣言」のなかで、ASEANの公式文書としておそらく初めて「民主的」という言葉を挿入することに成功した。一方、2012年のAMMでは、南シナ海の領有権をめぐる問題で、議長国のカンボジアがこの問題を話し合うことに消極的な中国の姿勢を代弁し、加盟国の妥協案を次々と拒否した結果、ASEAN設立以来、初めて共同声明の発表が見送られた。

このほかに憲章では、議長国に紛争解決に向けた仲介の役割を付している。この役割が実践された事例として、カンボジア・タイの国境画定紛争とミャンマー政変が挙げられる。前者では、両国国境付近にあるプレア・ビヒア寺院のユネスコ世界遺産登録を機に、両国の対立が激化した。寺院自体の帰属は、1962年の国際司法裁判所の判決によりカンボジア領であることが確定しているが、寺院周辺の国境が画定していないことが争点となった。2008年以降、タイ国内の政治対立と密接に関連して、両国軍による武力衝突が頻繁に起き、死者も出た。カンボジアは、ASEANに仲介を依頼したが、タイはあくまで二国間で解決するとして反対した。しかしその後、2011年の議長国インドネシアが、カンボジア・タイ外相と会談し、両国の合意を得て緊急のASEAN外相会議を招集し、両国国境付近に停戦監視団を派遣することが合意されたのである。また、2021年のミャンマー政変を受けて、議長国は特使を任命するなどして具体的な活動を展開し、軍事政権に対して働きかけを行っている。

紛争解決の役割と関連して、地域の安全保障に脅威となる諸問題にASEANとして迅速に対応する制度として、前・現・次期議長国が役割を果たす「ASEANトロイカ」が2000年に設置されている。実施にあたって「コンセンサス制と内政不干渉原則に従う」との条件が付されたことからトロイカの権限は弱く、実際に、活用された例はない。しかし、憲章が議長国に紛争仲介という新たな役割を付したことから、この役割と密接に関連するASEANトロイカが活用されることがあるかもしれない。

議長担当ルールは、1990年代前半までほぼ例外なく守られてきたが、その後、逸脱事例がみられるようになる。たとえば、2007年のAMM議長国を担当する予定のミャンマーが、国内問題に専念するという理由で、2005年に議長国を辞退した。2013年に担当予定のインドネシアが、その年はアジア太平洋経済協力（APEC）会議の議長国を担当するという理由で、2011年の議長国ブルネイに担当時期の交換を持ちかけ、了承されている。2014年には、担当予定のラオスに代わり、ミャンマーが議長国を担当した。さらに、2021年のミャンマー政変を受けて、2023年、同国の2026年議長国就任が見送られた。こうした事例はあるものの、議長国担当機会の平等性は基本的には守られているといえよう。

このように、ASEANの政策決定および紛争解決における議長国の役割は重要だが、問題もある。議長国は合意成立の可能性を高める仕組みであるにもかかわらず、加盟国にとって自国利害を反映する手段ともなっているため、2012年の例のように、合意成立が難しくなるという矛盾が生じている。また、加盟国間に利害対立がある問題では、議長国が毎年交代し、それぞれの利害を反映させようとすることによって、その問題に対するASEANの政策の一貫性が維持できない可能性がある。

（鈴木早苗）

8

ASEAN首脳会議・外相会議

★最高意思決定機関として★

ＡＳＥＡＮの政策立案は、首脳会議を頂点とし、問題領域に応じて複数の閣僚会議が関与する。各問題領域における政策は、加盟国の所轄官庁の高官から構成される高級事務レベル会合（ＳＯＭ）において準備され、閣僚会議で決定がなされる（図8-1）。

首脳会議は、ＡＳＥＡＮ憲章（以下、憲章）で、正式に最高意思決定機関と位置づけられるようになったが、その位置づけは、長く曖昧なままだった。首脳会議が長く定例化されず、必要に応じて開かれていたからである。最初の会議は、ＡＳＥＡＮ設立から10年後の１９７６年に開かれ、ＡＳＥＡＮ協和宣言や東南アジア友好協力条約（ＴＡＣ）など、東南アジア地域の秩序を維持するための重要な合意がなされた。第２回は１９７７年、第３回はそれから10年を経た後だった。１９９２年の第４回でようやく定例化されたが、公式会議を３年に１回、開かれない年に非公式会議を開くというものだった。しかし、非公式会議は４回のみで、２００１年以降は公式会議の年次開催が実現した。憲章の規定で、２００９年の過渡期を経て、２０１０年からは年に２回、開催されるようになった。

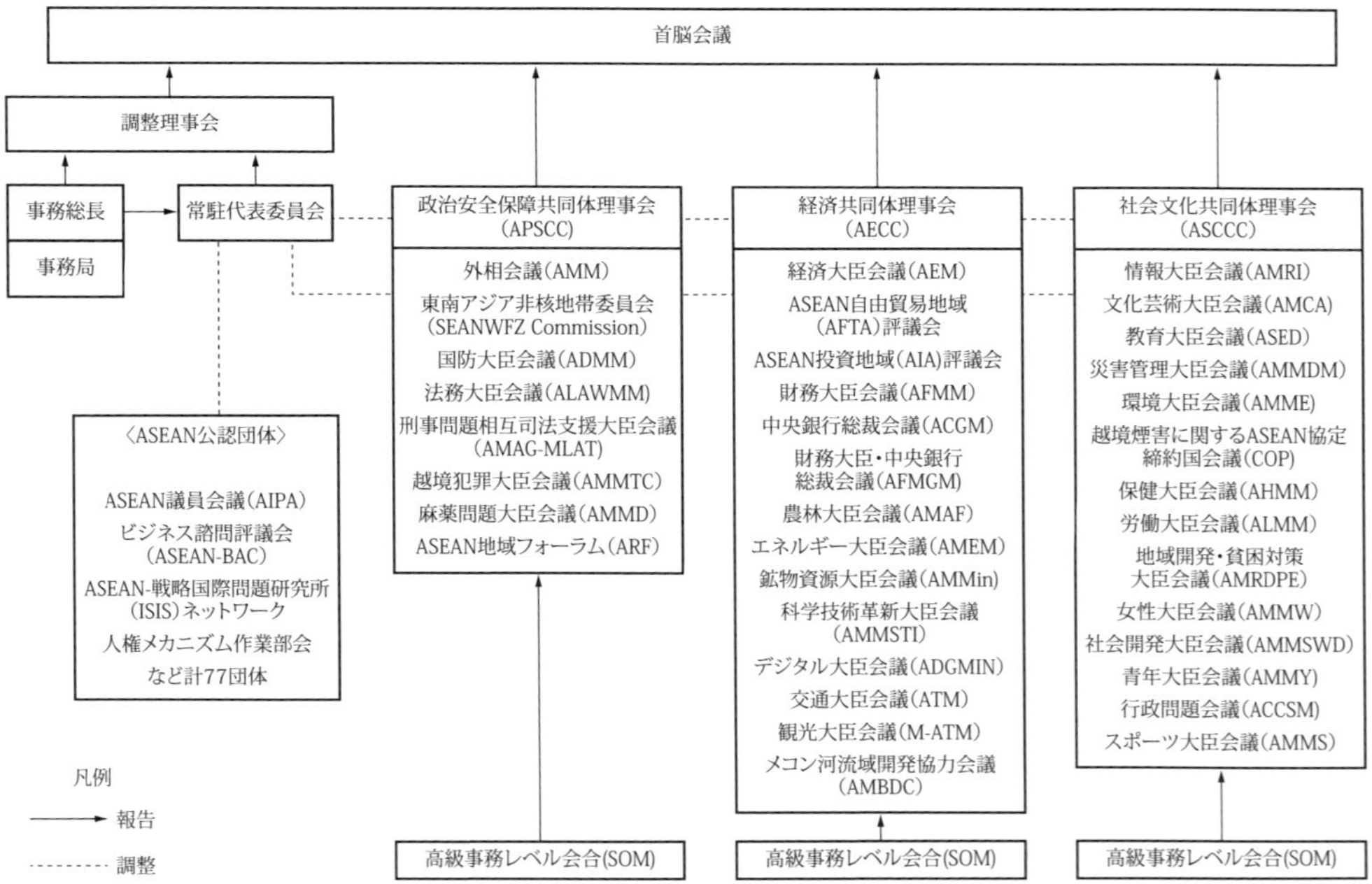

図 8-1　ASEAN の組織図（2023 年 7 月末現在）

（出所）ASEAN Charter, ASEAN Charter Annex1（2019 年 11 月・12 月改正）および Annex 2（2023 年 1 月 17 日改正）をもとに筆者作成

（注）ASEAN 政府間人権委員会（AICHR）、ASEAN 女性・児童人権保障委員会（ACWC）、ASEAN 連結性調整委員会（ACCC）など、各閣僚会議に属する委員会等はここでは省略している。

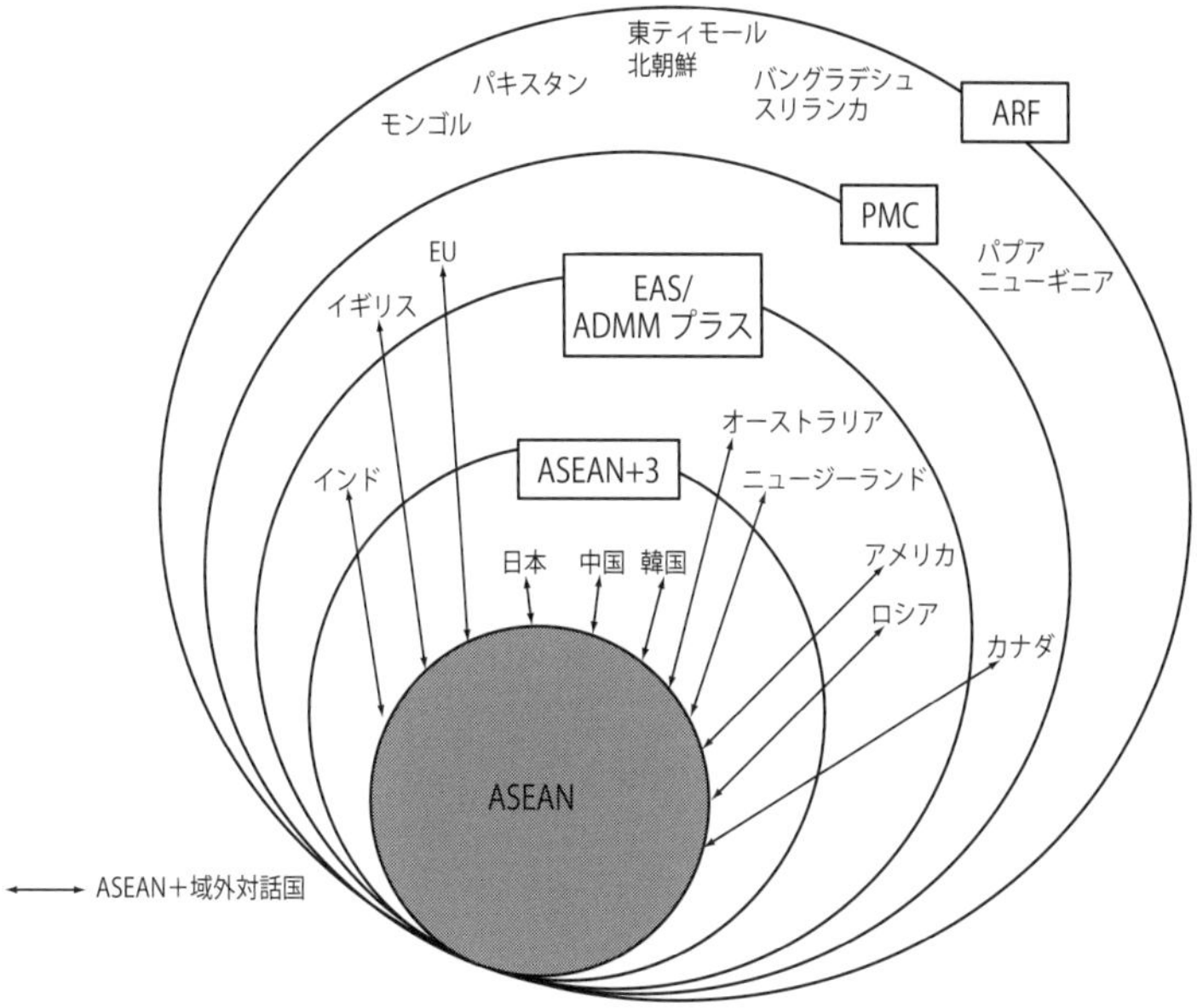

図8-2　ASEANの域外国との会議（2023年7月現在）（筆者作成）
（注）ASEAN+3：ASEAN+日本・中国・韓国、EAS：東アジアサミット、ADMMプラス：ASEAN拡大国防大臣会議、PMC：ASEAN拡大外相会議、ARF：ASEAN地域フォーラム。ただし、イギリスはARFには加盟していない。

首脳会議の位置付けが曖昧だった間、事実上の最高意思決定機関として機能していたのが外相会議（AMM）である。AMMは、ASEAN設立時に定例化された唯一の会議で、年次開催を続け、重要な合意の形成を実質的に担ってきた。初期にはASEANの設立に関わった人物が外交を担当し続けたこともあり、外相同士の個人的なつながりがASEANの存続を支えた。憲章発効後、外相が集まる会議が増えた。AMMのほかに、政治安全保障共同体理事会と調整理事会があり、さらに、毎年秋の国連総会に出席するのに合わせて外相たちは会合を開いている。そのほか非公式のものも含めれば、外相はかなり頻繁に顔をあわせていることになる。政治安全保障共同体理事会は、理事会の下におかれる各閣僚会議との調整を、調整理事会は、首脳会議の準備組織として各共同体理事会で策定される政策を調整する役割が期待されている。

ＡＳＥＡＮ諸国は、域外国および他の地域機構との会議を開催して関係を強化している（第Ⅶ部）。は、もっとも古い会議は、ＡＳＥＡＮ拡大外相会議（ＰＭＣ）で１９７９年に設置され、毎年ＡＭＭの開催時に開かれる。ＡＳＥＡＮと特に関係の深い国は「対話パートナー」と位置付けられており、ＰＭＣに参加するとともに、ＡＳＥＡＮ諸国とも個別に会議を開いている（いわゆるＡＳＥＡＮ＋１）（図8-2）。１９９４年にＡＳＥＡＮ地域フォーラム（ＡＲＦ）、１９９７年にＡＳＥＡＮ＋３、２００５年に東アジアサミット（ＥＡＳ）が設置された。それぞれの枠組みの諸会議は、ＡＳＥＡＮの会議を開催するタイミングで開催されている。首脳会議は秋に、外相会議はＡＭＭ開催時に、という具合である。

最高意思決定機関としてＡＳＥＡＮの協力の方向性を示すことのほかに、首脳会議には三つの重要な役割がある。第一の役割は、意思決定手続きを例外的に変更できることである。ＡＳＥＡＮの意思決定手続きはコンセンサス制である。この手続きでは、投票によってではなく、明確な反対意見がない状態をもって合意成立とみなす。憲章では、ある問題についてコンセンサス制のもとで合意に至らなかった場合、首脳会議が意思決定手続きを変更できるとしている。コンセンサス制のもとでは、反対意見があれば合意が成立しないため、首脳会議にこの役割を付すことで、合意が成立しやすくなることが期待されている。

首脳会議の第二の役割は、憲章やＡＳＥＡＮの諸ルールおよび原則の深刻な違反があった場合、何らかの措置を講ずることである。憲章策定のために設置された賢人会議（ＥＰＧ）は、違反国に対して何らかの罰を与える仕組みを導入するように提言したが、一部の加盟国が反対したため導入が見送られ、この問題を首脳会議の管轄事項とすることで妥協した。ただし、この役割は、実践から生まれたともいえる。２００５年、民主化の遅延や人権侵害を批判されるミャンマーが、ＡＳＥＡＮ外相会議の議長国を辞退すると表明した。議長国の担当ルールによれば（第7章）、ミャンマーは２００７年の外相会議の議長国を担当する予定だった。公式文書ではミャンマーが議長国を辞退したという形をとっているが、実際には、同国の民主化遅延を問題視した欧米諸国との摩擦を恐れた他の加盟国が辞退を迫ったといわれる。したがってＡＳＥＡＮ諸国は、ミャンマーの国内問題がもたらす域外関係の悪化を理由に、同国に対し、議長国担当の権利を一時停止することを事実上、決定したといえる。

第三の役割は、紛争を政治的に解決することである。ＡＳＥＡＮの紛争解決手続きは三つある。第一の手続きは、ＴＡＣである。ＴＡＣでは、東南アジア地域の平和と調和を害する紛争が生じた際に、必要に応じて、全締約国の代表から構成される理事会を紛争解決機関として設置するとしている。しかし、この理事会は一度も設置されたことがない。第二に、国際司法裁判所（ＩＣＪ）などの国際的手段を利用して紛争を解決することである。ＴＡＣが活用されないことと対照的に、加盟諸国はＩＣＪを活用することで領有権問題を解決してきた。１９９８年、インドネシアとマレーシアは、ボルネオ島北東沖にあるリギタン島とシパダン島の領有権紛争をＩＣＪに委ねることで合意し、２００２年にＩＣＪはマレーシアの主権を認める決定を下した。また、シンガポール海峡東部に位置するペドラ・ブランカ（バトゥ・プテ）島の領有権紛争では、マレーシアとシンガポールが２００３年、ＩＣＪに判断を委ね、２００８年にＩＣＪはそれぞれ一部をシンガポールとマレーシアに帰属する判決を出している。第三の手続きは、憲章発効後に策定された新たな手続きで、議長国やＡＳＥＡＮ事務総長、第三者（事務局が準備したリストから選定された仲裁人）による調停・仲介に基づく紛争解決などが想定されている。以上の三つの手続きでも解決できない紛争について、憲章では、最終手段として、首脳会議に決定を委ねると規定した。

首脳会議は、コンセンサス制の運用とルール違反に対する措置、紛争解決という重要な役割を果たすことが期待されている。こうした役割が十分に果たされるためには、首脳会議を支える外相会議が準備組織として十分に機能する必要があろう。首脳によるイニシアティブは実は、外相レベルで入念に準備されたものが多い。その意味において、加盟諸国の首脳だけでなく、外相の間で密なコミュニケーションが確保されることが重要である。

（鈴木早苗）

9

ASEAN加盟手続き

★地域協力への通過点★

ＡＳＥＡＮは、１９６７年8月8日、バンコクにおいて設立された。原加盟国の5ヵ国外相が採択したのが「東南アジア諸国連合（ＡＳＥＡＮ）設立宣言」（通称「バンコク宣言」、第5章参照）である。したがって、新規加盟国はまず「バンコク宣言」を遵守する必要がある。東ティモールの第11番目の「原則」加盟に関しては後ほど触れるが、１９９９年4月30日達成したＡＳＥＡＮ10（東南アジア10ヵ国）の現加盟国のすべては、バンコク宣言以外のＡＳＥＡＮ協和宣言、第二ＡＳＥＡＮ協和宣言（通称「ＢＣⅡ」）、東南アジア友好協力条約（ＴＡＣ）、東南アジア平和・自由・中立地帯（ＺＯＰＦＡＮ）構想、東南アジア非核兵器地帯条約（ＳＥＡＮＷＦＺ）、ＡＳＥＡＮ事務局設立協定、ＡＳＥＡＮ憲章に批准し、加入している。

特に、ＡＳＥＡＮの基本的な原則を掲げるＴＡＣの批准は加盟への基本的な条件になる。ＴＡＣの第2条は、(a)すべての国の独立、主権、平等、領土保全、および主体性の相互尊重、(b)すべての国が、外部から干渉され、転覆され又は強制されることなく国家として存在する権利、(c)相互の国内問題への不干渉、(d)意見の相違又は紛争の平和的方法による解決、(e)武力による威嚇又は力の行使の放棄、(f)締約国間の効果的な協力、の6原則から構成されている（外務省訳）。

また、2008年12月に発効したASEAN憲章の第3章第6条には「新メンバーの加盟条件」が書かれている。第1項に、ASEANへの加盟と申請のための手続きは、ASEAN調整理事会（ACC）によって規定されている。第2項の加盟に関する基準では4条件が求められている。(a)地理的所在地が東南アジア地域にあること、(b)すべてのASEAN加盟国から承認されること、(c)同憲章に拘束され、遵守することに同意していること、(d)加盟国の義務を履行する能力と意思があることである。第3項に、加盟はACCの推薦に基づき、ASEAN首脳会議による全会一致で決定されると規定される。最後の第4項で、申請国は同憲章の受諾文書に署名することでASEANへの加盟が認められる、とある。

現在ASEANは10ヵ国体制であるが、最後の加盟国は1999年参加のカンボジアであった。当初97年の特別外相会議の時点ではミャンマーとラオスの3ヵ国同時の加盟が予定されていたが、カンボジア国内の政変が起きたことで、結局99年の加盟になった。

さて、これから東南アジア地域最後の東ティモール民主共和国のASEAN加盟手続きをみてみよう。東ティモールは、1975年11月28日に植民地宗主国だったポルトガルから独立を宣言した。その直後にインドネシアからの全面侵攻を受けて1999年8月の事実上の独立を問うた直接住民投票までの24年間、インドネシアの27番目の州として併合された。国際社会では東ティモールが21世紀最初の独立国家として位置づけられているが、東ティモールでは2002年5月20日は独立回復の日として認識されている。

その東ティモールでは、すでにポルトガルからの独立宣言前に現在の大統領であるラモス・ホルタが当時のインドネシア外相アダム・マリクに「東ティモールの夢は独立国家となった時に、ASEAN加盟国になることだ」と語ったように、ASEAN加盟は東ティモールが独立国家として選択する外交戦略であったのだ。実際、筆者も2002年独立後に外相らからASEAN加盟への強い意思を感じ取ってきた。そして、遂に2022年11月のカンボジアでのASEAN首脳会議（サミット）で第11番目のASEAN加盟国として「原則」が付記されたものの、承認を得られたのだ。

「原則」がどのようなものかは後ほど触れるが、すでに確認したASEAN加盟の新メンバー要件はほぼ充足した結果としての加盟が首脳会議で承認されたものと考えられる。東ティモールにおいてもコロナ禍の2019年から22年にかけて、ACCはASEAN政治安全保障共同体、経済共同体、社会文化共同体の3分野からの現地派遣団を東ティモールに送り、それぞれの共同体に関連する分野の閣僚会議も重ねて、東ティモールのASEAN加盟に向けた準備状況の評価を確認した結果、首脳会議に対して加盟国としての推薦を行ったが、それに「原則」という付記が加わったと理解できよう。

なお、首脳会議では正式加盟に向けたロードマップを策定している。具体的なロードマップの内容は本稿執筆時点で公開されていないが、いくつかは以前から問われている問題であろう。第一に、東ティモールの財政基盤が過度に石油・天然ガスに依存しており、すでに財政的依存をしている油田の枯渇が喫緊の課題であり、新油田であるグレーター・サンライズ油田の開発を促していることだろう。シンガポールがかつて東ティモールの加盟がASEANの経済統合への阻害要因にならないかと懸念を発した所以である。第二に、年間750以上の各種のASEAN会議に対応可能な人材が東ティモールでは不十分であるという点である。今回の「原則」ながらも加盟を承認されてから、シンガポールでは各種会議に対応可能な官僚の養成、さらにはＡＳＥＡＮ会議の共通言語となる英語能力の養成の支援を打ち出した。また、すでにすべてのＡＳＥＡＮ会議にオブザーバー参加が認められたことで、前首相のタウル・マタンが参加した２０２３年5月インドネシアで開催された第42回首脳会議で、ジョコ・ウィドド大統領からも、東ティモールの正式加盟に向けた人材の育成と組織的能力強化への強い支援が出された。

同年のＡＳＥＡＮ首脳会議にも軍事政権であるミャンマーは招待を受けていない。ミャンマーは東ティモールが強く主張する人権的視点の違いから同国の加盟には消極的態度であったことで、全会一致を掲げる加盟条件には懸念が生じるものの、他加盟国からの強い反対もなく、むしろ東南アジア地域のメンバー国として、有力な加盟国の支援を背景に、東ティモールのＡＳＥＡＮ正式加盟は近いと思われる。東ティモールにとって外交的経済的にも関係が深い２０２３年度のＡＳＥＡＮ議長国インドネシアから、２０２４年度からはラオスが議長国になったが、すでに改めてＡＳＥＡＮ加盟の支持がなされている。東ティモールの国内政治が、２０２２年の大統領選挙を終え、23年には国民議会選挙を終え、国父でありカリスマ的指導者のシャナナ・グスマンが首相に返り咲いたことで、当分選挙が遠のくことで、政権はロードマップで示された一つの懸念材料である経済発展に向けた取り組むことが期待される。また、もう一つの懸念材料である人材不足を補う上では、日本を含めた国際社会からの支援の重要性が増すものと思われる。

（山田　満）

10

トラック2

——★ ASEANの国際的地位を押し上げたASEAN-ISISの活躍★——

国際関係は様々な行為者によって遂行される。各国政府間の正式な外交協議をトラック1（Track One）とするなら、NGOやシンクタンクなど民間の有識者、専門家らによる非公式な国際的協議はトラック2（Track Two）と呼ばれる。トラック1の主体である政府が、しばしば狭い国益の観点に縛られ、官僚的思考や秘密主義に陥る傾向があるのに対し、トラック2はその非公式性ゆえに大胆で柔軟な活動ができる。行動や裁量の自由、公開性のある自由で率直な協議、創造性のあるアジェンダ設定などが可能だ。政府関係者もトラック2に参加する場合は、プライベートな個人の資格で参加する。トラック2は純然たる知的交流に終わらず、そこで討議された課題解決策や政策アイデアをトラック1に伝え実現を促す。多様でナショナリズムが強い国家群で構成されるアジア太平洋地域では、トラック1と2の両輪で地域協力を推進することは特に効果的であると考えられてきた。

戦後アジアで本格的なトラック2が出現したのは、アジア太平洋の経済協力枠組みだった。1960年代後半から域内の民間実業家や学者たちによって貿易や投資についての国際共同研究が進められ、地域協力のあるべき姿が検討されていた。1979年、日本と豪州のイニシアチブで、域内の産官学三者の代表が参加する太平洋経済協力会議（PECC）がトラック2として開始された。このような、日米豪加など域外先進国を含む広範なアジア太平洋協力の胎動に直面したASEANは、当初自らの利益や自立性が失われるという危機感や警戒感を持った。それゆえに、まずはASEAN諸国のシンクタンクがPECCに参加することで様子を探ることとなった。権威主義的な国家の多かったASEAN諸国ではシンクタンクの歴史は浅く、かなり政府の立場に近い性格を持っていたが、同時に、市場自由化や対外開放による経済発展途上にあって、優秀で意欲的な人材が民間にも育っていた。

当時、参加したインドネシア戦略国際問題研究所のユスフ・ワナンディやハディ・スサストロ、マレーシア戦略国際問題研究所のノルディン・ソピーらは、戦略的思考やビジョン構築に長けていただけでなく、政府要人や国内外の有識者との豊富な人的ネットワークを有していた。彼らはやがてASEANのシンクタンク連合体としてのASEAN-ISISを立ち上げる。そして、トラック2の場を活用して、国内外の政官民の有力者との率直な対話や意見調整を図りながら、ASEANの地域益を増進するアイデアを創出、それを政策実践に結びつける役割を果たした。彼らの活躍によりASEAN諸国の要望がPECCのプロセスに深く組み込まれた結果、アジア太平洋協力は、途上国の多いASEANの立場に十分配慮しながら漸進的に展開するという路線が定められた。1989年、政府間枠組みのトラック1となるアジア太平洋経済協力会議（APEC）が発足したが、PECCは現在に至るまでAPECのトラック2として意見調整や政策提言の機能を続けている。

国際社会でASEANの存在感を高めるために一役買ったASEAN-ISISは、ASEAN各国に基盤を置く国際問題、戦略問題を扱う研究所からなる連合体だ。組織化は、1984年にワナンディの呼びかけで、バリ島にASEAN各国の戦略国際問題研究所の代表が集まったことに始まる。マレーシアからはノルディン・ソピー、タイの安全保障国際関係研究所からはクスマ・スニットウォングセ、シンガポール国際問題研究所からはラオ・テクスン、フィリピンからはカロリーナ・ヘルナンデスが参加した。彼らは一致してASEANの利益を守り、その国際的地位を押し上げるため連携して問題にあたることを約束した。シンガポールでの第4回会合においてASEAN-ISIS設立文書が署名され、1988年、インドネシアISISに事務局を置いて正式に発足した。その後、フィリピンの戦略開発問題研究所が加盟した。恒常的な共同研究を行っていたわけではないが、ASEANが直面する課題に対し時宜にかなったメモランダムを作成し、国際的ネットワークを駆使して広く官民の議論を喚起し、ASEANの進路に一定の影響力を与えてきた。

ASEANは1994年からトラック1の枠組みで広域安全保障対話枠組みであるASEAN地域フォーラム（ARF）を運営しているが、その設立にはASEAN-ISISが1991年に作成したメモランダム「A Time for Initiative」が大きく影響したとされる。ASEAN-ISISは、1993年以来、ASEANの高級事務レベル協議（ASEAN-SOM）に公式に招かれるようになり、ASEANとの連携が制度化された。ARF開催前に行う高級事務レベル会合にもASEA-ISISは招かれ正式協議を行っている。

APEC／PECCのように、ARFにもトラック2であるアジア太平洋安全保障協議（CSCA

P）が連携している。冷戦終結後、協調的な多国間協力枠組みへの関心が高まっていた1991年から92年にかけて、ASEAN-ISIS、日本国際問題研究所、並びに米国戦略国際問題研究所太平洋フォーラム、及び韓国ソウル・フォーラムの関係者はたびたび会合し組織づくりを討議した。その結果、93年6月にCSCAPの設立宣言に至り、同年12月には憲章が採択された。創立メンバーは、インドネシア、マレーシア、シンガポール、タイ、フィリピン、日本、韓国、米国、カナダ（現在は脱退）、豪州の研究機関であり、各国を代表する形で官僚や軍、政府関係者などを加えた国内委員会を組織した。マレーシアに事務局を置く国際事務委員会は、最高意思決定機関でありASEANと非ASEAN諸国から1名ずつが2年任期で共同議長を務めている。1994年6月、10ヵ国の委員会が集う形で第1回CSCAP会合が開催された。その後、ニュージーランド、ロシア、北朝鮮、モンゴル、ベトナム、中国、EU、インド、パプア・ニューギニア、カンボジア、ブルネイ、ミャンマー、ラオスが正式加盟した。台湾についても専門家個人の資格による作業部会へのオブザーバー参加が認められている。

中国や北朝鮮、モンゴルなど数多くの国家の参加を可能にしたのは、対立を回避し誰もが快適に参加できる雰囲気をつくる「ASEAN Way」というASEAN-ISISが定着させた文化だ。ただし、対話の習慣によって相互理解を深め、共通の知識や規範、アイデンティティを醸成するというASEAN内では有効であったリベラルなアプローチも、大国を含む広域枠組みでは期待通りの成果を得られていない。ASEANの代表的知識人たちも世代交代を迎えた。しかし、時代が変わってもASEAN-ASISの先駆的な役割への評価は衰えないだろう。

（平川幸子）

コラム2

ASEAN事務総長

鈴木早苗

ASEAN事務総長は、加盟国のアルファベット順の輪番制に基づいて任命され、任期は5年である。事務総長の政治的地位や役割の実践は、出身国政府の意向に左右されることが多い。初代の事務総長としてインドネシアのダルソノ（Dharsono）中将が任命されたが、任期終了を待たずして1978年2月に解任されてしまう。スハルト大統領に対してダルソノが批判的な発言をし、インドネシア政府が彼を逮捕したからである。この出来事は、曲がりなりにも国際機関であるASEANの事務総長の政治的地位が出身国の政府の意向に左右されることを示すものだった。

その役割の実践においても事務総長はその出身国政府と密接につながっている。1993年に着任したアジット・シン（Ajit Singh）はマレーシアの官僚だった。彼が着任していた1997年、マレーシアは議長国として、ミャンマー加盟を実現しようと必死になっていた。マレーシアはアジット・シンをミャンマーに派遣し、同国が加盟準備を整えていることを報告させ、ミャンマーの加盟承認に難色を示す加盟国を説得しようとした。このような歴史をふまえると、事務総長が出身国や他の加盟国の意向とは別に何らかの政治的イニシアティブをとることはまれであった。それは、そもそも事務総長の権限が小さいことのほかに、事務総長のポストが閣僚級でなかったことも関係している。

1992年、事務局の改革がなされ、事務総長の地位が変更された。すなわち、1976年の設置時点では「ASEAN事務局の事務局長」（Secretary-General of ASEAN Secretariat）だったが、「ASEANの事務総長」（ASEAN Secretary-General）に格上げされ、閣僚級の地位が与えられた。

実際に初めて閣僚級が任命されたのは、タイの元外相スリン・ピッツワン（Surin Pitsuwan）が事務総長に就任した2008年である。スリンは、タイ外相時代にASEANで重視されてきた内政不干渉原則を見直すことを提案するなど、ASEANの改革を唱えた人としても知られている。彼の就任は、事務総長の役割行使に少なからぬ影響を与えた。スリン以前の事務総長は、前職がせいぜい外務官僚のトップだったため、閣僚会議に出席しても加盟各国の閣僚より格下であり、政治的イニシアティブをとろうにも限界があった。この点でスリン事務総長は、在任期間中、外相経験者としてASEANの閣僚会議や首脳会議において加盟各国の閣僚や首脳と対等にふるまうことができた。そのことが、彼の政治的イニシアティブの源泉ともなったのであるが、2008年にはASEAN憲章（以下、憲章）が発効しており、憲章で事務総長の役割が若干強化されたことも関係しているかもしれない。

スリン事務総長のイニシアティブは、彼自身の方針によるところが大きい。2008年に発生したミャンマーのサイクロン被害に対し、スリン事務総長が人道支援を加速させるためにイニシアティブを発揮した結果、国際支援の窓口が開かれた。しかし、制度上、ASEAN事務総長の政治的役割はいまだ限られている。スリン事務総長のパフォーマンスは、加盟各国の外相たちに権限を逸脱した行動ととらえられ、さまざまな局面で確執を生んだようである。

歴代の事務総長のなかで、スリン事務総長は、ASEANの「顔」として最も積極的に国際的な場に顔を出した人だった。スリンは、彼自身の政治的ネットワークを余すところなく活用して、国際会議に出席する費用の一部を自ら賄い、そうした自己資金で特別補佐官も雇った。一方で、ASEAN事務局の改革にも取り組もうとした。特に目を付けたのは人材の育成である。スリンは多忙な公務（それも自ら作り出したものもあるが）の合間を縫って、ＡＳＥＡＮ事務局職員と話をする場を定期的に設けていた。職場のトップが何を考えているかを知り、そのトップと直接話をする機会があることは、現場の士気を高めるのに重要であろう。ＡＳＥＡＮの国際的な地位を高めることに腐心したと同時に、組織内部の問題にも目を向けたことは注目に値する。

閣僚経験者が事務総長に就任することからくる確執もあってか、スリンの退任後、ベトナム（２０１３年）、ブルネイ（２０１８年）、カンボジア（２０２３年）の元官僚が事務総長に就任している。事務総長の役割が強化されるなか、事務総長の手腕が問われるところである。

III

ASEANの理念と規範

11

“ASEAN Way”

★「政治的ギプス」から「外交的拘束衣」へ★

“ASEAN Way”の概念

東南アジアの地域協力機構としてのASEANは、その成立過程（第1章参照）が示唆するように、地域紛争の記憶も真新しい状況下に発足しただけに、域内に侮りがたい相互不信を抱えたまま、紛争の再燃で混乱に陥ることを避けることを最優先にせざるを得なかった。こうした脆い結束をかろうじてつなぎ止めるためには、その接触・対話・交流のありように少なからぬ配慮が欠かせなかった。

“ASEAN Way”とは、内政・外交に関わるASEANの行動原理、あるいはASEAN方式を意味する。ASEANの成功の鍵としても、挫折の元凶としても論じられる。ただ、一見奇妙なことに、その定義も明白ではないし、その起源さえ明瞭とはいえない不思議な存在である。というのは、それは草創期のASEAN指導部の対話と交流の過程を通じて、徐々に醸成され、定着したものの、成文規定を伴った規範ではなく、いわば不文律たる行動規範だったからである。

専門家の間でも、その解釈にはいくつもの点で大きな隔たりがある。例えばインドネシアの論客ハディ・スサストロのように、(1)協力的平和、(2)合意・調和、(3)領土的一体性、(4)内政不干渉、(5)コンセンサス方式、(6)非敵対性、(7)静かな外交、(8)実用主義など12項目もの要素を提示する論者がある一方、アジット・シン元ASEAN事務総長のごとく、「ASEANが下した決定の理由や背景について説明しようとするとき念頭に浮かぶ、いわく言い難い部分」と曖昧きわまる説明をする人物もいる。

"ASEAN Way"の実態に近いのは、いわばその中間で、

(1) 紛争の平和的解決とか内政不干渉など国連憲章にも通底する「普遍的な国際規範」、

(2) 協議に基づく全員一致や、弱者に配慮した漸進主義などの「意思決定手続き」、および

(3) 水面下の根回しや、法的厳密性より玉虫色の解決、面子の尊重などの——日本人にも馴染み深い——「アジア的了解事項」

などによって渾然一体として醸し出される行動原理なのである。

これらは、独立間もない発展途上諸国が、脆弱な独立国家の国民統合に専念し、平和と安定を実現すべく、当時の冷戦状況や、未だ不和の消えない近隣諸国からの干渉を可能な限り排除し、「国益重視の地域主義」を選択したことの結果模索された外交戦略に他ならなかった。端的に言って、かろうじて存続を維持するのが精一杯の初期ASEANを庇護する「政治的ギプス」ともいえるルールであった。

"ASEAN Way"概念浮上の時期

"ASEAN Way"の概念が萌芽的に浮上しつつあったのは、1970年代央と思われる。たとえ

ば、1974年4月の第7回ASEAN外相会議に際してフィリピンのカルロス・ロムロ外相が「ASEAN Wayとは、対決ではなく、対話の姿勢である」と発言している。他方、ASEAN創設期に活躍したフィリピンの有識者E・ソリダムは、1974年刊行の著作で、ASEAN創設の父といわれる域内外相らが、相互の接触・対話に際して有無相通じるものを感じ取って驚いたようだと論じ、「協力事業をなす際の一つの方式」(a mode of doing things)であったと表記している。この時点でASEAN Wayという概念が用語として定着してはいなかったことが窺われる。

周知のごとく、地域協力機構としてのASEANが創設されたのは冷戦下の1967年であるが、ASEAN Way概念が論壇で注目を集めるにいたったのはようやく1990年代前半のことである。その契機となったのはいかなる事情であったろうか。もっとも重要な契機は、1970年代末以降のカンボジア国際内戦の政治的解決、80年代に展開された域外国を含む対話「ASEAN拡大外相会議」の創設と展開、90年代初頭の「ASEAN地域フォーラム」主催など、一連のイニシアティブを経てASEANへの国際的評価が顕著に高まったことであろう。加えて、自らの行動様式と成果に対するASEAN諸国の自信と自負が欧米諸国に対する自己主張を辞さなくなったことも与って大きい。

ASEANの自信と自己主張

冷戦下にはASEAN諸国の多くは強権支配による経済発展に邁進する「開発独裁」という統治を維持してきたが、欧米諸国は「独裁的でも共産主義よりまし」として容認し、庇護する政策をとった。しかし、冷戦終結で事態が激変すると、欧米諸国は「人権外交」の名の下に、ASEANの強権統治に批判的になり、「民主化」への圧力をかけるに至った。これに対して域内諸国から、「欧米中心主義」とか「白人優位の思想」とかの反発が強まり、「アジアにはアジア的民主主義がある」などの主張が掲げられた。域内先進国シンガポールのリー・クアンユー首相はこれを「儒教精神」としてアジア的価値観を擁護した。"ASEAN Way"は、こうした風潮に馴染みやすい自己主張の旗印でもあった。

"ASEAN Way"の一つの到達点ともいうべきものは、1993年の「ASEAN地域フォーラム」(ARF)の設立である。アジア太平洋の広域安全保障の場を、米露中のような大国でなく、ASEANのような弱小国の連合体が主導することは、従来の国際関係では想定され難い事業であったといわねばならない。1995年にARFの設立趣旨、主要目的、あるいは規範を明示すべくASEANが提示した「ARFコンセプト・ペーパー」では、広域アジア太平洋における安全と平和は、域内諸国がASEAN型アプローチに倣うことで実現されると主張し、(1)信頼醸成、(2)予防外交、(3)紛争解決という「三段階シナリオ」を提示している。まさしく、"ASEAN Way"の標榜である。

ARFは当初ASEANの他、域外7ヵ国とEUが参加して開催され、順次参加国が拡大、2020年代には26ヵ国と1国際機関からなる。しかも、南北朝鮮、インド＝パキスタンなど、敵対する国家の双方が名を連ねるなど、その懐の深さでも注目される。

"ASEAN Way"の動揺

1990年代初頭のARF創設ころを頂点として国際社会にその存在が注目され、高く評価されたASEANは、1997／98年の「アジア危機」に直面してなすところなく、一気にその評価を失墜させた。当然ながらその行動原理たる“ASEAN Way”にも厳しい批判の目がむけられ、同時に域内からもこれを反省する声が上がるにいたった。

最初に批判が集中したのは「内政不干渉原則」であった。というのは、この原則は、しばしば域内強権国家が民主主義抑圧や人権侵害に対する域内外諸国からの批判に対する防壁として悪用してきたからである。つまり、軍政下のミャンマーのごとく、強権統治によって世論を押さえつけ平和を装う「非自由主義的平和」の口実としての悪用であった。かくして1990年代を通じて、域内民主化先進国を中心に、ASEAN全体の国際的評価を損なうような事態に際しては、加盟国の内政に対する友好的助言を辞すべきではないとする「柔軟関与」論が域内に浸透していったのである。

もう一つの軌道修正は、「コンセンサス方式」での意思決定である。2004年のビエンチャン行動計画では、経済分野における意思決定では「ASEANマイナスX」方式――反対がごく少数の場合には合意が成立したとみなし、反対派は条件が整った時点でこれに合流する――が容認されている。

2007年に成立した成文規範たる「ASEAN憲章」は非形式主義を重視する“ASEAN Way”からの明示的な脱却ともいえる。これを起草すべく組織された賢人会議は、民主主義促進をASEANの目標に掲げつつ、(1)内政不干渉は対域外国に限定する、(2)規律違反に対する除名を含む制裁の導入、および(3)敏感問題を除き、コンセンサスが得られない場合には多数決を採用するなどを提言している。

しかし、これらの提言は、域内保守派の抵抗もあって、憲章本文にはほとんど採用されていない。

（黒柳米司）

12

「内政不干渉」の意義と功罪

★ミャンマー軍事政権への対応をめぐって★

加盟各国が大きく異なる政治体制をもつＡＳＥＡＮにとって、お互いの国内事情に関与しないことでその関係を安定させようとする内政不干渉の原則は、ＡＳＥＡＮ結成以来の重要な規範であった。これは例えば、ＥＵが法の支配、自由、人権、民主主義など普遍的価値を事実上の加盟条件とするのと対照的である。実際、ＡＳＥＡＮには民主主義から権威主義、絶対王政、共産党一党支配、軍事政権まで多様な政治体制の国が存在する。東南アジアという地理的空間を基準に地域協力機構を成立させようとすれば、これは現実的な選択であった。

しかし、このことは人権侵害を繰り返し、国際社会のパリア（除け者）であったミャンマー軍事政権の加盟を許すことにつながった。軍事政権としてみれば世界の成長センターとして注目されるＡＳＥＡＮに、体制転換、すなわち民主化を迫られることなく加盟できるという、じつにありがたい話であった。ミャンマー軍事政権はコストを払うことなく、ＡＳＥＡＮにただ乗りしたのである。

内政不干渉の原則に基づくＡＳＥＡＮ加盟国の主権の絶対的な尊重は、人権・民主主義といった国際的規範としばしば衝突した。そして、この衝突がもっとも激しい形で現れたのが、2021年2月のミャンマー国軍によるクーデターと市民の弾圧に対するASEANの対応においてであった。同年4月、ASEANは事態を収拾するため、クーデターの首謀者であるミャンマー国軍のミンアウンフライン総司令官をジャカルタに招き、各国首脳が集まるASEANリーダーズ会議を開催した。この会議では、すべての関係者による暴力の即時停止と抑制、すべての関係者による平和的解決のための建設的な対話の開始など、5項目が合意された。しかし、その後もミャンマー国軍の市民に対する弾圧は続いた。

ミンアウンフライン総司令官が5項目合意を守らないことに業を煮やしたASEANは、ASEANの重要会議である首脳会議と外相会議にミャンマー軍事政権の代表の出席を認めない措置をとった。以来、これらの会議にミャンマー代表は参加していない。こうした厳しい措置に対し、ミャンマー軍事政権はASEANの内政不干渉の原則に反していると反発した。ミャンマーの同意を得ないこのような措置は、ASEANのコンセンサスによる意思決定から逸脱する事例でもあった。

ASEANは2008年に発効したASEAN憲章において、法の支配、人権、民主主義といった普遍的価値の尊重を謳っている。翌年には憲章に基づき、ASEAN政府間人権委員会（AICHR）も設立された。国際社会において普遍的価値の規範化がいっそう強まり、ASEAN原加盟国の民主化が進むなかで、仲間である加盟国政府に対して人権の尊重を主張することは内政干渉に当たらない、との認識が醸成されつつあった。また、ミャンマー国軍の市民への苛烈な暴力がSNSを通じて世界中に発信されるなかで、ASEANが内政不干渉の原則を隠れ蓑にミャンマーに強い姿勢を示さなければ、自らの国際的評価を落としかねないとの判断もあった。ミャンマー軍事政権に対する今回の対応は、ＡＳＥＡＮの伝統的な原則と国際規範との衝突と矛盾を改めて露わにする出来事であった。

振り返ってみれば、１９９７年のミャンマーのＡＳＥＡＮ加盟時から、軍事政権による人権侵害と民主化の遅れはＡＳＥＡＮにとって頭痛の種であった。そもそも、ミャンマーのＡＳＥＡＮ加盟に欧米諸国は激しく反対した。ＡＳＥＡＮ加盟と前後して、アメリカはミャンマーに異例とも思える厳しい制裁を科した。それでも、ＡＳＥＡＮはミャンマーの加盟を実現させた。この時期のＡＳＥＡＮはミャンマーの人権・民主化問題を国内問題と位置付け、内政不干渉の立場を貫いたのである。

当時、ＡＳＥＡＮにはミャンマーの人権・民主化問題に口を出せない、現実的な理由もあった。ミャンマーのＡＳＥＡＮ加盟が議論されていた頃、ＡＳＥＡＮ各国には「開発独裁」と呼ばれる強権体制を敷いていた国が少なくなかった。例えば、スハルト時代のインドネシアでは国会の一定議席が選挙を経ずに国軍に割り当てられていた。後にミャンマー軍事政権が策定した２００８年憲法は、この時期のインドネシアの統治体制を参考にしたといわれている。

また、当時、高い経済成長を実現し、国家運営に自信を深めていたＡＳＥＡＮ原加盟国は、自分たちには地域に根差した価値、すなわち「アジア的価値」があると主張し、西欧的民主主義に異を唱えた。１９９７年のＡＳＥＡＮ議長国であったマレーシアのマハティール首相は、アメリカの制裁はミャンマーのＡＳＥＡＮ加盟を左右する問題ではないとして、欧米諸国の圧力を突っぱねた。ＡＳＥＡＮはミャンマーを擁護することで、その自律性を示そうとしたのである。

一方、ミャンマーのＡＳＥＡＮ加盟は、この国のその後の「民主化」に影響を与えた。ＡＳＥＡＮは軍事政権の幹部に国際社会と接する数少ない窓口を提供したのである。後に大統領に就任するテインセイン将軍（当時、首相）は、ASEANの会議の場で世界のミャンマーに対する厳しい姿勢を知り、大胆な改革へと舵を切ったといわれる。また、2008年にサイクロンにより14万人とも推定される犠牲者を出しながら、欧米を含む国際社会からの支援を拒否していた軍事政権が、ASEANを窓口として援助の受け入れを許容したのも、ASEANならば内政に口出しすることはないとの安心感があったためである。ASEANが厳正な内政不干渉の原則を貫いていなければ、ミャンマーがASEANに加盟することも、外国から災害支援を受けることもなかったであろう。

しかし、こうしたASEANの緩い規律が、2021年のミャンマー国軍のクーデターを防ぐことができなかったことも事実である。ミャンマーに対し、とくにインドネシア、マレーシア、シンガポールは厳しい態度をとった。3ヵ国はアメリカをはじめ域外の民主主義国と連携し、軍事政権に圧力をかけようとした。また、シンガポールの金融界は以前はアメリカの金融制裁に協力せず、事実上制裁の抜け道をミャンマー側に提供していたが、今回は協力姿勢をみせている。特筆すべきは、これら3ヵ国はいずれも1997年に欧米諸国の反対を押し切って、ミャンマーのASEAN加盟を推進した国であった点である。一方、タイ、カンボジア、ラオス、ベトナムは内政不干渉を原則とする従来の姿勢を崩していない。

このように加盟国間の姿勢が分断されていることもあり、これまでのところASEANはミャンマーに対する結束力のある、効果的なアプローチを構築できていない。分断の根本的な原因は、内政不干渉とコンセンサスによる意思決定という従来ASEANが堅持してきた原則と、法の支配、人権、民主主義の保障という国際的規範との衝突にある。そして、この衝突は民主化を実現したASEAN

原加盟国と、権威主義や一党支配の体制を維持する新規加盟国との分断を生んでいる。ミャンマー危機はこの分断を顕かにした。ＡＳＥＡＮは自らの憲章に謳った民主主義と人権を尊重する、国際水準の地域協力機構へと脱皮することができるのか。それとも、あくまで伝統的規範を守るのか。内政不干渉をめぐる議論は、ＡＳＥＡＮの将来を占う試金石となるだろう。

（工藤年博）

13

コンセンサス方式

★拒否権の尊重から相対化へ?★

ASEANは設立以来、コンセンサス制(方式)を採用してきた。意思決定手続きには、大きく分けてコンセンサス制と表決制がある。表決制は、さらに単純多数決や特定多数決、全会一致などの種類がある。表決制の一つである全会一致制とコンセンサス制は、全参加国の合意あるいは反対する国がいない状態を生み出す手続きであるという点で集団的意思決定に同様の効果をもたらす。これらの手続きでは、参加した国すべてに拒否権が与えられる。そのため、意見が割れているときには、意思決定に長い時間を要する上に、合意が成立しない時もある。

ASEANのコンセンサス制は、しばしば協議(インドネシア語でムシャワラ)を通じたコンセンサス(インドネシア語でムファカット)形成方式と表現される。この方式のもとでは、各国の拒否権が重視される結果、決定見送り、あるいは、もっとも消極的な国でさえ合意できる「最大公約数的合意」になりやすいとされる。さらに、その消極的な国がASEAN内の大国インドネシアだった場合には、その拒否権はより大きな作用をもたらすという指摘もある。ASEANでのコンセンサス制の運用は、ASEAN独自の協力方法とされ、内政不干渉原則とあわせて、ASEAN Wayと呼ばれる。

コンセンサス制のもとでは、反対意見がある限り、合意は成立しないため、効率的な意思決定・政策策定が阻害される可能性が高い。しかし、そうした制度のもとでも、ASEANの合意は作られてきた。それは、加盟国間の対立がなかったからではない。1970年代には事務局の設置場所や権限をめぐって、1980年代にはベトナムのカンボジア侵攻に関して、1990年代は新規加盟や内政不干渉原則の見直しをめぐって加盟国は対立してきた。2000年に入ってからも、ASEAN憲章（以下、憲章）の策定や人権機関の設置、移民労働者問題、域外国との関係では南シナ海の領有権問題などで対立してきた。2021年にはミャンマーの政変をめぐり、軍事政権に厳しい態度で臨むべきとする立場（インドネシアやマレーシア、シンガポール）と、妥協的な立場（タイやカンボジア）とに分かれた。このようにさまざまな問題で利害が対立しても、決定を見送らず、何らかの合意を成立させるためには、利害の調整がなされる必要がある。ASEANの場合、この利害調整などの議事運営を中心的に担っているのが、議長国である（第7章）。

他方、コンセンサス制を相対化する動きもある。とくに経済分野では、コンセンサス制を基本としながらも、合意履行（経済協定の締結など）の方法を柔軟化することによって、事実上、コンセンサス制が保証する拒否権を相対化させてきた。「ASEANマイナスX方式」の採用である。これは、大枠の合意はつくるものの、合意履行にあたっては準備ができた国からでよいとする方式である。これは、早くも1970年代にシンガポールによって提唱された「5マイナスX方式」を嚆矢とする。その後、1987年には、ASEAN諸国のビジネス界の集まりであるASEAN商工会議所が「AS

EANマイナスX」方式による意思決定の必要性を勧告している。そして、2003年の第二ASEAN協和宣言で、「ASEANマイナスX方式」を適用してサービス貿易と投資の自由化を加速すべきとする提言が採用された。

政治安全保障分野ではコンセンサス制が厳格に守られてきたとされてきたが、相対化の動きもみられる。まず、首脳会議が必要に応じてコンセンサス制を変更することができる点が、憲章に盛り込まれた（第8章）。この規定が大きく取り上げられたのが、2021年のミャンマー政変に対するASEANの対応を協議する過程においてである。2021年、民主化を進めていたミャンマーで、クーデターが発生し、軍が政権を掌握した。この事態に対し、ASEAN首脳会議が開催され、ミャンマー国軍トップのミンアウンフラインも出席した。この会議で、暴力の停止と自制、全勢力による対話の実現、ASEAN特使の仲介、人道的支援、全勢力との対話に向けた特使のミャンマー訪問という「5項目コンセンサス」が合意された。しかし、ミャンマーは5項目コンセンサスの履行を拒否し続けたため、2021年10月、ASEAN諸国外相は特別会議を開き、ミンアウンフラインを首脳会議に招聘することを見送り、「非政治的な代表」を送るようにミャンマーに求めることになった。この決定には、ミャンマー代表から留保があった旨が記され、会議後、ミャンマーは不満を表明した。つまり、留保という形で、ミャンマーの拒否権を事実上、封印したといえる。さらに、2022年末の首脳会議では、首脳会議が最高意思決定機関として緊急事態に適切な行動をなすこと、コンセンサス制のもとで合意が成立しなかった場合に首脳会議が意思決定手続きを決めることを規定した憲章の第7条と20条が言及された。そうした条文を持つ憲章の発効により、コンセンサス制以外の手続きを採用することができる状態になっており、首脳会議のイニシアティブ次第では、ASEANにおけるコンセンサス制の絶対的地位が揺らぐ可能性がある。

（鈴木早苗）

14

東南アジア友好協力条約

★地域平和のための基本条約★

ASEANは発足からほぼ10年後の1976年2月、インドネシアのバリにおいて第1回の首脳会合を開催し、二つの文書を採択した。二つのうちの一つが東南アジア友好協力条約（TAC）であり、採択された場所にちなんでバリ条約とも呼ばれる。のちに説明するように、TACは形式的にはASEANの条約ではない。しかしTACは東南アジアの地域秩序の構築のために、ASEAN諸国が打った布石であったし、ASEANの実質的な基礎としても機能してきた。TACの背景、特徴、展開などを概観しておくことは、ASEAN理解の重要な手がかりとなるであろう。

外相会合を主体に発展してきたASEANにおいて、首脳会合が初めて開催されたことは、1975年以降のインドシナの共産化と関係していた。ASEAN諸国の多くは国内の共産ゲリラが刺激を受けて、内乱を拡大する可能性を懸念していた。首脳会合で採択されたもう一つの文書であるASEAN協和宣言（Declaration of ASEAN Concord）が、「各加盟国とASEAN地域の安定」に重大な関心を示すとともに、「非ASEANベース」の限定つきながらも初めて安全保障協力に言及したことは、そうした懸念と無関係ではあり得ない。さらに首脳会合の開催により、ＡＳＥＡＮ諸国が結束を図ったことも、ＡＳＥＡＮとインドシナの対峙というイメージを強めるものであったといえる。

しかし同時に強調さるべきことは、ＡＳＥＡＮ諸国の首脳たちが地域秩序の将来像を、ＡＳＥＡＮの枠を越える広がりにおいて議論していたことである。そのことをはっきり示したのがＴＡＣである。ＴＡＣの主題は「地域の平和と安定」(前文)であり、そこでの地域はＡＳＥＡＮではなく「東南アジア」とされている。条文中の主語はいずれも「本条約締約国」であり、「ＡＳＥＡＮ」という言葉は地域の歴史を述べた1箇所しか登場しない。こうしてＡＳＥＡＮ諸国の主導の下に、東南アジアの地域秩序を構築しようとしていた点で、ＴＡＣは１９７１年のクアラルンプル宣言の系譜に連なるものである。

ＴＡＣは全5章20条より構成されるが、なかでも核心を成しているのは「本条約締約国が相互の関係を処理する際に従うべき原則」を述べた第２条であり、次の六つの原則が挙げられている。

1. すべての国の主権、独立、平等、領土保全、および国家的アイデンティティの相互尊重。
2. すべての国が、外部からの干渉、覇権主義、または強制を受けることなく、国家的存在を続けてゆく権利。
3. 相互的な内政不干渉。
4. 見解の相違や紛争の平和的方法による解決。
5. 武力による威嚇または武力の行使の放棄。

6. 各国間の効果的協力。

これらの多くはＡＳＥＡＮの発足以来、加盟国がさまざまな場面をつうじて醸成し、確認してきたものである。しかしそれが条約として明文化され、各国首脳の署名を受けたことで、規範性を高めたことは間違いない。さらにＡＳＥＡＮ諸国はそうした規範が、東南アジアのすべての国家によって共有されることを希望していた。ＴＡＣが「東南アジアの他の国の参加を受け入れるものとする」（第18条）との規定を設けたことは、地域主義の担い手たろうとしていたＡＳＥＡＮ諸国の矜持《きょうじ》を示したものといってよい。

もちろんＴＡＣがＡＳＥＡＮと別個の条約である以上、ＴＡＣ加入とＡＳＥＡＮ加盟も理論上は別個である。しかし域内の未加盟国に対しては、両者は事実上の関連をもつようになる。ＡＳＥＡＮ加盟を希望する国家にＴＡＣ加入を求め、加入するとＡＳＥＡＮのオブザーバーの地位を与え、しかるのちに加盟を認めることが慣例化したのである。最初の事例はブルネイだったが、インドシナ諸国やミャンマーにもその先例が適用された。東ティモールのように、オブザーバーに長く留め置かれていた国家も存在するが、いずれにしてもＴＡＣ加入がＡＳＥＡＮ加盟の前提であることに変わりはない。

ＴＡＣがＡＳＥＡＮと別個の条約であることは、むしろ域外国に地域秩序への関与を求めるときに、重要な意味をもつようになる。１９８７年の改正議定書により、ＴＡＣは域外国にも開放された条約となった。加入した域外国は、東南アジアの国家との紛争の処理において、ＴＡＣの原則に従うことに同意したことになる。当初はこれに応じる域外国は少なかったが、２００３年に中国とインドが加

第 14 章
東南アジア友好協力条約

表 14-1　東南アジア友好協力条約加入国・組織

加入国・組織	加入年月日
インドネシア マレーシア フィリピン シンガポール タイ	1976年　2月24日
ブルネイ	1984年　1月　7日
パプア・ニューギニア	1989年　7月　6日
ラオス	1992年　6月29日
ベトナム	1992年　7月22日
カンボジア	1995年　1月23日
ミャンマー	1995年　7月27日
中国 インド	2003年10月　8日
日本 パキスタン	2004年　7月　2日
韓国	2004年11月27日
ロシア	2004年11月29日
ニュージーランド	2005年　7月25日
モンゴル	2005年　7月28日
オーストラリア	2005年12月10日
フランス	2006年　7月20日
東ティモール	2007年　1月13日
バングラデシュ スリランカ	2007年　8月　1日
北朝鮮	2008年　7月24日
米国	2009年　7月23日
カナダ トルコ	2010年　7月23日
欧州連合（EU） 英国	2012年　7月12日
ブラジル	2012年11月17日
ノルウェー	2013年　7月　1日
チリ エジプト モロッコ	2016年　9月　6日
イラン アルゼンチン	2018年　8月　1日
ペルー	2019年　7月31日
ドイツ バーレーン	2019年11月　2日
コロンビア キューバ 南アフリカ	2020年11月10日
デンマーク ギリシャ オランダ オマーン カタール アラブ首長国連邦	2022年　8月　3日
スペイン ウクライナ	2022年11月10日
サウジアラビア	2023年　7月12日
クウェート パナマ セルビア	2023年　9月　4日

入すると、日本、韓国、ロシア、オーストラリア、アメリカ、欧州連合（ＥＵ）などが続いた。ＡＳＥＡＮと友好的な関係を発展させたい域外国にとって、ＴＡＣはその意思を認められるための試金石となっているのである。

こうしてＴＡＣは形式的にはＡＳＥＡＮと別個の条約でありながら、実質的にはＡＳＥＡＮの基礎であり続けている。さらに２０００年代以降には、ＡＳＥＡＮ自体のなかにもＴＡＣの原則が取り込まれるようになっている。２００３年に採択されたＡＳＥＡＮ第二協和宣言（Declaration of ASEAN Concord II）は、ＡＳＥＡＮ安全保障共同体（ＡＳＣ）の設立を謳っているが、その第４項にはＴＡＣの原則が表現を改めながらも受け継がれている。２００７年に制定されたＡＳＥＡＮ憲章（ASEAN Charter）の第２条にも、ＴＡＣの原則を踏襲している箇所が含まれている。

もちろん地域の紛争解決の観点からは、ＴＡＣに過大な期待をするのは現実的ではないであろう。たとえばＴＡＣは紛争解決のための閣僚級理事会の常設を定めており（第14条）、２００１年には設置規則も合意されたが、これまでのところ実現はしていない。すなわちＴＡＣは抽象的な理念を示したものに他ならず、具体的な制度をともなうものにはなっていない。しかしそれはＴＡＣの欠陥を意味するものではないであろう。むしろ紛争解決の制度づくりはＡＳＥＡＮ自体の課題であり、ＴＡＣはそのための基礎の一部を提供しているのである。

（小笠原高雪）

15

東南アジア非核兵器地帯（SEANWFZ）

★ASEAN型の安全保障のあり方★

「非核兵器地帯」（NWFZ）とは、一定の地域的空間において、条約に基づいて核兵器の製造、実験、配備を禁止する一方で、該当地域外の核保有国に対しても域内での核実験、配備、使用を禁止する地帯で、1975年の国連決議3472Bで定義されている。2023年現在世界では、トラテロルコ条約（ラテンアメリカおよびカリブ核兵器禁止条約）、ラロトンガ条約（南太平洋非核地帯条約）、ペリンダバ条約（アフリカ非核兵器地帯条約）、セメイ条約（中央アジア非核兵器条約）に加え、1995年にバンコク条約（東南アジア非核兵器地帯条約）が署名され、97年に発効している。ちなみに、モンゴルは1ヵ国単独で非核国を宣言しており、それ以外にも南極条約、宇宙条約、海底条約でそれぞれの地帯の非核化がうたわれている。

SEANWFZの発効に至るまでの過程で、同条約文にも記載されている東南アジア中立地帯宣言の中身を確認しておく必要があろう。1971年11月27日からの2日間にわたった緊急外相会議での議論を経て採択された「クアラルンプル宣言」である。同宣言は、1967年のASEAN設立時のバンコク宣言に基づき、域内の経済的・社会的安定の強化と平和的・進歩的な発展への責任を前提に、外部からの干渉を排除して安定と安全を確保する上で、東南アジアの中立化が求められると述べられている。日本ＡＳＥＡＮ関係基本資料データベースおよび黒柳訳によれば、具体的には次の２ヵ条からなる。

(1) インドネシア、マレーシア、フィリピン、シンガポールおよびタイは、東南アジアが平和、自由、中立の地帯（ＺＯＰＦＡＮ）として、いかなる形または方法であれ外部勢力から自由である認識および尊重を保証するために、必要な努力を率先して遂行すべく決心している。

(2) 東南アジア諸国は、その諸国の力、団結および緊密な協力に役立つ協力地帯を拡大する共同歩調の努力を行う。

東南アジア中立地帯宣言（ＺＯＰＦＡＮ宣言）に至るまでの紆余曲折に関しては、黒柳米司『ＡＳＥＡＮ35年の軌跡』（２００３年）に記載されているが、５ヵ国間の思惑が交錯した「総論賛成・各論反対」の中で成立されたものであった。しかし、その後の76年の「東南アジア友好協力条約」、93年の「ＡＳＥＡＮ地域フォーラム」、そして本章における96年の「東南アジア非核兵器地帯条約」の一連の成果を生み出す上で、ＡＳＥＡＮ諸国間の利害と不協和音を克服する深化と拡大への過程であったとも評価できよう。

さて、上述の２ヵ条に基づくＺＯＰＦＡＮ宣言文や93年７月に開催されたシンガポールでの外相会議で、地域諸国の平和や安全保障の強化に寄与するための核兵器不拡散の重要性が再認識されたのだ。そこで、核兵器不拡散条約第７条における地域的条約を締結する権利、すなわち特定の地域において核兵器が存在しないことを確保する地域的な条約を締結する権利が保証された。すなわち、非核兵器地帯の確立が国連総会第10回特別会合の最終文章を踏まえて、95年の核兵器不拡散条約（ＮＰＴ）締約国再検討・延長会議において採択されることになったのだ。

一方、ＡＳＥＡＮがいう22ヵ条からなる非核兵器地帯条約や同議定書には、第1条の用語の確認から始まり、次に同条約の適用地帯は現在の加盟国の10カ国であるが、東ティモールの加盟後は11ヵ国になるだろう。これら加盟国の領域や大陸棚、排他的経済水域（ＥＥＺ）が対象地域になるが、ただし陸地や海底、地下や上空は非核地域に含まれるものの、核兵器を輸送したり、運搬する行為に関しては禁止の対象になっていない。「放射性物質」や「放射性廃棄物」の定義は国際原子力機関（ＩＡＥＡ）基準に従う。第2条では条約の適用、第3条では締約国の非核化に関わる基本的な義務が詳細に記載されている。第4条以下においても基本的に原子力の平和利用の促進や軍事利用の防止を促すＩＡＥＡ基準が適用される。

第8条では東南アジア非核兵器地帯委員会の設置が、第9条には同委員会の補助機関としての執行委員会の設置、第16条に本条約が7番目の批准書または加入書の寄託日に効力を生ずること。第18条には他国際機関との関係が記され、ＩＡＥＡをはじめとする国際機関との間で、本条約における管理制度の有効な運営に資する協定を締結することが述べられている。最後の22条では、本条約が無期限に効力を有することをうたっているが、脱退の権利に関する条項もある。

最後に、最近のＡＳＥＡＮ外相会議（ＡＭＭ）における同地域での非核兵器地帯に関する議論を紹介しておこう。２０２３年7月11日から12日まで議長国インドネシアのジャカルタで開催されたＡＭＭの共同声明にもＳＥＡＮＷＦＺの議論がなされたことが述べられている。非核兵器地帯執行委員会が10日に招集され、2023年から27年に向けた行動計画の遂行に向けた話し合い、および11日の委員会への準備が行われたとASEANウェブサイトに記されている。なお、新聞報道では、拡大外相会議に参加した核保有国の中国が非核地帯条約へ加入する可能性が報じられている。

ただ、中国とは南シナ海で領有権を争っている（第18章参照）加盟国も多く、すでにみてきた条約の内容を踏まえると、係争加盟国が主張する領海やEEZをめぐって中国との食い違いも大きいため、中国の同条約への加入には大きな障害が予想される。中国の主張する領海やEEZを前提にすると、当然ながら以前からの非核兵器地帯の適用範囲が縮小することになる。またその一方で、同地域へ関与を深める米国、日本、豪州が推進する「自由で開かれたインド太平洋構想」との関係もあり、中国1ヵ国だけの同条約への参加の政治的意図が問題になろう。

東南アジア非核兵器地帯条約締結の背景は、言うまでもなく東南アジアにおける友好協力条約（第14章参照）前文にあるように、「正義及び法の支配を永続的に尊重すること並びに相互の関係における地域の強靭性を高めることにより地域の平和及び安定を促進する」（外務省訳）ことを目的としていることから、ZOPFANからの地域の平和、友好、相互協力を前提にSEANWFZを実現してきた経緯がある。同非核兵器地帯の理解を深めるには同様な政策をとっている南太平洋非核地帯などとの連携を踏まえたアジア太平洋全体を視野に入れた取り組みが今後求められよう。

（山田　満）

16

ASEAN憲章

★問われる存在意義★

ＡＳＥＡＮ憲章とは、２００８年12月に発効されたＡＳＥＡＮの基本法である。憲章制定の目的は、これまでＡＳＥＡＮが合意してきた諸原則を明文化し、組織の機能や権限、意思決定方式および紛争処理手続きなどを法的に規定することで、ＡＳＥＡＮを「価値観と規範を共有するルールに基づく共同体（A rule-based community of shared values and norms）」へと進化させ、その国際機構としての問題対処能力と信頼性を向上させることにあった。

ＡＳＥＡＮ憲章制定への具体的な取り組みは、２００５年のＡＳＥＡＮ首脳会議で、憲章草案に向けた提言書の作成を目的とする「賢人会議（ＥＰＧ）」が設置されたところから始まった。ＥＰＧの提言書は、２００７年1月のＡＳＥＡＮ首脳会議に提出されたが、その主な特徴は共同体構築に向けた域内協力の実行を確実なものとするために、ＡＳＥＡＮ事務局の機能強化などの組織整備だけでなく、ＡＳＥＡＮの伝統的な原則や意思決定方式の見直しを訴えたことにあった。ＡＳＥＡＮはその設立以来、「非拘束的合意」、「内政不干渉」、「協議とコンセンサスによる意思決定」などを重視したいわゆる「ASEAN Way」

とよばれる公式・非公式の組織原則によって運営されてきた。これらの原則は、ＡＳＥＡＮ諸国間にフランクな外交関係をもたらし、非公式の対話による「紛争管理」（あくまでも管理であり、解決ではない）という習慣を根付かせたという意味において、地域の平和と安定に貢献してきたといわれる。しかしながら、特に90年代後半以降、ＡＳＥＡＮがミャンマーの人権問題、アジア金融危機、東ティモール騒乱といった深刻な問題に組織として対処できなかったことに国際社会の批判が集まるなか、「ASEAN Way」の有効性に疑問符がつくことになった。

ＥＰＧの提言書は、ＡＳＥＡＮの問題対処能力の向上を目的に、安全保障や外交政策の分野では「コンセンサスによる意思決定」を維持するが、他の問題領域では多数決による表決も可能であるとし、また特定の協力プロジェクトにおいては「ＡＳＥＡＮマイナスＸ」といういわば有志連合での実行もあり得るとした。更に提言書は、「制裁措置」を導入することによって、「非拘束的合意」だけでなく「内政不干渉原則」の緩和も図った。ＥＰＧの制裁措置案とは、ＡＳＥＡＮ事務局が加盟国による憲章の順守状況を監視し、もし重大な違反があった場合には違反国の権利の一時停止、最悪の場合には除名処分という制裁を科すことで、加盟国による憲章の順守を促すというものであったが、憲章の原則に「人権・基本的自由の促進」や「違法かつ非民主主義的な政治体制変更の拒否」という国内政治問題を絡めることで、それは事実上内政不干渉原則の緩和につながるものであった。

しかしこれらの提言の多くは、その大胆さが故にＡＳＥＡＮ加盟国の一部から激しい反発を招き、最終的にＡＳＥＡＮ憲章の中に明確に盛り込まれなかった。「コンセンサスによる意思決定」については、ＡＳＥＡＮ憲章にそのまま明記され、コンセンサスが得られない場合の対処として「首脳会議で決める」という曖昧な規定が導入された。また憲章違反を犯した加盟国に対する制裁措置案についても導入が見送られ、その対処法としてこれまた適時首脳会議で決めることが明記された。さらに「内政不干渉原則」も憲章の条規として定められた。同原則と密接な関連性を持つ民主主義や人権規範については、ＡＳＥＡＮの原則として憲章に盛り込まれたものの、「違法かつ非民主主義的な政治体制変更の拒否」という権威主義国家に起こりがちな事象に直に関連する原則は採用されなかった。

このように「ASEAN Way」に関するＥＰＧの提言は殆ど実現しなかったが、他方でＡＳＥＡＮ共同体の実現に向けた組織改革については、ＥＰＧの提言以上のものがＡＳＥＡＮ憲章に盛り込まれた。たとえば憲章は、首脳間の意思決定の迅速化や決定事項の実施体制の整備を目的に首脳会議の年２回開催や三つの共同体（政治・安全保障、経済、社会・文化）それぞれに評議会を設置するというＥＰＧの提言を踏襲しただけでなく、日常業務に関する意思決定や加盟国間の政策調整の効率化を図るため、「常駐代表委員会（ＣＰＲ）」と「ＡＳＥＡＮ調整理事会（ＡＣＣ）」の設立を定めた。また憲章には、ＡＳＥＡＮの紛争解決メカニズムとして、紛争当事国の要請のもとにＡＳＥＡＮ事務総長あるいはＡＳＥＡＮ議長国が調停や仲裁を行うことが明記され、事務総長にいたっては、紛争解決手続きによって決められた事項の順守を監視する権限も付与された。さらに憲章には、域内の人権の促進・保護を目的に「人権機関」の設置が明記され、２００９年にＡＳＥＡＮ政府間人権委員会（ＡＩＣＨＲ）が設立された。

ＡＳＥＡＮ憲章は、本稿執筆時の２０２３年に発効15周年を迎えたが、この15年間、ＡＳＥＡＮは「ルールに基づく共同体」に向かって着実に歩みを進めてきたといえるであろうか。この問いに関して、ＡＳＥＡＮ内外の有識者の間では懐疑的な意見が目立つ。その主な理由は、ＡＳＥＡＮが憲章制定の本来の目的であるＡＳＥＡＮの問題対処能力の向上に必要不可欠な改革、つまりASEAN Wayの見直しを十分に達成できなかったことにいきつく。懐疑論者の多くは、ＡＳＥＡＮ憲章を通して民主主義や人権の促進などを組織原則として明文化し、組織を拡大したところで、憲章の履行を担保する仕組みがなければ、ＡＳＥＡＮの問題対処能力の向上は望めないと主張する。

２０２１年2月に発生したミャンマーの軍事クーデターとその後続く民主化運動に対する国軍の弾圧への対処をめぐるＡＳＥＡＮの混迷は、その証左であるといえる。クーデター発生直後、当時議長国であったブルネイは、ＡＳＥＡＮ憲章にある民主主義原則や法の支配、人権の尊重の必要性に触れ、対話と和解をよびかける議長声明を発出し、また国際社会におけるＡＳＥＡＮの信頼性が傷つくことを恐れたインドネシア、シンガポール、マレーシアもＡＳＥＡＮ憲章に言及したうえで、同様の声明を出した。その一方、タイ、カンボジア、フィリピンは、「内政不干渉原則」を理由にクーデターに対して何の言及もしなかったが、これは事実上クーデターを容認したことに等しかった。その後ＡＳＥＡＮは、２０２１年4月の緊急首脳会議で合意された暴力停止を含む「5項目コンセンサス」をミャンマー軍政が履行していないことを理由に、２０２１年10月の首脳会議にミン・アウン・フライン国軍最高司令官が同国の首脳として参加することを事実上拒否し、その後外相会合からも軍政関係者を締め出した（事務レベル会合では、ミャンマー軍政関係者の出席が認められている）。

このＡＳＥＡＮの決定は、インドネシア、マレーシア、シンガポールの意向を強く反映し、加盟国間のコンセンサスを欠くものであったが、その反動もあってか、その後ＡＳＥＡＮ内では対軍政批判派と容認派の間で軍政の正当性をめぐる路線対立が激化していった。2022年ASEAN議長国のカンボジアのフン・セン首相は、軍政を正式な政府としてASEANに容認させることを狙い、議長就任早々に他加盟国から承認を得ることなく、ミン・アウン・フラインと会談した。またタイも、ミャンマー軍政との対話路線を主張し、2022年12月に軍政からの代表を招いて、非公式外相会合を開催するだけでなく（上記批判派3ヵ国は抗議の意味を込めて欠席）、ミャンマーに外相を派遣するなど独自外交を追求し始めた。2023年ASEAN議長に就任したインドネシアは、「静かな外交」という名のもとに、秘密裏にミャンマー軍政や民主派勢力、その他域外の関係諸国への接触を繰り返したが、ミャンマーは、軍政の首脳会議などからの締め出しを、コンセンサスを重視するASEAN憲章への違反行為であるとの声明を発表するなど（カンボジアも同調）、強気の姿勢を見せ続けている。結果として、少なくとも本稿執筆時点において、ミャンマーが「5項目コンセンサス」を履行する兆しは全く見えない。

ミャンマー問題をめぐるASEANの混迷は、憲章発効とそれに伴う組織改革が、ASEANという機構の本質に特段大きな変化をもたらしていないことを示している。加盟国の多くがそれぞれの利害に基づき独自の外交を展開する姿は、ASEANがあくまで「共同体」ではなく国家主権に基づく「国家間機構（Intergovernmental Organization）」であるということをあらためて想起させる。またASEAN各国が、非公式の対話を通して、ミャンマーとの合意形成をさぐる動きは、ASEANの外交関係が「ルール」ではなく、いまだインフォーマルな人間関係によって成り立っていることを示唆しているといえる。冒頭に述べたように、ASEAN憲章の存在意義は、ASEANを「価値観や規範を共有するルールに基づく共同体」へと進化させることにあるが、一部加盟国が、憲章を盾に内政不干渉原則やコンセンサスによる意思決定の重要性を声高に叫ぶ姿は、憲章がＡＳＥＡＮの進化を妨げる障害物として機能しているようにもみえる。ＡＳＥＡＮ憲章の発効から15年たった今、その意義があらためて問われているといえるだろう。

（湯澤　武）

第26条　未解決の紛争
・紛争が解決できない場合には、（本憲章の先の規定の適用の後に）ASEAN首脳会議に決定を付託される。
第27条　コンプライアンス（法の遵守）
・事務総長は、紛争解決メカニズムについての成果、提案内容、決定事項に関するコンプライアンスを監視する。

Ⅸ　予算と財政

Ⅹ　運営と手続き

第31条　ASEAN議長
・議長国は年次持ち回りである。
・ASEANは暦年で単一の議長国を持つ。
第32条　ASEAN議長の役割
・ASEAN議長国となる加盟国はASEANを代表する。
第34条　ASEANの業務言語
・英語とする。

Ⅺ　アイデンティティーとシンボル

第35条　ASEANアイデンティティー
・共通のASEANアイデンティティーを促進する。
第36条　ASEANモットー
・一つのビジョン、一つのアイデンティティー、一つの共同
第37条　ASEANの旗
第38条　ASEANのエンブレム
第39条　ASEANの日
第40条　ASEANの歌

Ⅻ　対外関係

第41条　対外関係
・ASEANは地域協定において主要な推進力となる。
第46条　非ASEAN加盟国のASEANへの信任
・非ASEAN加盟国と関連する国家間組織はASEANに大使を任命する。

XIII　一般及び最終規定

第 16 章

ASEAN 憲章

表 16-1　ASEAN 憲章の主な内容

I　目標と原則

第 1 条　目標
・地域の平和、安全、安定を維持強化する。
・地域的強靭性を強化する。
・核兵器や大量破壊兵器の存在しない地域としての東南アジアを維持する。
・安定、繁栄し、高度な競争力を有し、経済的に統合された、単一市場と生産基地を創出する。
・ASEAN域内での貧困を削減し域内発展格差を縮小する。
・民主主義を強化し、グッドガバナンスと法の支配を強化し、人権と基本的自由を促進する。
・持続可能な発展を促進する。
・地域アーキテクチャーにおける域外パートナーとの関係・協力において主要な推進力であるASEANの役割を維持する。

第 2 条　原則
・加盟国の独立や主権を尊重する。
・加盟国の内政への不干渉。
・ASEAN に共通の利益に著しく影響を与える案件に関して協議を強化する。
・法の支配、グッドガバナンス、民主主義の原則を支持する。
・基本的自由と人権を尊重し、社会的正義を推進する。
・国連憲章、国際法、国際人道法を支持する。
・多角的貿易ルールと ASEAN のルールに基づいたレジームを支持する。

II　法人格

第 3 条　ASEAN の法人格
・ASEAN は、政府間組織として法人格を付与される。

III　メンバーシップ

IV　組織

第 7 条　ASEAN 首脳会議
・ASEAN の最高政策決定機関である。
・閣僚級の事務局長を指名する。
・年 2 回開催される。

第 8 条　ASEAN 調整理事会
・ASEAN 外相で構成され、最低年 2 回開催される。

第 9 条　ASEAN 共同体理事会
・ASC、AEC、ASCC 理事会で構成され、最低年 2 回会合する。

第 10 条　ASEAN 部門別閣僚組織

第 11 条　ASEAN 事務総長と ASEAN 事務局
・任期5年でアルファベット順の加盟国持ち回りで選出される。
・ASEAN の協定や決定の実行状況を監視する。
・ASEAN の見解を代表する。
・事務局長は 4 人の副事務総長に支援される。そのうち 2 人は、公募によって採用される。

第 12 条　常駐代表委員会
・各加盟国は、ジャカルタに大使級の ASEAN 常駐代表を指名し、常駐代表委員会を構成する。

第 14 条　ASEAN 人権機構
・人権と基本的自由の促進と保護に関する憲章の目的と原則に合わせて、ASEAN は ASEAN 人権機構を設置する。

V　ASEAN 連携団体

VI　特権と免除

VII　意思決定方式

第 20 条　協議とコンセンサス
・基本原則として、ASEAN における意志決定は、協議とコンセンサスに基づく。
・コンセンサスが得られない場合は、首脳会議が決定方式を定めることができる。
・重大な憲章違反がある場合には、その案件は ASEAN 首脳会議に付託される。

第 21 条　履行と手続き
・経済合意（コミットメント）の履行に関しては、コンセンサスのもとで、ASEAN マイナス X 方式を含む柔軟な方式を取ることができる。

VIII　紛争解決

第 24 条　特定の手段における紛争解決
・ASEAN の経済協定の解釈と適用に関する紛争は、「紛争解決に関する ASEAN 議定書」に従って解決される。

出典：石川幸一、助川成也、清水一史『ASEAN 経済共同体―東アジア統合の核となりうるか』（日本貿易振興機構（JETRO）、2009 年）p. 33 を基に作成

17

ASEAN共同体

★平和・経済発展・社会開発の実現を目指して★

2003年の首脳会議で、ASEAN諸国は、安全保障（後に、政治安全保障）、経済、社会文化の3つの柱からなるASEAN共同体の形成を目指すことに合意した。

ベトナムのカンボジア侵攻問題など冷戦期の東南アジア地域の分断を乗り越え、1990年代にベトナムなどの残りの東南アジア諸国が加盟した（その後独立した東ティモールは加盟準備中）。経済協力では、1992年にASEAN自由貿易地域（AFTA）の形成が合意され、経済統合への第一歩を踏み出した。域外国との関係では、ASEANが主導する形で、アジア太平洋地域や東アジア地域の地域制度が形成された。そのため、ASEANが中核的な存在としてみなされるようになった。

AFTAによる経済統合の取り組み、加盟国の拡大、広域制度の構築といった動きの中で起こったのがアジア通貨危機である。アジア通貨危機により、ASEAN諸国は協力をさらに深化する必要性を認識し、2003年の合意に至った。ASEAN共同体は、政治安全保障共同体（APSC、第23章）、経済共同体（AEC、第29章）、社会文化共同体（ASCC、35章）から構成されるが、アジア通貨危機が契機となったことから想像されるように、当初ＡＳＥＡＮ諸国の念頭にあったのは経済統合の深化であった。しかし、さまざまな力学が作用した結果、政治安全保障と社会文化の分野も統合した形でＡＳＥＡＮ共同体が提示された。ＡＳＥＡＮ諸国は当初、２０２０年までにＡＳＥＡＮ共同体を完成するとしていたが、後に、２０１５年末に前倒しするという決定を行った。

２００９年にはＡＳＥＡＮ共同体形成のための行動計画（「青写真２０１５」）が発表された。２０１５年には、共同体の設立が宣言されたが、その構築を継続する意思が示され、新たに行動計画（「青写真２０２５」）が発表された。アジア通貨危機を契機としたこともあり最も注目されているのは、ＡＥＣで、市場としてのＡＳＥＡＮの魅力を高めるため、統合が進められている。しかし、ＡＰＳＣやＡＳＣＣの名の下でも様々な協力が行われている。それぞれの共同体の形成がどの程度進んでいるかにつき、中間レビューも実施されるようになった。

ＡＰＳＣにおいては「ＡＳＥＡＮ加盟国および人々が、公正、民主的かつ調和的な環境のなかで平和に共存する状態」を実現するため、国内政治制度の在り方に関する理解を深める政治発展協力、武力の不行使などの規範の形成と共有、人権、紛争解決手続きの整備や紛争予防、人道支援などの総合安全保障の追求、域外国との関係強化などが目標として掲げられている。

次に、ＡＥＣの目指す世界は「ＡＳＥＡＮが単一の市場と生産基地となり、ダイナミックで競争力のある開かれた地域として、多国間の取り決めを遵守する経済統合」とある。物品・サービス・投資の自由な移動、資本のより自由な移動、熟練労働者の移動の自由に加え、競争政策導入やインフラ開発、中小企業支援、経済格差是正、域外国との経済連携などが計画されている。

ＡＳＣＣが目指す世界は「共通のアイデンティティを醸成し、人々の社会厚生が向上するような調和のとれた、思いやりと分かち合いのある社会を構築することによって、ＡＳＥＡＮ諸国と人々が連帯を維持し、人々中心の社会的責任のある共同体が実現された状態」である。教育の向上や人材育成などの人間開発、貧困削減や社会保障、災害管理などの社会福祉の向上、女性や児童、移民労働者などの権利の保障、環境保全、ＡＳＥＡＮアイデンティティの構築、格差是正という目標を掲げている。

以上からわかるように、ＡＳＥＡＮ共同体の構築という名の下になされる協力は極めて多岐にわたる。アジア通貨危機をきっかけにしたとはいえ、結果として、経済統合にとどまらない協力の深化が志向されるようになった。このことは、国内制度と密接に関わる協力を進めるということであり、ＡＳＥＡＮで重視されている内政不干渉原則との調整を余儀なくされる。ＡＰＳＣでの政治発展協力、人権、ＡＥＣでの競争政策の導入、非関税障壁の撤廃、ＡＳＣＣでは、ほとんどすべての協力が国内制度・内政の問題である。つまり、ＡＳＥＡＮ共同体の構築とは、公式には内政不干渉原則を掲げながら、実質的には内政に密接に関わる協力を進めることであるといえる。こうした協力を進める際には、当然のことながら、協力の程度や方法などについて加盟諸国が対立する場面がしばしばみられる。

協力を深化させるには、加盟各国の合意履行・実施能力を高めていく必要がある。とくに、後から加盟した国では政策立案能力や執行能力が問題となっていることも多く、ＡＳＥＡＮ事務局や域外国からの支援が必要である。青写真２０１５と比べて、青写真２０２５では、ＡＳＥＡＮ事務局の強化が目標として掲げられている。すでに事務局による合意履行監視はなされており、そうした機能を強化することも含めて、組織改革の必要性が認識されている。２０１４年には、ＡＳＥＡＮ事務局強化および組織改革に関するハイレベルタスクフォースが提言書を提出している。

さらに、複数の共同体にまたがる協力が存在することも認識されるようになった。たとえば、移民労働者のうち熟練労働者はＡＥＣが、非熟練労働者についてはＡＳＣＣが担当している。災害管理は、ＡＰＳＣとＡＳＣＣ両方で扱われている。こうした問題領域における協力を包括的に進めるためには、各共同体の垣根を越えた連携や調整が必要である。ＡＳＥＡＮの組織改革はそのためにも必要と考えられる。

最後に、各共同体が目指す世界のなかに、「人々（people）」が言及されている点について、「人々中心（people-centered, people-oriented）のＡＳＥＡＮ」という概念が登場している。とくに、ＡＳＣＣでは、この概念のもとで、人々のための協力を進めようとしており、青写真２０２５では、この点が強調されている。ＡＳＥＡＮ域内では市民社会団体が多く登場し、越境的なネットワークを構築しつつあり、人権の保障や環境問題などの取り組みを加速するよう、加盟諸国政府に要求するようになった。そうした要求に、加盟諸国政府がどのように対応するのかが注目される。

（鈴木早苗）

コラム3

国連の理念とＡＳＥＡＮ

工藤年博

ＡＳＥＡＮはその発足当初から、国連憲章に謳われた国連の理念と原則を尊重してきた。ここではＡＳＥＡＮがこれまでに制定してきたいくつかの重要な文章を振り返りつつ、そこに国連の理念がどのように反映されてきたのかをみてみよう。

まず、１９６７年にＡＳＥＡＮの設立を声明した、いわゆるバンコク宣言に国連の理念が反映されている。バンコク宣言はＡＳＥＡＮ設立の目的として、「地域諸国間の関係において正義と法の支配を尊重し、国連憲章の原則を遵守することにより、地域の平和と安定を促進する」と謳っている。

次に、１９７１年にクアラルンプールで採択された「平和・自由・中立地帯宣言」（ＺＯＰＦＡＮ）においても、「国連の価値ある目的と目標、特に、すべての国家の主権と領土保全の尊重、武力による威嚇または武力の行使の回避、国際紛争の平和的解決、平等な権利と自決、国家の問題への不干渉という原則に強く共感する（inspired）」と宣言している。これは当時、冷戦下にあったＡＳＥＡＮ加盟国が域外大国の干渉を避け、共産主義の脅威から自らを守るために声明されたものではあるが、ここに国連の理念が通底していることを示すことで、宣言に普遍性と重みをもたせた。

しかし、ＡＳＥＡＮが国連の理念のなかから、自らに都合のよい原則をピックアップして利用してきた側面があったことも事実である。とくに人権の尊重とそれを保障するための法の支配や民主主義の状況については、ＡＳＥＡＮ加盟国間で大きな違いがあった。これは本文（12章）でも述べたとおり、ＡＳＥＡＮが事実上東南アジアに位置するという地理的条件のみを加盟要件として設立された地域協力機構であり、そのため加盟国には民主主義から共産党一党支配、軍事政権まで政治体制が大きく異なる国が含まれることとなったためである。

　設立当時、必ずしも明確なグランドデザインをもたなかったＡＳＥＡＮが、２０１５年の共同体設立を目指して、その理念と組織を明文化、制度化したのは、２００８年のＡＳＥＡＮ憲章の制定によってであった。この憲章ではＡＳＥＡＮの目的のひとつとして、「ＡＳＥＡＮ加盟国の権利と責任を十分に考慮した上で、民主主義を強化し、良い統治と法の支配を増進し、人権と基本的自由を保護する」との文章が盛り込まれた。そして、原則のひとつとして、「国連憲章およびＡＳＥＡＮ加盟国が加入する国際人道法を含む国際法を堅持すること」が掲げられた。憲章の目的と原則に則り、ＡＳＥＡＮ人権機構も設置された。ここでもＡＳＥＡＮが国連の理念を踏襲しようとする姿勢がうかがえる。

　最後に、２０１９年６月にタイのバンコクで開催されたＡＳＥＡＮ首脳会議で発表された、インド太平洋に関するＡＳＥＡＮアウトルック（ＡＯＩＰ）をみてみよう。これは日本が主導する自由で開かれたインド太平洋（ＦＯＩＰ）構想を補強、補完する目的でＡＳＥＡＮが打ち出したアウトルック（見解、展望）である。この文章においても、「国連憲章、１９８２年の国連海洋法条約（ＵＮＣＬＯＳ）、その他の関連する国連条約や協定、ＡＳＥＡＮ憲章、ＡＳＥＡＮの各種条約や協定、ＥＡＳの互恵関係原則（２０１１年）等の国際法の尊重」が謳われている。また、具体的な協力分野として海洋協力を挙げ、ＵＮＣＬＯＳの遵守や航行や飛行の自由に言及している。さらには、ＡＯＩＰは国連の持続可能な開発目標（ＳＤＧｓ）とも整合的であると指摘する。

　このようにＡＳＥＡＮは自らの理念や原則を明文化・制度化する際に、国連が掲げる普遍的価値を積極的に取り入れてきた。それによりASEANは国際社会に認められる地域協力機構の体裁を整えてきたといえるだろう。しかし、実際にそうした理念を実現しようとすれば、ASEANは加盟国の主権の問題に踏み込まざるを得なくなる。ところが、ミャンマー問題で顕らかになったように、加盟国間で内政不干渉に関する理解が異なり、この問題にASEANが統一政策を構築することはできなかった。ASEANの課題は高く掲げた理念をいかに実行に移すかにある。そうでなければ、今後もASEANは理念という「お経」を繰り返すだけとなるだろう。

IV

ASEANの安全保障問題

18

南シナ海問題

★中国の海洋攻勢と行動規範をめぐる交渉★

南シナ海には、プラタス諸島（中国名：東沙群島、以下同様）、パラセル諸島（西沙群島）、マックレスフィールド岩礁群（中沙群島）、スプラトリー諸島（南沙群島）の4諸島がある。南シナ海は漁業資源が存在する他、1968〜69年の国連の海底資源探査以来、石油・天然ガス資源の存在も期待されるようになり、沿岸諸国の領有権争いが激しくなった。4諸島はほとんどが、水源の乏しい、多孔質のサンゴ環礁で、自国の領有を主張する係争当事者たちが島と呼んでいるものには、海面上に常時出ている海洋法でいう島以外に、砂州（沙洲）・堆・岩・暗礁・低潮高地、及びそれらを埋め立てた人工島が含まれる。ここでは、それら全てを含む英語表現（maritime features）の仮訳として、島礁という表現を用いる。

台湾（1947年）と中国（1953年）は、4諸島を含み、南シナ海全海域の80％以上を占めるU字状の境界線を、南シナ海の地図上に引き、全島礁の主権を主張している。プラタス諸島（6島礁）は、1945年以来台湾が占拠している。パラセル諸島（55島礁）は1974年1月の中国軍と当時の南ベトナム政府軍の交戦以降、中国がほぼ全域を制圧しているが、ベトナムもその主権を主張している。マックレスフィールド岩礁群（34島礁）は、低潮高地のあるスカボロー礁（黄岩島）を除いて、全て暗礁のため、占拠している国はない。なお、このスカボロー礁をマックレスフィールド岩礁群に含めるか否かについては諸説あり、中国は含めているが、フィリピンは含めておらず、自国の排他的経済水域内のサンゴ環礁であるとしている。最大の問題は、海域面積80～82万平方キロといわれるスプラトリー諸島（範囲の定義によるが、96～230島礁、常時水面上に出ているのは25のみ）で、中国・台湾・ベトナムが全島礁の主権を主張している他、フィリピンが53、マレーシアが15から17、ブルネイが1の島礁の主権を主張している。占拠島礁数は諸説あるが、２００９年現在、中国7、台湾1、ベトナム21、フィリピン

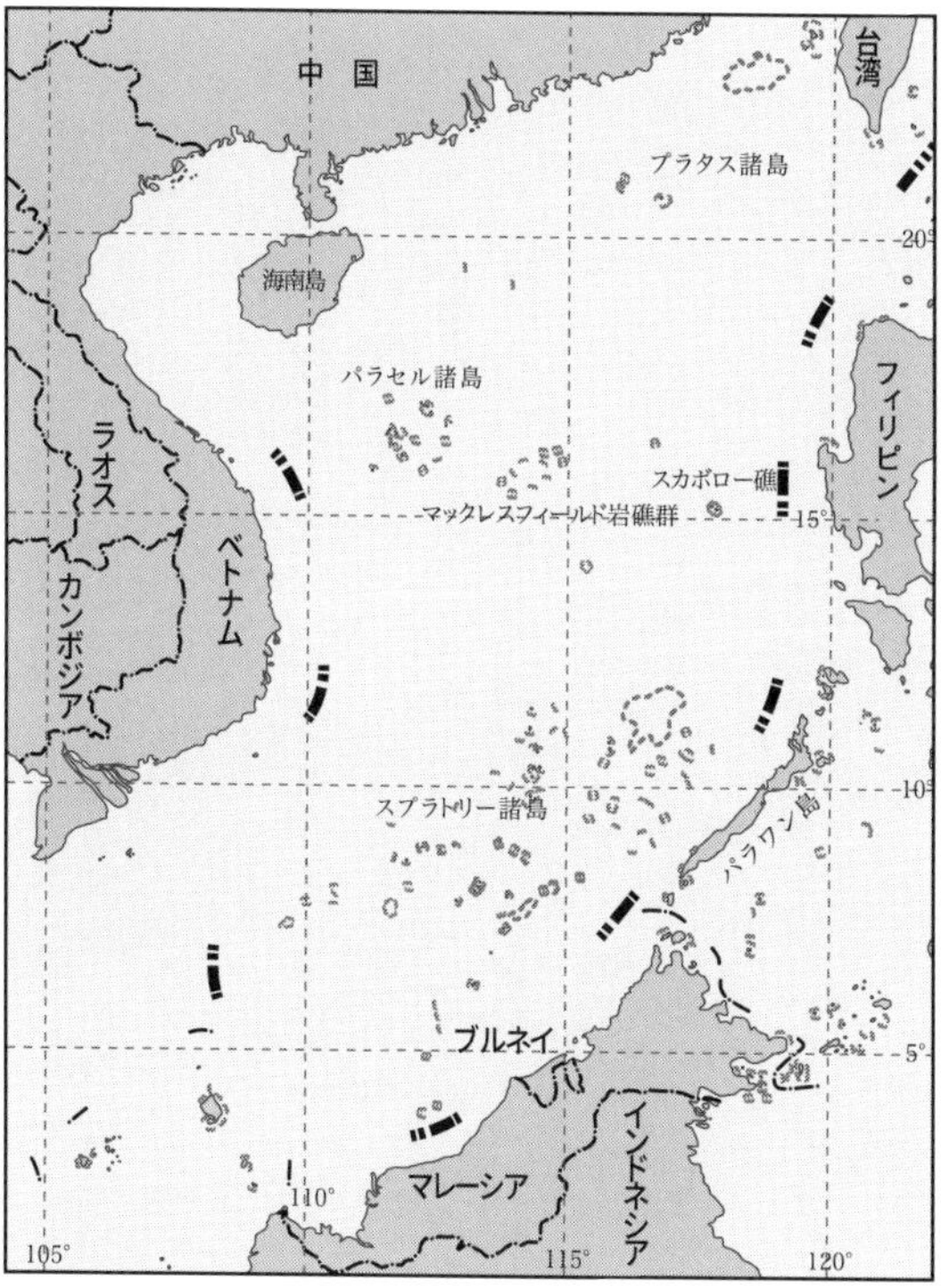

図18-1　南シナ海
出典：佐藤考一「中国と『辺疆』：海洋国境」北海道大学スラブ研究センター『境界研究』No.1、2010年、23ページ
原典：『海南省全図』新華書店、1988年

9、マレーシア5、ブルネイ0と、言われている。

南シナ海問題の端緒は、第二次世界大戦後、敗戦国日本が返還したこれらの諸島の帰属先が定まらなかったことにある。代表権問題から1951年9月のサンフランシスコ講和会議に参加できなかった中国と台湾は、それぞれ自らの主権を主張したし、当時の南ベトナム、フィリピンも1956年以降、一部の領有を主張し、1974年1月に中国は南ベトナム軍と交戦して、パラセル諸島全域を制圧した。マレーシアは、ソ連のベトナム接近が明らかになった1979年に領有を主張し出したが、その背景には、マレーシア漁民が漁場としていたスワロー礁等いくつかのサンゴ環礁の周辺に、ベトナム側が進出してきたことがある。ブルネイは、1984年に200海里排他的経済水域を設定し、その中にスプラトリー諸島の島礁の一つを含めた。その後、1988年3月にスプラトリー諸島のジョンソン南礁近海で中越海軍が交戦し、ASEAN加盟諸国は、中国の南下に警戒心を持つようになり、1990年1月にインドネシアが南シナ海紛争ワークショップを設立して、紛争当事者とASEAN諸国の政府関係者・軍人・学者が個人の立場で参加するトラック2で、紛争解決への道を探ることとなった。

中国は、1992年にスプラトリー諸島のガベン礁に領土標識を立て、ASEAN外相会議が係争当事者の自制を求める「南シナ海宣言」を出し、1994年7月にインドネシアは中国のU字線について質す、外交文書を送った。だが、中国はさらに1995年2月にはフィリピン・ベトナムが領有を主張するミスチーフ環礁に建造物を構築して居座った。このため、ASEAN側は1995年3月に、「南シナ海の最近の情勢に関する外相声明」を出して自制を促した。中国は、U字線問題について、同年7月にインドネシア側にナツナ諸島への領土的野心はないと回答したが、U字線の持つ意味については答えなかった。また、中国の南シナ海進出は、ASEAN地域フォーラム（ARF）やASEAN中国外相会議、ASEAN中国首脳会議でも議題とされるようになった。そして、ASEAN中国間では、南シナ海の係争当事者間の行動規範（COC）を作る話し合いが持たれ、2002年11月のASEAN中国首脳会議で、法的拘束力のないCOCより緩やかな、航行の自由の尊重、武力不行使、軍関係者の信頼醸成措置などを定めた、南シナ海の係争当事者間の行動宣言（DOC）が採択された。

その後、中国は、2005年から2007年まで比・越と3ヵ国でスプラトリー海域の17・8%に当たる海域の共同石油探査を実施する等、一時期緊張が緩んだが、2010年3月以降、アメリカとの政治対話の場で、南シナ海は中国の核心的利益であると主張するようになった。このため、現在は2011年7月に策定されたDOCの実施ガイドラインの実施と、それをCOCに発展させるための南シナ海の行動規範の単一草稿（SDNT：2018年8月取り纏め）の内容についての交渉がASEAN中国間で続けられており、2023年7月の時点で草稿の第2読会が終了している。なお、フィリピン政府は、2013年1月に仲裁裁判所に中国のU字線の有効性についての裁定を求め、2016年7月に勝訴したが、中国はその結果を認めていない。そして、スプラトリー諸島、パラセル諸島、スカボロー礁の周辺には、「海洋強国」を志向する中国海警局や、中国海軍の船艇と海上民兵の乗る大型漁船が展開して、ASEAN側との緊張が高まっている。

（佐藤考一）

19

域内領土紛争

★触らぬ神に崇りなし?★

東南アジアには、国家間の領土問題が複数存在している。領土問題が、域内国家関係に深刻な影響を及ぼした例も少なくない。ASEAN発足直後には、マレーシアとフィリピンの領土紛争によって、双方の大使館を閉鎖する事態に陥った。ボルネオ島のサバは、1963年にマレーシア連邦にサバ州として組み入れられたが、フィリピン政府はサバの領有権を主張してマレーシア政府に抗議していた。この領有権をめぐる対立は、現在まで度々両国に緊張関係をもたらしている。

当時のマレーシアとフィリピンの対立には、タイが調停役として両国の関係を取り持ち、ASEANの意義が認識される機会となった。ASEAN加盟国間では、発足以来様々なレベルで協議が頻繁に積み重ねられ、加盟国間の友好関係が構築されてきた。同時に、加盟国間の紛争に対しても、そのような協議を通じた非暴力的解決方法が重視されてきた。領土問題を抱えながら、2008年にタイとカンボジアの国境付近で衝突が発生するまで、ASEAN加盟国間での死傷者が出るような紛争が回避されてきたことは大きな成果である。

他方で、ASEANが域内領土紛争を直接的に解決した例は少ない。1990年代から、域内領土紛争の解決を国際司法裁判所（ICJ）の判断に委ねる事例が増加している。1998年には、インドネシアとマレーシアが争う、ボルネオ島の北東に位置するリギタン島とシパダン島の領有権問題が、ICJに委ねられた。2002年のICJ判決では、両島はマレーシアに帰属すると示された。シンガポールとマレーシアが争うシンガポール海峡東部のペドラ・ブランカ島（マレーシア名はバトゥ・プティ島）の領有権問題は、2003年にICJに委ねられた。2008年の判決では、シンガポールへの帰属が認められたが、島周辺の岩場の一部はマレーシアに帰属すると示された。

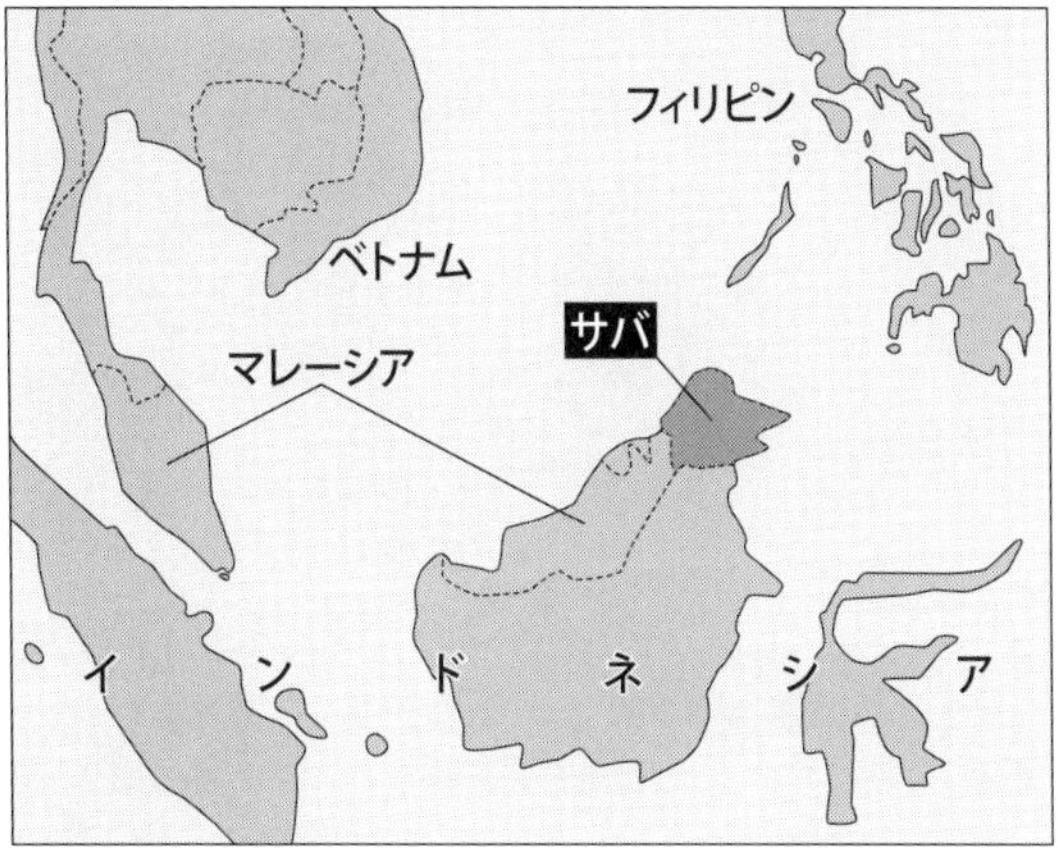

図 19-1　サバの位置

域内には、依然として係争中の地域もある。カリマンタン島沖のアンバラット海域は、マレーシアとインドネシアが領有権を主張している。2023年には、マレーシアとインドネシア双方が解決への意志を表明しているが、未だ解決していない。また、ボルネオ島のサバをめぐるマレーシアとフィリピンの紛争も、未解決である。2013年には、サバの領有権を主張するフィリピンのイスラム系武装集団が、サバに侵入し集落を占拠する事件が発生している。ボルネオ島のリンバンは、マレーシアとブルネイが領有権を主張している地域である。

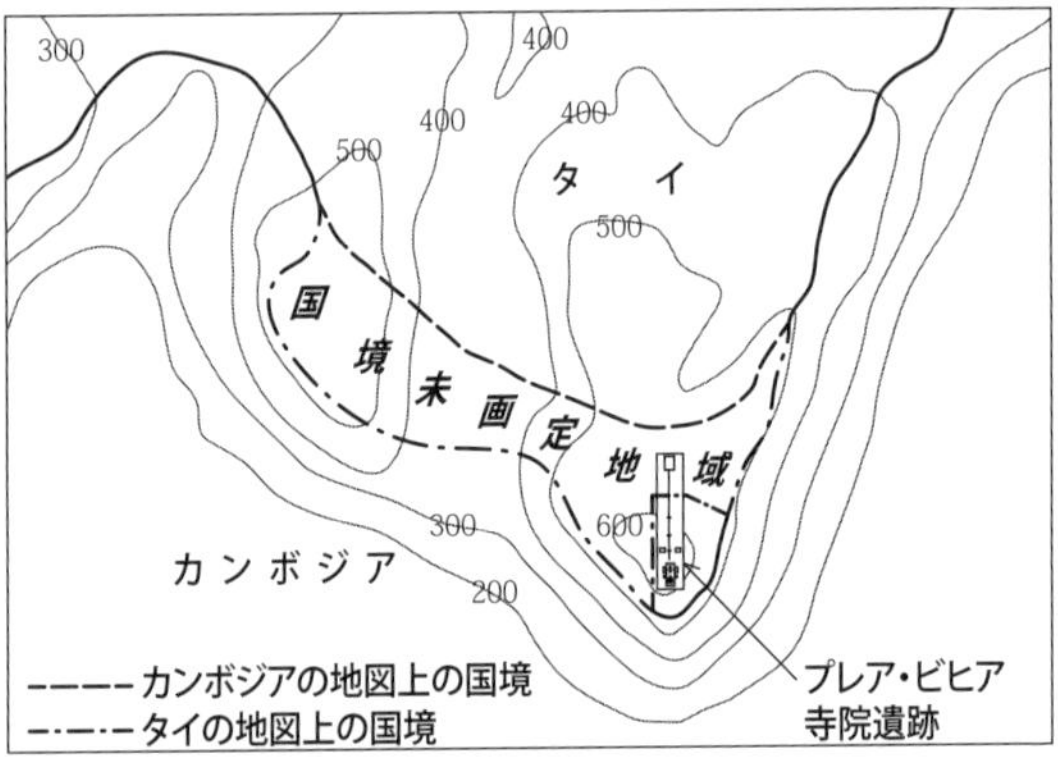

図19-2　プレア・ビヒア寺院とその周辺
出所＝山下明博「世界遺産をめぐる国境紛争：プレアビヒア寺院遺跡」『安田女子大学紀要』39, p. 251. を基に作成。

ＡＳＥＡＮ域内の領土紛争において、もっとも深刻な対立を引き起こしたのは、プレア・ビヒア寺院であろう。プレア・ビヒアは、タイとカンボジアの国境沿いに位置する寺院遺跡である。この領有権問題は、１９５３年にカンボジアがＩＣＪに提訴した結果、１９６２年にカンボジアへの帰属が決定した。しかし、国境線の画定はＩＣＪの権限外であるため、両国間には国境未画定地域が残った。

２００８年、カンボジア政府が同遺跡の世界遺産申請を行ったことを契機として、カンボジアとタイの対立が再燃した。同寺院はタイ側からしか上ることができないという地形的な制約があるため、タイはカンボジアによる単独の世界遺産登録申請に同意していなかった。同年７月、ユネスコはプレア・ビヒア寺院遺跡の世界遺産登録を発表した。世界遺産登録に抗議したタイ人３人が、国境の検問所を飛び越えて寺院へ行こうとしてカンボジア軍に拘束されると、両国の警備が強化され、国境沿いにタイ軍とカンボジア軍４０００人がにらみ合う事態となった。10月にはついに銃撃戦が発生し、両国軍に死傷者が出た。２００９年４月には、機関銃、ロケット弾、迫撃砲を使用した戦闘へと拡大した。２０１１年までの度重なる軍事衝突により、両国に少なくとも28人の死者が発生している。

両国の軍事衝突に対して、2008年のASEAN外相会議では、シンガポール外相が同問題の平和的解決を両国に求めた。2011年2月に武力衝突が発生した際には、国連安全保障理事会で会合が開催され、両国に「恒久的な停戦」を求めた。これを受けて、ジャカルタでASEAN緊急外相会議が開催され、議長国インドネシア外相が武力行使の即時停止と首脳レベルの話し合いの必要性を訴えた。しかし、ASEANは、両国が求めている停戦監視オブザーバーの派遣を実行しなかった。4月にも戦闘が発生すると、カンボジアはICJに提訴し、1962年判決の解釈を求めた。

2011年7月18日には、ICJが同地域を「非武装地帯」に設定し、両国に軍の撤退を命じた。両国は勧告を受け入れて、両軍は撤退し、現在まで軍事衝突は再発していない。2013年のICJ判決では、寺院自体はカンボジアに帰属する、寺院が立つ高台部分の土地はカンボジア領とする、寺院周辺の土地の帰属は判断せず、周辺地域に駐留するタイ軍や警察は撤収する、といった内容が示された。国境画定については、両国によって決定されるべきであるとされた。

ASEAN域内には、依然として多くの領土問題が存在している。域内の世界遺産をめぐって深刻な対立が生じているタイとカンボジアは、その象徴である。ASEANは、域内の領土問題に直接的に関与せず、同時に当事者である加盟国も、ASEANに領土問題の解決を求めずに、域内諸国との友好関係の維持に努めている。


（阿部和美）

20

エスニック問題

★華人、ムスリム、ロヒンギャ★

ASEAN諸国における多民族性

ASEAN地域には多様なエスニック集団（民族）が混在・共存しており、それらと国家との関係が域内各国の特色を生み出し、同時にさまざまな問題をもたらしてきた。一般に、国民国家のなかに複数のエスニック集団が存在するために国民統合が妨げられたり、集団間の亀裂が深まって分離独立運動などに波及したりすることがある。ASEAN諸国においてもこの種の問題がこれまで数多く発生し、内政のみならず国際関係をも揺るがしてきた。

ASEAN各国の国民の属性をみると、いずれの国も言語、宗教、因習などの文化的要素において多様性に富んでいる。しかも、エスニック集団間の文化的相違は概して大きく、一国内にイスラム、仏教、キリスト教、ヒンズー教という世界の四大宗教の信仰者が混在したり、互換性のない複数の言語が日常的に混用されていたりする。

東南アジアに多民族国家が多いのは、欧米諸国による植民地化、つまりエスニック集団の元来の分布を無視した植民地の版図や国境線の設定、植民地経済下での外国人労働移民の導入な

第20章
エスニック問題

どの影響が大きい。ただし、複数のエスニック集団が国内に混在すること自体が、直ちに問題を発生させるわけではない。対立に至るのは各集団の構成員が自集団への帰属意識を持ち、さらに集団間で政治・経済・社会的な差別や貧富の格差が存在したり、特定集団の文化に対する他集団や国家からの抑圧や破壊行為がみられたりする場合である。

エスニック集団の混在パターンは、分散混住型と地域偏住《へんじゅう》型に大別される。分散混住型の多民族社会では、各集団が地域横断的に一定の厚さの層として国内に広く分布する。移民をベースとした集団（華人、インド系住民など）と先住民の集団とが各地で混在するパターンが代表的である。都市部でこの傾向が強く、職業分布などと相関することも多い。一方、地域偏住型とは地域ごとに異なるエスニック集団が居住しているケースを指す。多数派集団以外に、山岳・海洋少数民族（モン、シャン、カレン、カダザン、イバン、ダヤクなど）や、宗教などの文化的要素を核に特定地域で結合を強めた集団が存在する場合などである。地域偏住型では、集団間の対立が高じると分離独立や自治権拡大を求める政治運動につながりやすい。また国境を跨いで同一集団が分布する場合、たとえば、カレン族（ミャンマー・タイ間）やマレー系ムスリム（タイ・マレーシア間、マレーシア・フィリピン間）などのように、その処遇が外交問題に発展することもある。

エスニック問題の諸相――華人、ムスリム、ロヒンギャ

独立以前からこの地域に広く見られるエスニック問題として、華僑・華人問題がある。17世紀以降、中国南部から中国人の移住が増え始め、英植民地下でさらに大量の労働移民が流入した。華僑と呼ば

れるこれら中国系住民は植民地期に経済力をつけ、独立後も多くが国籍を取得してその国の国民となり（彼らを華人と呼ぶ）、商工業を中心に各国の経済発展を牽引した。しかし、独立にともなって多数派住民が政治の主導権を握り、マレーシアのブミプトラ政策やインドネシアのプリブミ政策のように、経済・文化面で多数派優遇策を打ち出すと、華人が多数派のシンガポールを除くすべての国で、少数派の華人は地位や権利を脅かされるようになった。華人の経済的優位性への嫉妬などを背景に、多数派の先住民族や政府から差別や迫害を受け、時には反華人暴動などで生命・財産が危機にさらされることもあった。比較的最近でも、1998年のインドネシア政変下で反華人暴動が発生し、華人に多数の犠牲者が出た。

一方、華語（中国語）など華人文化の維持・継承を求めて華人が多数派による同化主義的政策に反発する場合もある。特にマレーシアのように華人の文化的独自性が維持されてきた国ではマレー系先住民と対立する傾向が強く、現在でもエスニック対立の火種となっている。なお、中国は1960年代まで華僑・華人を通じて同地域への共産主義の浸透を図っていたが、その後ASEAN諸国との国交樹立が進むとその種の政治介入は減少した。他方、各国の対中経済関係において華人は一定の影響力を保持しており、近年の中国の台頭や大国化により華人の対中連携が再び強まる傾向もみられる。

ASEAN諸国全体で人口の約4割を占めるムスリムの存在も（表）、同地域のエスニック関係を考えるうえで重要である。イスラム固有の信仰や価値体系、歴史と伝統、社会・経済・政治的制度、さらに世界的なネットワークなどを国家のあり方にどう組み込んでいくかが問題となる。特に、人口の約9割を占め、かつ世界最大のムスリム人口を有するインドネシア、およびイスラムを国教とする

表 20-1　ASEAN 諸国におけるムスリム人口と全人口に占める比率

	ムスリム人口（2010 年推計、人）	全人口に占めるムスリム人口比率（%）
インドネシア	204,847,000	88.1
マレーシア	17,139,000	61.4
フィリピン	4,737,000	5.1
タイ	3,952,000	5.8
ミャンマー	1,900,000	3.8
シンガポール	721,000	14.9
カンボジア	240,000	1.6
ブルネイ	211,000	51.9
ベトナム	160,000	0.2
ラオス	1,000	0.1 未満

出典：Pew Research Center, Table: Muslim Population by Country (http://www.pewforum.org/2011/01/27/table-muslim-population-by-country/) を基に筆者作成。

マレーシアとブルネイでは、多数派であるムスリムの動向や政府のイスラム政策が、国家建設や国民統合を左右してきた。一方、少数派ながら一定規模のムスリム人口を抱えるフィリピン、タイ、ミャンマー、シンガポールでは、多数派中心の政治・経済運営や多数派文化への同化政策に対するムスリムの反発が起こりやすい。また、特定の地域にムスリムが集住しているフィリピンやタイのように、多数派のキリスト教徒や仏教徒への抵抗が自治権拡大や分離独立を求める動きへと発展することもある。

イスラム過激派によるテロもこの地域の安全保障や治安を揺るがす問題となってきた。１９７９年のイラン革命後、世界に伝播したイスラム復興運動の流れが東南アジアにも及び、一部でイスラム原理主義やその影響を受けた急進的思想が強まった。しかし、それらがテロへ直結するわけではない。イスラムの急進的思想が、各地ではびこる貧困や政治・社会的抑圧・不公正などへの不満と結びつき、さらに中東や南アジアを発祥とする国際テロ・ネットワークの人脈や宣伝・勧誘活動などの影響を受けて、過激派やテロリストが生み出され再生産されてきたのである。このような過激派のテロや武装闘争は、２００１年の米同時多発テロ（9・11事件）を契機に頻発化・大規模化に向かい、２００２年にはインドネシアで２００人以上の犠牲者を出すバリ島爆弾テロが発生した。テロへの対策は各国およびASEANレベルで徐々に進展しているが、国ごとのムスリムの比率や分布、内政状況などに左右され、足並みが揃わない面もみられる。

現在この地域で最も深刻なエスニック問題として、ミャンマーのロヒンギャ問題が挙げられる。同国では人口の約7割を占めるビルマ族と各種少数民族との間で対立が続いてきた。長期にわたる軍政期には、ビルマ族・仏教徒中心主義を推し進める強権体制の下に少数派への抑圧が強まり、国軍と少数民族の武装勢力との戦闘も続いた。北西部のラカイン州に100万人規模で居住してきたロヒンギャ族は、イギリス植民地時代後期に隣国から流入したベンガル系ムスリムの移民で、民族性、宗教、言語などの面でビルマ族との差異が大きいことなどを背景に、不法移民集団として国籍を剝奪されるなど差別と迫害の対象となってきた。

そのような中で2017年、ロヒンギャ武装勢力が警察を襲撃した事件の報復としてミャンマー国軍による大規模な掃討作戦が実施され、一般人を含む無差別の殺害や集落の焼き討ちなどによって1万人以上の犠牲者（国連調査団発表）が出た。その後ロヒンギャ族が隣国バングラデシュに難民として大量流出し、累積で100万人を超える無国籍難民が発生した。ミャンマー政府はこの問題について隣国政府や国際社会から強く批判されているものの、その対応は極めて消極的で解決への道のりは険しい。

「多様性の中の統一」は、インドネシアをはじめとするASEAN各国のみならず、ASEAN全体の目標だが、エスニック問題は国民国家およびそれらの連合体にとって複雑で解決困難な問題として横たわっている。

（金子芳樹）

21

非伝統的安全保障

★ASEAN型協力の諸課題★

現在、ASEANにおいて非伝統的安全保障に関わる各種会議が活発に行われている。まずは従来の「伝統的安全保障」と「非伝統的安全保障」とはどのような違いがあるのかを確認しておきたい。また、ASEANではなぜ欧米や日本などで流布している「人間の安全保障」よりも「非伝統的安全保障」が重視されるのかを考えておく必要があろう。

「安全保障」はラテン語のsecuritas（英語ではsecurity）に対応するが、つまり“se（○○がない）”と“cure（心配）”で「心配がない」ことを意味する。また、「安全保障」の目的には「何を何から守るのか」という疑問が付きまとうことになる。当然ながら一般的には軍事力を用いて国民国家や国家主権を守ることに行き着く。もちろん、軍事力ではなく、外交や交渉などによる安全保障の確保も可能であろう。要するに、誰が、何から、何を、どのような手段で守るのかが、「安全保障」の共通項になる。

このような定義を前提にさまざまな安全保障概念の考え方が存在する。基本は主体である国家が「何の脅威から、国民の安全や主権の確保」を行うのかの違いがある。前者は軍事力に依拠し、後者は非軍事力の手段を用いて対応するという違いになる。より具体的には、「伝統的安全保障」は領土や資源などゼロサム的な要素の安全保障領域であり、「非伝統的安全保障」は地球的諸課題が中心であり、非軍事的脅威が対象になる。

例えば、非伝統的安全保障問題に取り組むシンガポールの南洋理工大学の非伝統的安全保障問題研究センターでは、気候変動、資源枯渇、感染症、自然災害、不法移民、食糧不足、密入国、麻薬密売、越境犯罪などを非伝統的安全保障領域として掲げている。これらの問題は直接的に軍事的な問題というよりも現在私たちが抱える国境を越えた諸課題であることがわかる。特に、2019年12月に中国湖北省武漢から発生したとされる新型コロナウイルスは新興感染症として多くの犠牲者を生み出し、私たちの日常生活に制約を課したことで理解できよう（第31章参照）。

具体的に非伝統的安全保障へのASEANの取り組みに移る前に、「人間の安全保障」に関しても説明を加えておきたい。人間の安全保障は、日本政府の政府開発援助（ODA）の柱になっているように援助を外交戦略の一環に据える日本外交の指針でもある。国際社会では1994年の国連開発計画（UNDP）の『人間開発報告書』で広く知られるようになった。報告書では人間開発と人間の安全保障との関係から、特に「欠乏からの自由」と「恐怖からの自由」を二つの柱に据えて、経済、食糧、健康、環境、個人、地域社会、政治の7領域の人間の安全を訴えている。つまり、「領土偏重の安全保障から、人間重視の安全保障へ」、「軍備による安全保障から『持続可能な人間開発』による安全保障へ」という考え方である。

それではなぜASEANでは「人間の安全保障」ではなく、「非伝統的安全保障」が重視されるのか。前者はすでに述べたように「人間重視の安全保障」であり、個々人の人権を基本とする安全保障である一方で、後者は軍事的領域ではないものの、国民を包摂する国家の安全保障だからである。ASEAN Way（第11章参照）の特徴でもある内政不干渉原則から、個人の安全は国家の専権事項という観点から国家主権の強いＡＳＥＡＮでは、非伝統的安全保障が地域共通の諸課題解決の目標となっている。

ＡＳＥＡＮでは非伝統的安全保障領域の協力に向けて積極的に会議を開催している。２０２３年度における同領域における1月の会議（NTS Calendar 2023）をみると、人身売買の救済、新型コロナウイルス対応、競争力強化に向けた先進的な労働慣行、生態系保護に向けた規制、災害時の保健管理、空港安全管理、観賞用海洋生物や水産養殖にともなう外来種の駆除などの会議が実施されている。過去の会議の事例などでは気候変動、災害管理、人道支援／災害救援、生物多様性、野生動物／植物保護、越境する煙害、環境教育、化学物質廃棄物、水資源管理、泥炭地帯対応、環境に配慮した持続可能な都市創造、児童労働、ジェンダー、サイバー・セキュリティ、テロリズム対策、違法薬物管理などが含まれている。これらのテーマを中心に２０２３年度中、確認中も含めると１３３の非伝統的安全保障協力に関する会議が予定されている。

このように、ＡＳＥＡＮでは非伝統的安全保障領域の協力に向けた話し合いが数多く持たれている。その一方で、ＡＳＥＡＮ域外との多国間協議も積極的に実施している。国連とは気候変動枠組みで連携し、ＡＳＥＡＮ＋３（日中韓）、ＥＵ、ＥＡＳ会議での対話、拡大ＡＳＥＡＮ国防会議、ＡＳＥＡＮ地域フォーラム（ＡＲＦ）のほか、二国間対応でも地域を越えた共有可能な地球的諸課題解決に向けた話し合いを実施している。

最後に、ＡＳＥＡＮにおける非伝統的安全保障協力の中で最も多い域内・域外との会議となっている気候変動問題と関連する自然災害問題を取り上げてみたい。東南アジアにとっても自然災害が深刻化していることを踏まえ、気候変動問題への強い関心とともに、具体的な災害管理や災害予防への取り組みが行われている（第32章参照）。なぜならば、2022年の国連アジア太平洋経済社会委員会（UNESCAP）報告書によれば、近年における同地域での自然災害による年間平均の経済的損出額は910億ドルと見積もられているからだ。この額は今後穏やかな温暖化シナリオでは1080億ドル、最悪のシナリオでは1270億ドルの損出へと増大が見込まれている。

また、同報告書によると、東南アジア地域における気候変動と災害リスクの展望として、特にサイクロン、旱ばつ、洪水による被害が大きい。過去50年間で45万人近くが死亡し、5億2500万人程度が被害を受けている。2010年以降、暴風雨で1億8000万人近くが、洪水で5700万人程度が被害を受け、特に暴風雨では1万4000人近くが犠牲になっている。国別でみれば、インドネシアでは1970〜2021年の間に毎年4100人程度の犠牲者を出している。ミャンマーでは2800人、フィリピンでも1000人を超えている。また、被害者数ではフィリピンでは毎年470万人程度、タイとベトナムでも200万人前後を示している。

気候変動にともなう自然災害による人的被害と経済的損出額が年々増大していることを踏まえ、ASEANが域内および域外との多国間協議を増やしていることは危機感の表れであろう。もちろん、繰り返される感染症問題（重症急性呼吸器症候群SARS、鳥インフルエンザ、新型コロナウイルスなど）も含めて非伝統的安全保障の問題は伝統的安全保障以上に域内の結束の深化が求められているといえよう。

（山田　満）

22

域内分離独立運動

★「国家」の中心と境界の複雑な関係★

2023年5月12日、下院選挙を2日後に控えたタイ南部ヤラー県で爆発があり、パトロール中の警備隊員など4人が死傷した。この爆発事件は、タイ深南部の分離独立運動に関係している。マレーシアに近いパタニ、ヤラー、ナラティワートの3県はタイ深南部と呼ばれ、14世紀から19世紀にかけて「パタニ王国」が統治していた地域である。タイは仏教国であるが、深南部にはマレー語を母語とするムスリムが多く、彼らは「パタニ・マレー」という独自のアイデンティティを有している。1909年「イギリス・シャム通商航海条約」によって現在のタイ・マレーシアの国境が確定し、この地域はタイに組み込まれた。

2001年にタイの政権についたタクシンは、従来の穏健・柔軟路線を転換し、テロ防止を宣言してムスリムの多い深南部の統制を強化した。2004年には政府軍と分離独立派武装勢力の激しい衝突が発生し、戒厳令が敷かれた。以来、武装勢力による爆弾事件や治安部隊による人権侵害行為が相次ぎ、紛争は長期化している。マラヤ大学ASEAN地域主義センターのミシュラ研究員によると、2004年の紛争再燃以来、70

写真 22-1　観光地化が進むパプア（筆者撮影）

００人以上の命が奪われ、1万３５００人が負傷したという。被害者には、一般市民も多く含まれている。２０２２年には29人が死亡、１２３人が負傷していて、被害が増加傾向にある。

インドネシア東部のパプアでも、分離独立運動が長期化している。インドネシア独立時、パプアの帰属問題は国連でも解決せず、インドネシアとオランダの対立は、１９６２年の軍事衝突にまで発展した。その後、アメリカ大統領ケネディの仲裁によりニューヨーク協定が締結され、6年に及ぶインドネシアによる暫定統治の後、１９６９年に住民投票が行われてインドネシアに統合された。住民投票以前からスハルト政権による強硬な国民統合政策が行われ、しかも住民投票が「自由で平等な選挙」ではなかったため、インドネシア政府に反発する武装勢力パプア自由運動（ＯＰＭ）が組織された。

インドネシアの民主化以降も、パプアの人々に対する差別や治安部隊による人権侵害行為は減少せず、武装勢力と無関係の市民が治安部隊によって殺害される事例が後を絶たない。２０１９年には、ジャワ島スラバヤでパプア学生が差別発言を受けた事件を契機に、パプアで史上最大規模の暴動が発生し、議会や空港が一時占拠される事態に陥った。武装勢力は、アメリカ・フリーポート社が操業を

写真22-2　パプアのローカルマーケット（筆者撮影）

行う世界最大規模の鉱山近辺での従業員の誘拐や、山間部にある治安部隊の宿営地の襲撃など、低強度の攻撃を繰り返してきた。しかし、2018年以降、山間部で治安部隊と武装勢力の軍事衝突が相次ぎ、2万人以上の兵士がパプアに増派されている。同時に、多数の住民が戦闘を逃れてジャングルでの生活を余儀なくされ、餓死や病死をする事例も発生している。

タイ深南部とパプアは歴史的文脈が異なるものの、共通する点もある。2019年の世界銀行のデータによると、深南部はタイで、そしてパプアはインドネシアで、それぞれ最も貧しい地域の一つである。紛争には、アイデンティティや宗教、派閥闘争など複数の要因が存在しているが、貧困もまた、大きな要因である。

政府と武装勢力の対立が泥沼化し、解決の糸口が見えない中で、それぞれの地域では市民社会勢力が重要な役割を果たしている。現地NGOなどの市民社会勢力は、貧困支援、人権侵害行為の実態調査、被害者支援のみならず、集会やソーシャルメディアを通して対話を行うスペースを提供し、市民が参加して信頼醸成を行う機会を創出している。後述するアチェ紛争の解決にも、市民社会勢力が大きく貢献した。

タイ、インドネシアの両政府は、深南部とパプアの分離独立運動を国内問題と位置づけていて国際社会の仲介が見られないが、インドネシア西部のアチェとフィリピン南部のミンダナオは、国際社会の仲介によって和平が実現した例である。最後に、この2事例を紹介したい。

アチェは、オランダの侵略に最後まで抵抗した地域であり、インドネシア独立時に、イスラム法に基づく自治という特別な処遇を求めていた。しかし、インドネシア政府はそれを認めず、アチェ独立運動（ＧＡＭ）を中心にインドネシアからの分離独立運動が活発化した。１９８９年には軍事作戦地域に指定され、民主化後もＧＡＭ掃討作戦が継続された。スイスのＮＧＯアンリ・デュナン・センター（ＨＤＣ）が仲介して停戦協議が行われていたが、２００４年12月にスマトラ沖大地震・インド洋大津波が発生して17万人以上が犠牲になると、元フィンランド大統領アハティサーリの仲介の下に和平協議が進展し、２００５年８月にはフィンランドで和平協定が調印された。

フィリピン南部のミンダナオも、国際社会が深く関与した事例である。19世紀末までイスラム王国の統治下にあったミンダナオでは、政府による国内移住政策によりキリスト教徒の入植が進められてムスリム住民が周縁化すると、１９７０年代に分離独立を掲げる武装勢力が組織された。10万人以上の死者が発生する紛争が続いていたが、イスラーム協力機構（ＯＩＣ）、マレーシア政府、インドネシア政府などの仲介により、２０１４年に包括和平合意が締結された。２０１９年にはバンサモロ・ムスリムミンダナオ自治地域（ＢＡＲＭＭ）が設置され、現在も和平プロセスが進展中である。

（阿部和美）

23

ASEAN安全保障共同体

―★インドネシアの構想とASEAN政治・安全保障共同体への発展★―

ASEAN安全保障共同体の構想

ASEAN安全保障共同体（ASC）とは、2003年にASEAN域内外の政治・安全保障協力を促進することを目的としてインドネシアが提案した構想である。「安全保障共同体」という表現から集団的安全保障を思い浮かべるかもしれないが、ASCは軍事同盟ではなく包括的安全保障の考えに基づき、紛争予防、紛争の平和的解決、紛争後の平和構築を目的とした安全保障協力の枠組みである。

インドネシアがASC構想を掲げた背景には、当時のASEANを取り巻く環境の変化が影響している。1967年にインドネシア、マレーシア、フィリピン、タイ、シンガポールの5ヵ国で創設されたASEANは、1999年に東南アジア10ヵ国を加盟国とする地域機構へと発展した。10ヵ国に拡大した当初、ASEANは極めて不安定な状況にあった。創設メンバーの5ヵ国と新規加盟国の5ヵ国との経済格差に加え、新規加盟国にはベトナムやラオスといった社会主義国やミャンマーのような軍政など多様な政治体制を含んでいたからである。

1997年に発生したアジア通貨危機はASEANに大打撃

を与えた。タイから発生した通貨危機が連鎖的にASEAN諸国に波及し、インドネシア、マレーシア、フィリピンの通貨が大幅に下落したことによってASEAN経済は大混乱に陥った。通貨危機はASEANの盟主であるインドネシア経済に決定的な打撃を与え、30年間続いたスハルト独裁体制を崩壊させた。ASEANを先導していたインドネシアが混乱状態に陥ったことで、地域機構であるASEANは経済危機に対して対策を講じることができず、加盟国内で不協和音が生じた。ASEAN諸国は機能不全を認識し、実効的な協力体制を必要としていた。

2001年の米同時多発テロ事件以降、テロの脅威が顕在化したこともASEANに大きな影響を及ぼした。アルカイダを中心とする国際テロ組織の存在が世界中で脅威となっていたが、東南アジアにおいてはインドネシアを拠点とするジェマ・イスラミア（JI）やフィリピンのミンダナオで活動していたアブ・サヤフ・グループ（ASG）といったイスラム過激派組織の活動が地域の安全を脅かしていた。インドネシアのバリ島で爆破事件が発生し、大規模な爆弾テロが相次いで発生した。テロに加えて、貧困、飢餓、人権侵害、SARSや鳥インフルエンザといった感染症など非伝統的安全保障問題の発生もまたASEANに大きな影響を与えた。

こうしたASEAN周辺における安全保障環境の変化によって不安定さが増す中、ASEANでのリーダーシップを復権させたいと考えていたインドネシアはASEAN地域に平和と安定をもたらす枠組みとしてASCを提案した。しかしASC構想はASEAN加盟国に警戒感を与えた。ASCのような安全保障協力の必要性を理解しつつも軍事協力体制になることへの懸念を抱いていたからである。こうした背景から、ASCは「交流と協力を通じて、平和的な変化への期待を共有し、問題解決の手段として武力の行使を排除する国家の集合体」と定義され、インドネシアはＡＳＣが軍事同盟ではないことを強調した。

２００３年10月にバリで行われたＡＳＥＡＮ首脳会議で、議長国であったインドネシアは正式にＡＳＣを提案した。参加国はＡＳＣの基本枠組みに合意し、これに基づいて「第２ＡＳＥＡＮ共和宣言」を採択した（第２バリ宣言）。これによって１９７６年に採択された「ＡＳＥＡＮ共和宣言（バリ宣言）」に代わってＡＳＥＡＮの基本文書として２０２０年までにＡＳＣを含むＡＳＥＡＮ共同体を設立することを宣言した。

ＡＳＥＡＮ政治・安全保障共同体への発展

２００７年１月、フィリピンのセブ島で行われた第12回ＡＳＥＡＮ首脳会議はＡＳＣを含むＡＳＥＡＮ共同体を予定より５年前倒しにして２０１５年までに設立することを決定した。さらにＡＳＥＡＮの安全保障協力は政治協力と一体であるとの認識から「政治」という語が加えられ、ＡＳＣからＡＳＥＡＮ政治・安全保障共同体（ＡＰＳＣ）に変更された。この際、名称の変更のみにとどまらず、新たな地域協力枠組みが設立されるなど、制度化も進んだ。

ＡＰＳＣはＡＳＥＡＮ経済共同体（ＡＥＣ）、ＡＳＥＡＮ社会・文化共同体（ＡＳＣＣ）と共にＡＳＥＡＮ共同体を構成する３本柱の１つであり、域外主要国を含む多国間安全保障協力枠組みである。ＡＳＥＡＮを中心とする多国間安全保障枠組みには１９９４年に発足したＡＳＥＡＮ地域フォーラム（ＡＲＦ）がある。両者の違いは、ＡＲＦは対話を通じて域外国との協力を構築するための枠組みであるのに対し、APSCは域内外の安全保障協力をさらに発展させることを目的としている点である。

APSCは2015年の創設時に制度化が進められ、3つの新たな枠組みが設置された。1つは、東アジア首脳会議（EAS）、2つ目はASEAN国防相会議（ADMM）と拡大ASEAN国防相会議（ADMMプラス）である。EASはSARSなど感染症対策やエネルギー安全保障分野における地域協力に有効な枠組みで、ADMMは包括的地域協力の枠組みとして域内の信頼醸成を促進し、ARFなど安全保障対話の枠組みを補完する。ADMMプラスは域外国によるASEANの能力構築支援を強化するもので、プラス国は豪州、中国、インド、日本、ニュージーランド、ロシア、韓国、アメリカの8ヵ国とされている。

APSCは2025年までの「青写真（ブループリント）」を指針として具体的な行動計画を進め、域内協力を深化させている。ブループリントにはASEANの基本原則を堅持し、民主主義、法の支配、人権及び基本的自由の促進を強化し、地域内外の調和、平和、安定のため共有する価値として平和の文化を定着されることや、地域の平和と安定に貢献し得るASEANの能力を強化することが示されている。南シナ海問題については、平和、繁栄及び協力の海としての南シナ海を維持するとし、具体的に中国とASEANの間における行動規範（COC）の交渉を促進させている。今日の問題が多面的かつ多次元的であることを踏まえ、分野横断的な協力体制を重視する形でAPSCは深化しながら機能している。


（清水文枝）

コラム4

海上保安庁（日本）とＡＳＥＡＮ諸国

佐藤考一

日本は、エネルギー、工業原料、食糧の多くを外国と海そのものに依存する国家であり、安全保障や国家の主権の絡む海の問題は非常に重要である。一般にはあまり知られていないが、海の問題を担当する官庁は非常に多い。国土交通省の下にある海上保安庁（１９４８年設立）以外に、国家公安委員会（警察庁）、総務省（消防庁）、農林水産省（水産庁）、環境省、防衛省（海上自衛隊）等が、この問題に関わっている。ただし、各官庁は自らの所轄事項に関係のある法のみを執行することになっている。海上保安庁だけは例外で、国防を除き、全ての法の執行が可能とされており、効率的に事件・事故に対処している。

ＡＳＥＡＮ諸国の場合も、英領時代の１９２４年に設立されたシンガポールの警察沿岸警備隊（内務省）を除くと、多数の官庁が海の問題に関わっている状況は同様である。たとえば、マレーシアは9官庁、インドネシアは海軍を含む12官庁と、日本より多くの官庁が関わっている。また、海賊問題のように、官庁間で法執行の権限が重複している場合もあった。だが、１９９０年代後半以降、東南アジア海域での海賊・武装強盗事件が多発するようになった。そのピークは２０００年で、２４８件もの海賊及び武装強盗事件が発生した。日本関係船舶もハイジャックなどの被害を受け、ＡＳＥＡＮ諸国は国際社会から対応を迫られた。

このため、マレーシアでは１９９９年に当時のマハティール首相が、国防以外の法執行活動を統合して行う、マレーシア海上法令執行庁（ＭＭＥＡ：内務省）の設立を目指して、事前調査チームを発足させた。マレーシアは、海賊対策の合同訓練などと共に、日本の海上保安庁

LRAD（長距離音響発生装置）の取扱研修（マレーシア）（海上保安庁総務部政策課政策評価広報室提供）

に専門家の派遣を依頼し、その協力の下にMMEAを2005年に設立した。他のASEAN諸国も、日本の支援の下、海上保安機関（海上法執行機関）の統合・普遍化・標準化を試みている。フィリピン沿岸警備隊（運輸通信省）は1998年に、ベトナムの海上警察（国防大臣の指揮管理下）は2013年に、インドネシアの海上保安機構（BAKAMLA：大統領直属）は2014年に、タイの海上法令執行指令センター（首相府：調整機関）は2019年に、設立されている。但し、複数官庁が関わっていると、完全な統合が難しい場合もあり、インドネシアなどは、BAKAMLA以外にKPLP（沿岸警備隊：運輸省）がある。

現在、海上保安庁はこうした趨勢にあるASEAN諸国の海上保安機関との協力を進めており、①多国間の国際会議での海洋における「法の支配」の重要性の共有や、二国間での協力覚書きなどによる各国海上保安機関との連携強化、

②モバイルコーポレーションチーム（ＭＣＴ）の派遣による連携訓練などを通じた海上保安能力向上支援と、政策研究大学院大学と海上保安大学校で合わせて1年間学ぶ海上保安政策プログラム（修士課程）による人材育成支援、③巡視船・航空機の派遣などのプレゼンスの向上等の取組を強化している。これらの試みは、自由で開かれたインド太平洋（ＦＯＩＰ）の実現の基礎となるものである。

【資料提供】（写真ファイル）
海上保安庁総務部政策課政策評価広報室、国際協力機構（ＪＩＣＡ）社会基盤部土屋康二・国際協力専門員（海上安全・保安）から資料提供を受けたが、文責は筆者にある。

V

ASEANの経済統合

24

ASEAN経済統合の展開

——★1976年の域内経済協力開始から経済共同体（AEC）へ★——

ASEANは、構造変化を続ける世界経済の下で域内経済協力・経済統合を推進してきている。1967年のASEAN設立から約10年後の1976年から域内経済協力を開始し、1992年からはASEAN自由貿易地域（AFTA）の確立を進めてきた。そして2015年にはASEAN経済共同体（AEC）を創設した。以下、世界経済の変化とASEAN経済統合の展開を見て行きたい。

ASEANは、当初の政治協力に加えて、1976年の第1回首脳会議と「ASEAN協和宣言」より域内経済協力を開始した。1976年からの域内経済協力は、当時の各国の工業化を背景にして、外資に対する制限の上に企図された各国の輸入代替工業化をASEANが集団的に支援するものであった。ASEAN共同工業プロジェクト（AIP）などが進められたが、各国間対立のため挫折に終わった。

だが、1987年の第3回首脳会議を転換点として、従来の域内経済協力は、新たな域内経済協力へと転換した。新たな戦略は、80年代後半からはじまった外資主導かつ輸出志向型の工業化を、ASEANが集団的に支援達成するものであった。この戦略下での協力を体現したのは、日本の三菱自動車工業がＡＳＥＡＮに提案して１９８８年に採用されたブランド別自動車部品相互補完流通計画（ＢＢＣスキーム）であった。

１９９０年代初めから生じたＡＳＥＡＮを取り巻く政治経済構造の歴史的諸変化（①アジア冷戦構造の変化、②中国の改革・開放に基づく急速な成長と中国における対内直接投資の急増等）は、ＡＳＥＡＮ域内経済協力に大きな影響を与えた。

これらの変化を受け、１９９２年の第４回首脳会議からはＡＳＥＡＮ自由貿易地域（ＡＦＴＡ）が推進されてきた。ＡＦＴＡは、域内の関税を２００８年までに５％以下にする事を目標とし、１９９３年から関税が引き下げられてきた。また１９９６年からは、ＢＢＣスキームの発展形態であるＡＳＥＡＮ産業協力（ＡＩＣＯ）スキームが進められた。そして冷戦構造の変化を契機に、１９９５年にはＡＳＥＡＮ諸国と長年敵対関係にあったベトナムがＡＳＥＡＮに加盟した。１９９７年にはラオス、ミャンマーが加盟、１９９９年にはカンボジアも加盟し、ＡＳＥＡＮはインドシナ諸国を含めて東南アジア全域を領域とすることとなった。

しかしながら１９９７年のタイのバーツ危機に始まったアジア経済危機がＡＳＥＡＮ各国に多大な被害を与えた。そして危機後の変化（①中国の急成長と影響力の拡大、②世界貿易機関（ＷＴＯ）による世界大での貿易自由化の停滞とＦＴＡの興隆）は、ＡＳＥＡＮに協力の深化を強く迫り、経済共同体の実現へ向かうこととなった。

２００３年10月に開かれた第９回首脳会議における「第２ＡＳＥＡＮ協和宣言」は、①ＡＳＥＡＮ安全保障共同体（ＡＳＣ）、②ＡＳＥＡＮ経済共同体（ＡＥＣ）、③ＡＳＥＡＮ社会文化共同体（ＡＳ

CC）から成るASEAN共同体（AC）の実現を宣言した。AECはASEAN共同体を構成する3つの共同体の中心であり、「2020年までに物品・サービス・投資・熟練労働力の自由な移動に特徴付けられる単一市場・生産基地を構築する」構想であった。

その後、ASEANはAECの実現に着実に向かってきた。2007年1月の第12回ASEAN首脳会議では、AEC創設を5年前倒しして2015年とすることを宣言した。2007年11月の第13回首脳会議では、第1に、全加盟国によって「ASEAN憲章」が署名され、第2に、AECの2015年までのロードマップである「AECブループリント」が発出された。

2008年からの世界金融危機後には、危機からいち早く回復し成長を続けるASEANの世界経済における重要性が増し、AECの実現が更に迫られてきた。2010年1月には、先行加盟6ヵ国で関税が撤廃されAFTAが完成した。

ASEANは、東アジアの地域経済協力においても、中心となってきた（図）。東アジアにおいては、アジア経済危機とその対策を契機に、ASEAN＋3の枠組みをはじめとして地域経済協力が重層的・多層的に展開してきた。それが東アジアの地域経済協力の特徴であるが、その中心はASEANであった。東アジアのFTA網でもASEANが中心であり、ASEANと日本、中国、韓国、インド、オーストラリア・ニュージーランド等のASEAN＋1のFTAが確立されてきた。

その後ASEANは着実にAECの実現に向かい、2015年12月31日には遂にAECを創設した。AECでは、関税の撤廃に関してAFTAとともにほぼ実現を果たし、2015年1月1日には全加盟国で関税の撤廃が実現された（ただしCLMV諸国においては、関税品目表の7％までは2018年1月1日

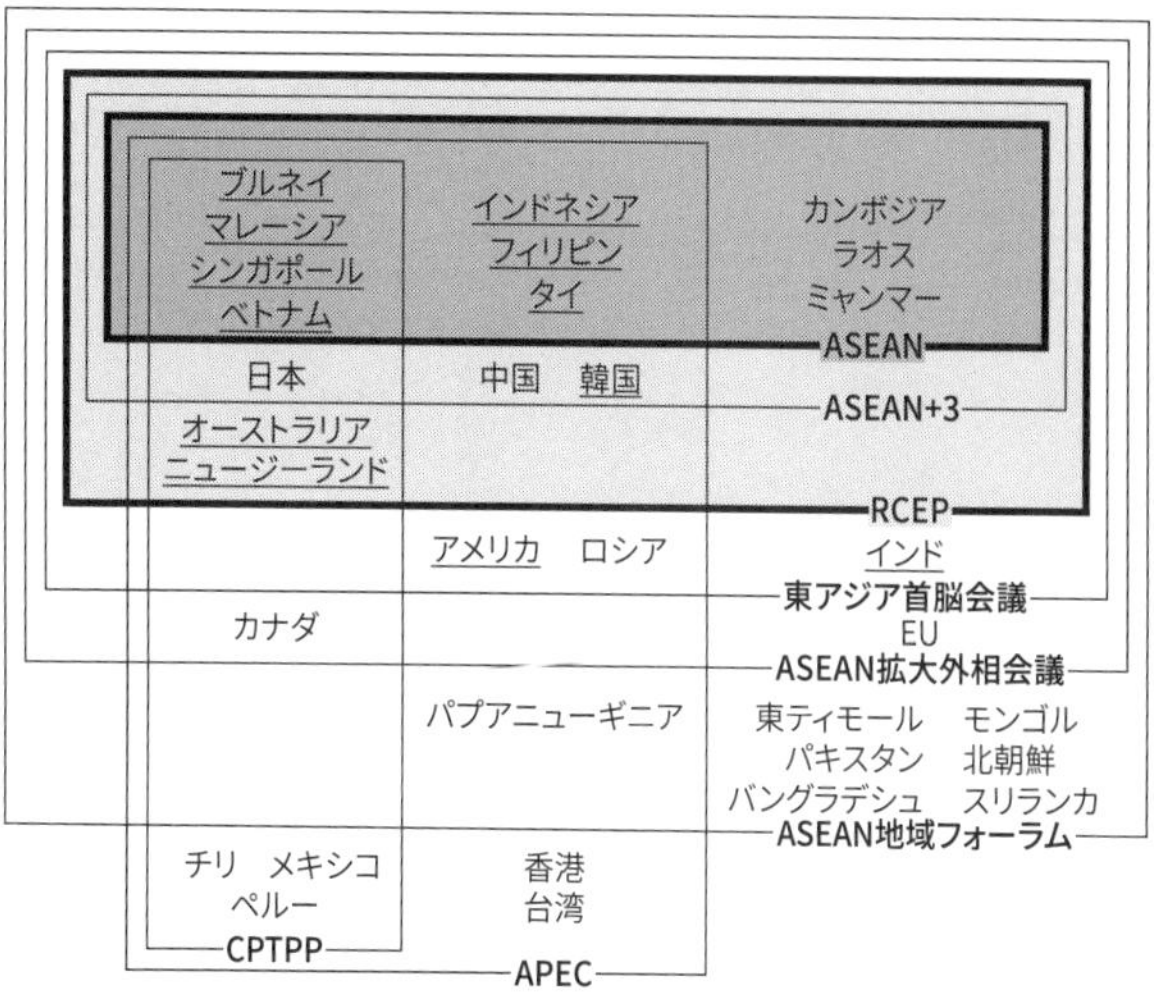

図24-1　ASEANを中心とする東アジアの地域協力枠組み（筆者作成）
注　（　）は自由貿易地域（構想を含む）である。下線はIPEF参加国。

まで撤廃が猶予された）。原産地規則の改良や自己証明制度の導入、税関業務の円滑化、ＡＳＥＡＮシングル・ウインドウ（ＡＳＷ）、基準認証等も進められた。更にサービス貿易の自由化、投資や資本の移動の自由化、熟練労働者の移動の自由化も徐々に進められてきた。

２０１５年11月の首脳会議では、２０２５年に向けて新たなＡＥＣの目標「ＡＥＣブループリント２０２５」を打ちだした。「ＡＥＣブループリント２０２５」は、２００７年の「ＡＥＣブループリント」の延長に、「Ａ．高度に統合され結合した経済」、「Ｂ．競争力のある革新的でダイナミックＡＳＥＡＮ」、「Ｃ．高度化した連結性と分野別協力」、「Ｄ．強靭で包括的、人間本位・人間中心のＡＳＥＡＮ」、「Ｅ．グローバルＡＳＥＡＮ」の５つの柱を示した。

２０１８年１月１日には、３年間猶予されていたＣＬＭＶ諸国における７％の品目に関しても関税が撤廃され、ＡＳＥＡＮの関税撤廃が完了した。また貿易円滑化やサービス貿易の自由化、投資や資本の移動の自由化、熟練労働力の移動の自由化が、更に進められてきた。輸送やエネルギー協力、格差の是正にも取り組んでいる（ＡＥＣについては、第29章も参照）。

２０２０年11月には、ＡＳＥＡＮが提案して交渉を牽引してきたＲＣＥＰが署名され、２０２２年1月に発効した。ＲＣＥＰは、東アジアで初めての、かつ世界最大規模のメガＦＴＡである。

現在の世界経済は、米中対立や保護主義の拡大、コロナ禍、ロシアのウクライナ軍事侵攻の影響等により、きわめて厳しい状況にある。ＡＳＥＡＮはミャンマー問題等も抱えている。しかしながらそのような中で、ＡＳＥＡＮは２０２５年に向けてＡＥＣを深化させている。

ＡＳＥＡＮは東アジアの経済協力の嚆矢であり、現在も東アジアで最も深化した経済統合を進めている。更に東アジアの地域協力と経済統合の中心となっている。現代世界経済の変化に合わせて着実にＡＥＣの実現に向かい、更には現代世界経済における最も主要な成長地域である東アジアにおいて経済統合を牽引している。ＡＳＥＡＮは、現代の経済統合の最重要な例の一つである。

（清水一史）

25

ASEAN経済統合とASEAN自由貿易地域（AFTA）

★東アジアで最初の、かつ最も進んだFTA★

ＡＳＥＡＮは、１９９２年にＡＳＥＡＮ自由貿易地域（ＡＦＴＡ）の確立に合意し、１９９３年から実際に各国の関税を引き下げてきた。ＡＦＴＡは、２０１５年に創設されたＡＥＣの中心でもある。２０１０年には先行６ヵ国で関税を撤廃し、２０１５年にはＡＳＥＡＮ10ヵ国でほぼ関税を撤廃し、２０１８年１月にはＣＬＭＶ諸国の猶予部分も関税撤廃を完了してＡＦＴＡを完成した。以下、ＡＦＴＡのこれまでの過程や意義などについて述べたい。

ＡＳＥＡＮでは、１９９０年代初めから生じた世界政治経済構造の歴史的諸変化を受け、１９９２年１月の第４回首脳会議からはＡＦＴＡを推進することとなった。ＡＦＴＡは、第４回首脳会議の「シンガポール宣言」で創設を宣言された自由貿易地域構想で、２００８年までに域内での対象品目の関税を０〜５％に引き下げることを目標とした。そしてＡＦＴＡのための共通効果特恵関税協定（ＣＥＰＴ）によって、１９９３年から実際に各国で関税の引き下げを開始した。

ＡＦＴＡは、自由貿易地域の確立により、１９８０年代後半からの発展の切り札とされてきた外国からの直接投資をＡＳ

EANへ呼び込むことが主要な目的であった。1992年の第4回首脳会議におけるシンガポールのゴー・チョクトン首相の開会演説でも、ASEANを投資先として他の地域よりも魅力的にすることを述べていた。その後、1990年代の冷戦構造の変化とともに、1995年からはベトナムをはじめとして、ラオス、ミャンマー、カンボジアがASEANに加盟し、それらの諸国もAFTAを目標とすることとなった。

1997年のタイのバーツ危機に始まったアジア経済危機は、ASEAN各国に多大な被害を与え、アジア経済危機を契機として、中国の急成長と影響力の拡大等、ASEANを取り巻く世界経済構造が更に大きく変化してきた。これらの変化を背景に、域内経済協力の強化が迫られ、AFTAも、より加速が迫られた。1998年には、ASEAN先行加盟6ヵ国が、適用対象関税品目の5%以下への引き下げ期限を、2008年から2003年まで5年前倒しすることで合意した。1999年には、AFTAの目標を「0〜5%」から「関税撤廃」とした。その後、各国の域内関税率は大きく引き下げられ、2003年1月には先行6ヵ国で例外を除き関税が5%以下に引き下げられた。すなわち先行6ヵ国では、当初のAFTAの目標が達成された。そしてアジア経済危機後の変化は、ASEANに協力の深化を更に強く求めることとなった。

2003年10月の「第2ASEAN協和宣言」は、ASEAN経済共同体（AEC）の実現を宣言した。AECの中心である物品の自由移動を担うのはAFTAであり、AFTAこそがAEC実現の柱となった。こうしてAECの目標とともに、AFTAの確立も加速を迫られた。

ASEAN先行6ヵ国は2010年までの関税の撤廃を目標とし、1990年代半ばから加盟した新規加盟4ヵ国も２０１５年までの関税の撤廃を目標として、各国は関税を引き下げてきた。当初は各国が除外してきた自動車と自動車部品も、ＡＦＴＡに組み入れられてきた。独自の国民車を有し、最後まで自動車をＡＦＴＡに組み入れることに反対していたマレーシアも、２００４年1月にＡＦＴＡに組み入れ、実際に２００７年1月に自動車関税を5％以下に引き下げた。

２０１０年1月には、実際に先行加盟6ヵ国で例外を除きほぼ関税が撤廃された。新規加盟国も、２０１５年には例外を除きほぼ関税撤廃することを目標とした。

２０１５年12月31日にはＡＳＥＡＮはＡＥＣを創設した。関税の撤廃に関しても、ＡＦＴＡとともにほぼ実現を果たし、２０１５年1月1日には全加盟国で関税が撤廃された（ただしＣＬＭＶ諸国においては、関税品目表の7％までは２０１８年1月1日まで撤廃が猶予された）。原産地規則の改良や自己証明制度の導入、税関業務の円滑化、ＡＳＥＡＮシングル・ウインドウ（ＡＳＷ）等も進められた。２０１８年1月1日には、3年間猶予されていたＣＬＭＶ諸国における7％の品目に関しても関税が撤廃され、ＡＳＥＡＮの関税撤廃が完了した。

ＡＦＴＡにおいては、制度も改善され利用しやすくなってきた。ＡＦＴＡへ向けて関税の引き下げを担ってきたＣＥＰＴの延長に、２００９年にはより充実した内容のＡＳＥＡＮ物品貿易協定（ＡＴＩＧＡ）が署名された。ＦＴＡを利用する際には、その産品が域内原産であることを証明しなければならないが、その規則（原産地規則）も利用しやすいように改善されてきた。現在、ＡＴＩＧＡを更にアップグレードするための交渉も進められている。

ＡＦＴＡによって国際分業と生産ネットワークの確立も支援された。その典型は自動車産業であった。現在、ASEAN地域はタイとインドネシアを中心に世界の主要な自動車生産基地にもなっているが、AFTAやASEAN産業協力スキーム（AICO）によって日系を中心に外資による国際分業と生産ネットワークの確立が支援されてきた。たとえばトヨタ自動車は、1990年代からBBCスキームとAICO、そしてAFTAに支援されながら、ASEAN域内で主要部品の集中・分業生産と部品の相互補完により生産を効率的に行ってきている。またデンソーも、AFTAを利用しながら、ASEAN全域で熱機器、電気・電子、パワートレイン製品・部品等を補完してきている。

更にAFTAは、東アジアのFTAの中心ともなってきた。東アジアでは、2000年代に入りASEANを中心にASEAN＋1のFTA網が整備されてきたが、AFTAがそれらのFTAの制度にも影響を与えてきた。2022年1月に発効した地域的な包括的経済連携（RCEP）にも、AFTAが影響を与えている。

以上のように、AFTAは東アジアで最初のFTAであるとともに、東アジアで最も進んだFTAとなっている。AFTAの確立は、貿易の拡大により地域全体の成長を促すであろう。更にAFTAの目標でもある直接投資の呼び込みにも貢献し、ASEAN諸国の工業化と発展を更に促すことが期待される。更には、東アジア全体のFTAにも影響する。

ただしAFTAの確立は、より発展した諸国からの輸出が増える等により、域内格差を拡大させる可能性がある。ASEANにとっては、ASEAN全体で発展することが重要である。そのためには、AECや連結性マスタープランの目標でもある格差是正も必要となるであろう。AFTAの制度に関しても、更に使いやすいように改善が必要であろう。

筆者は、AFTAが合意された1992年に、AFTAについてインドネシア、マレーシア、フィリピン、シンガポール、タイの5ヵ国で調査したことがある。各国の大学、研究所、政府機関、企業でAFTA実現の見通しについて聞いてみたが、当時のASEAN各国の市場は高い関税によって守られており、AFTAが実現するとは、ほとんど誰も想像していなかった。現在のようにASEANで自由貿易地域が出来上がる状況には、隔世の感がある。

（清水一史）

26

連結性強化

——★ASEANの競争力強化と域内経済格差是正を目指して★——

「ASEAN連結性」とは、①道路、鉄道等のハードインフラの整備である「物理的な連結性」、②国境手続の円滑化等ソフトインフラの整備である「制度面の連結性」、③人の移動の活発化を目指した「人と人の連結性」、のASEAN域内における3つの連結性の強化を目指す概念であり、ASEAN共同体の経済、政治安全保障、社会文化の3本柱の基盤となるものとして位置付けられている。連結性強化は、ASEAN域内の運輸分野等のインフラ整備と連結性を改善することにより、ASEANの競争力の強化、域内の経済成長、ASEAN共同体の統合深化、域内経済格差是正を目指すものである。

2015年のASEAN共同体発足を目指し、連結性に関する戦略及び行動計画を纏めた「ASEAN連結性マスタープラン（MPAC）」は、2010年10月のASEAN首脳会議で採択された。具体的な内容としては、第1の物理的な連結性については、①陸上、海上、航空分野、②ICT、③エネルギー分野におけるインフラ整備であり、具体的な事業として、ASEANハイウェイ・ネットワーク、シンガポール・昆明鉄道等が明記。第2の制度面の連結性については、①運輸の円滑化、②

財の移動自由化、③サービスの移動自由化、④投資の移動自由化、⑤熟練労働者の移動自由化と人的開発、⑥国境手続、が対象とされており、ソフト面のインフラ整備とも言える。第3の人と人の連結性については、教育、人的資源開発、文化交流、観光等が記載されている。3つの連結性の下、全体で125のイニシアティブが策定された。

2015年末のASEAN共同体発足を受け、2015年を目標としていた第1マスタープランに続く、第2マスタープランと言える「ASEAN連結性マスタープラン2025（MPAC2025）」が2016年に発表された。第2マスタープランでは、①持続的なインフラ、②デジタル・イノベーション、③シームレスな物流、④優れた規制、⑤人の移動の活発化、の5つの戦略分野を策定した。これは、第1マスタープランの「物理的な連結性」、「制度面の連結性」、「人と人の連結性」という3つの連結性を基本とし、更に拡大したものと言える。また、この5つの戦略分野の下、15の具体的なイニシアティブが規定されている。第1マスタープランでのイニシアティブが125であったことを考慮すると、大きく集約されていることが分かる。

また、2007年にASEAN経済共同体の2015年までの行動計画として纏められた、「ASEAN経済共同体ブループリント（AEC2015）」の改訂版であり、2025年までの行動計画である「ASEAN経済共同体2025（AEC2025）」が、2015年11月のASEAN首脳会議で採択された。AEC2025では、5つの柱のうち、「連結性強化とセクター協力」（運輸、ICT等）が第3の柱として初めて盛り込まれた。内容的には、AEC2015の他の柱からの移動もあるが、連結性強化が一つの柱として明記されたことからも、ASEANが連結性強化を重視していることが見て取れる。

MPAC2025では、第1マスタープランの進捗状況についての評価が行われているが、3つの連結性とも進捗状況は芳しくなかった。各連結性で計画されていた具体的なイニシアティブ（全125）について、2016年5月までに完了している比率を見ると、全体で31・2％、「物理的な連結性」で32・7％、「制度面の連結性」で30・0％、「人と人の連結性」で30・0％、どの分野も似たような状況であった。MPAC2025では、その要因について①資金調達の問題（加盟国の財政余力、民間資金・域外資金等の活用不足等）②意思決定の問題（加盟国間の調整、国内各ステークホルダーとの調整等）、③実施段階の問題（関係機関における人材の不足、事業実施時の標準、手続等の不在等）を挙げている。

MPAC2025の折り返し点となる2020年、MPAC2025の中間レビューが実施された。15のイニシアティブのうち、持続的なインフラ等の12のイニシアティブは実施段階に入っているが、サプライチェーンの効率性向上、観光振興、ビザ手続緩和の3戦略については、未だ計画段階を出ていない。2020年初頭から影響が出始めたコロナ禍により、ASEAN加盟国の経済状況が悪化するとともに、移動の制限自体が、「連結性」促進に大きな障壁となっていたとも考えられる。

次ページの表は、世界銀行が各国の貿易や物流の効率性をスコア化した物流パフォーマンス指数（LPI）をASEAN各国について示したものである。この表からは、各国の物流の状況に大きな格差があること、また、必ずしも改善傾向にあるわけではないことが分かる。

MPAC2025では、ASEAN全体で毎年1100億ドル以上のインフラ投資が必要とする一方、ASEAN各国の厳しい財政状況を踏まえ、国際機関や域外国政府等からの資金支援を模索すべき、としている。このような状況を踏まえ、日本はＡＳＥＡＮ連結性強化に関し、「自由で開かれたインド太平洋（ＦＯＩＰ）」、２０１９年の大阪Ｇ20サミットで承認された「質の高いインフラ投資に関するＧ20原則」（インフラの開放性、透明性、ライフサイクルコストから見た経済性、債務持続可能性等）に基づき、東西・南部経済回廊等の「陸の回廊」、港湾、空港等の「海と空の回廊」、電力等の基幹インフラ等の整備、政策制度等ソフト面の強化、海上交通の自由に必要な海上保安能力の強化等を支援している。

表 26-1　世界銀行　物流パフォーマンス指数（LPI）

国名	2012〜2018 年の平均		2023 年	
	スコア	順位	スコア	順位
ブルネイ	2.78	73	n.a.	
カンボジア	2.66	89	2.4	115
インドネシア	3.08	51	3.0	61
ラオス	2.48	120	2.4	115
マレーシア	3.34	35	3.6	26
ミャンマー	2.34	139	n.a.	
フィリピン	2.91	64	3.3	43
シンガポール	4.05	5	4.3	1
タイ	3.36	34	3.5	34
ベトナム	3.16	45	3.3	43

出典：世界銀行 The Logistics Performance Index and Its Indicators (2023) および（2018）

他方、２０１３年に一帯一路構想を開始した中国は、ＡＳＥＡＮ連結性との連携強化を進めており、２０１９年６月にＡＳＥＡＮのインド太平洋構想（ＡＯＩＰ）が策定されたことを受け、２０１９年11月、「ＭＰＡＣ２０２５と一帯一路との相乗効果に関するＡＳＥＡＮ中国共同声明」を発表した。同共同声明では、鉄道、高速道路、港湾、空港、電力、通信等の分野におけるインフラ事業の形成と資金面での中国からの支援についても記載されている。但し、中国の一帯一路構想の下の開発事業については、環境・社会配慮への負の影響、事業の経済性、債務持続可能性、調達の透明性等の観点から批判もある。

コロナ禍による経済活動鈍化、保健分野等への大幅な財政出動等により、ASEAN各国の政府財政、公的債務は悪化しており、ハード面のインフラ整備を推進する財政余力はコロナ禍以前にも増して減少している。そのため、インフラ整備・運営に民間の資金やノウハウを活用する官民パートナーシップ（PPP）への期待は、従来以上に高い。これまで必ずしもPPPを推進していなかったASEAN加盟国も含め、今後PPP推進への適切な政策制度を整備することにより、PPPによるASEAN連結性強化も期待される。但し、PPPとして開発事業を推進するためには、官民間の適切なリスク分担、料金改訂メカニズム等を含めた適切な事業設計が重要であり、拙速なPPP事業化は、長期的には国民負担が却って増加することもある点、留意が必要。コロナ禍によるサプライチェーンの停滞は、改めて中国経済への依存を露呈し、中国以外のサプライチェーンの分散化の必要性を明らかにした。ASEAN連結性強化は、地域のサプライチェーンの強靭性を高める観点からも重要である。

（伊藤　晋）

27

域内経済格差

――★差異こそ統合のモメンタムだが底上げは必要である★――

国際貿易論の授業のはじめにリカードの比較生産費説が紹介されるが、そこでは経済の構造がまったく同じ国があったとしたら、貿易をすることで利益が得られないので貿易を行わないと教えられる。先進国どうしは同じ半導体でも性能によって差別化された製品を貿易するが、開発途上国どうしは質の違いが明確でないニッケルや米といった一次産品を産するので貿易の余地が少ないとも教えられる。

ＡＳＥＡＮは多様性のなかの統一を目指すが故に、多様性の一側面である格差とか差異といった問題は重要である。格差の存在は、統合に向かうモメンタムになりうるが、統合が進むにつれてそれが解消されることになろう。しかし、格差が大きすぎる場合には統合の障害ともなりうる。

経済格差を図るための1つの指標として、次ページの図では1人当たり国民総所得（ＧＮＩ）を取り上げた。この値がＡＳＥＡＮ加盟国中最大のシンガポールは、最小のミャンマーの約56倍を示している。ＡＳＥＡＮ加盟国全体の平均値も求めてみたが、シンガポールはその12倍以上の値をとっている。この図の値は、為替レートに左右され、国民の厚生水準ということに

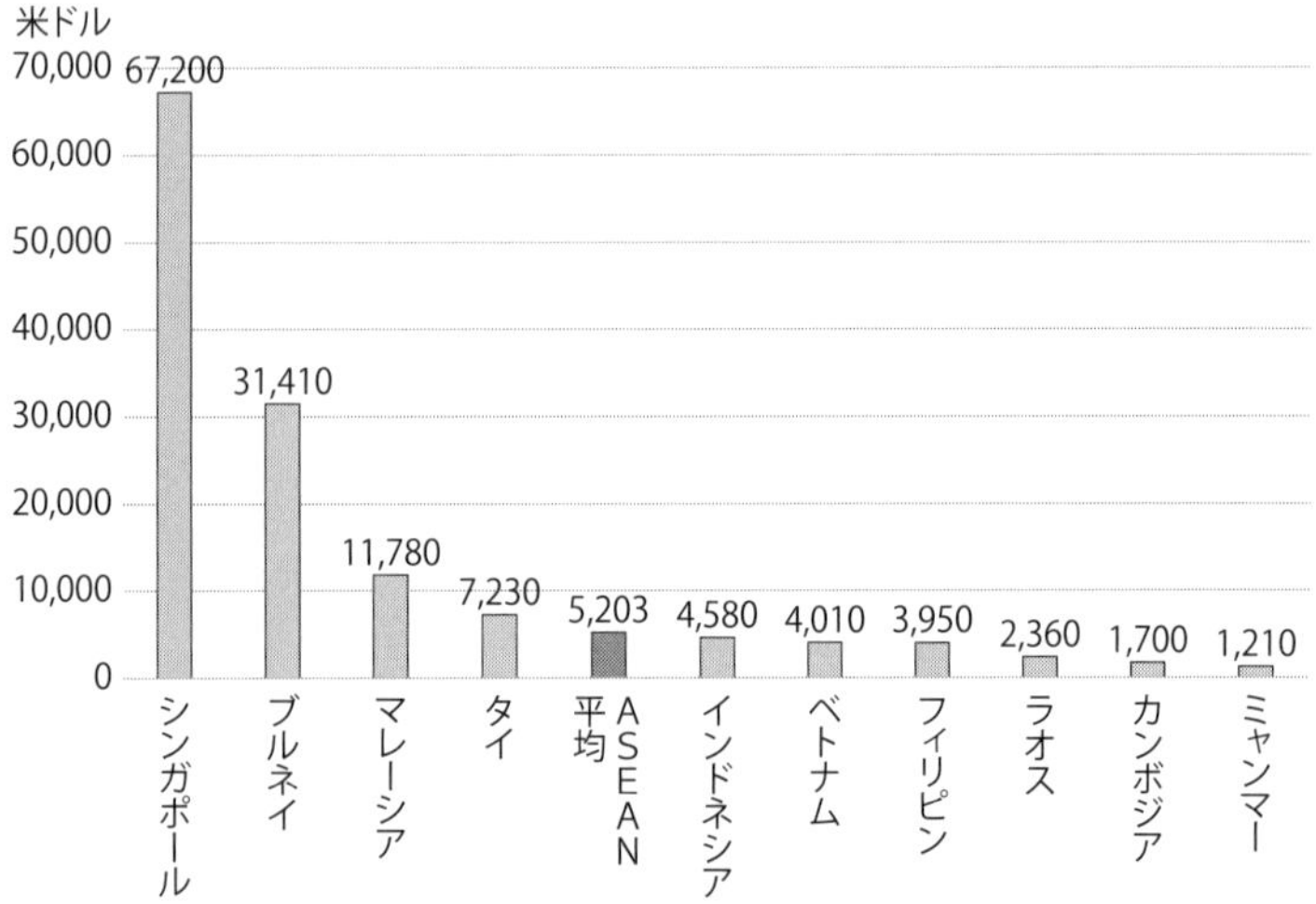

図 27-1　ASEAN 加盟国の１人当たり国民総所得（2022 年）
注　経常価格表示、米ドル
(World Bank, World Development Indicators より筆者作成)

なると物価水準なども影響するので、単純に結論を引き出すわけにはいかないが、シンガポールが突出して大きいことが分かる。

ここには示していないが、この図のデータがとられた２０２２年の20年前、２００２年には、シンガポールの１人当たりＧＮＩは、実にミャンマーの１５７倍であった。２００２年は東南アジア諸国が１９９７年に起こったアジア通貨危機からの影響から完全に立ち直った時期である。１人当たりＧＮＩの最大値と最小値との乖離はこの20年で縮小している。この値の低かったラオスやカンボジアを見ても、この20年間で底上げされたといってよい。

ＡＳＥＡＮは、加盟国間の経済格差是正のために、ＡＳＥＡＮ統合イニシアティブ（ＩＡＩ）という取り組みを行っている。これは、アジア通貨危機の余燼がくすぶる２０００年11月にシンガポールで開催された第４回非公式首脳会議で合意された。その後、シンガポールの東南アジア研究所（ＩＳＥＡＳ）

が、開発ギャップという用語を用いて、一連の研究成果を公表し、ASEANの域内経済格差縮小が経済統合につながるという判断を裏付けした。

IAIの最大の特徴は、鉄道や港湾といったハード面から格差縮小を目指すのではなく、ホテルのマネジメントや英語教育の充実といったソフト面からアプローチするところにある。これは何よりも資金面での制約があるということを反映している。また、対象としているのは、カンボジア、ラオス、ミャンマー、ベトナムの4ヵ国の経済発展水準の引き上げであり、それに対して残る6ヵ国が一様に支援するというわけではない。基本的にシンガポールが中心となって貢献している。また、とくに2002年から2008年をカバーしたIAI作業計画（Work Plan）第1期では、域外国からの資金に依存しており、ASEAN加盟国が自ら拠出した資金は少なかった。

国民所得に占める投資支出のシェアを見ると、シンガポールでは長期にわたって低下傾向にあり、CLMV諸国ではいまだに高い水準にとどまっている。このことは、シンガポールなどでは資本の限界効率が低く、CLMV諸国ではそれが高いことを示していると考えてよかろう。したがって、制約のない投資資金があった場合、CLMV諸国に投資することが多くの付加価値を生み出すことになる。しかし、残念なことではあるが、ASEAN加盟国にはいまだそれほどの配慮もなく、統合体としての相互信頼関係もない。各国は競争的に投資資金を奪い合うことになる。

IAI作業計画は、2021年から2025年をカバーする第4期が進行中である。第4期では、食料と農業、貿易円滑化、中小零細企業、教育、保健と幸福（well-being）、持続的な開発が主要分野となっている。先に記したように、例えば食料と農業の分野で、灌漑設備を構築して米の収量をあげるとか、保健と幸福の分野で、感染症対策の研究所を設立するとか、ハード面の支援がなされるわけではない。

２０２３年9月に実施された「応用英語コミュニケーションスキル」の研修を例にとろう。この研修は、ベトナムの公務員を対象としてシンガポール政府が19日間実施したもので、参加資格は、中級レベルの英語ができる、ベトナム政府から指名された健康な公務員であることとなっている。会場はハノイのベトナム・シンガポール協力センターで、20～30人を対象としている。

このようなセミナー形式の活動がＩＡＩの主たる事業である。筆者は、ＩＡＩの一環としてタイのコンケン大学のキャンパス内にあるメコン・インスティチュートで、ＣＬＭＶ諸国から選ばれた初等教育の教員の英語研修を見学したことがあるが、シンガポールから来た英語教育の専門家は、レベルの異なる各国から来た教員を相手に苦労していた。おそらく、各国の英語教員をコンケンに集めるのではなく、シンガポールの英語教育専門家がＣＬＭＶ諸国に赴いたほうが研修の実は上がるであろう。しかし、研修時間以外の非公式の場で、ＡＳＥＡＮ加盟国の面々と寝食を共にすることで得られるものも大きかろう。

ＩＡＩの効果もあってか、21世紀に入ってベトナムは経済指標の上ではＣＬＭＶから脱したと言ってよい。後発国として残るのは中国への経済的依存度が高いカンボジア、ラオス、ミャンマーの3ヵ国である。先発国のなかにはマレーシアのようにすでに国民1人当たり所得が1万米ドルを上回る国も出ており、そろそろＡＳＥＡＮ加盟国自らの負担で格差解消に取り組む時期に来ていると言えよう。

（吉野文雄）

28

経済のデジタル化と経済統合への影響

——★デジタル化は工業化をすっ飛ばした「カエル跳び」を実現するか★——

コーリン・クラークが提示した古典的な産業分類では、一国の経済活動を採取産業を基礎とした第1次産業、製造業に代表されるモノづくりの第2次産業、目に見えないサービスを生産する第3次産業とに分類する。経済が発展するにつれて、各産業の構成比が変わるのだが、ASEAN諸国は第2次産業の割合がすでにピークを過ぎ、低下しつつある。割合を高めているのは第3次産業で、なかでも情報通信技術（ICT）の発展を基礎とした部門の発展が著しい。

次ページの表には人口100人当たりの携帯電話と固定電話の台数が記されている。一般に携帯電話は人口100人当たり150台前後で飽和し、固定電話は同じく50台前後で飽和すると言われている。携帯電話を見ると、2000年にはカンボジア、ラオス、ミャンマー、ベトナムでは100人当たり1台ほどしか普及していなかったが、2021年にはラオスを除いて飽和点に近づいている。この変化の速さは経済のデジタル化の特徴の1つである。

表の固定電話のほうを見てみると、2000年にシンガポール、日本、韓国ではすでに飽和状態に達しているが、シンガポール以外のＡＳＥＡＮ諸国では、飽和する前に普及が止まった国が多い。このことは、カンボジアなどでは電信線を設置することなく携帯電話が普及したのであり、投資支出を大いに節約できたことを意味する。逆に考えると、シンガポールなどは、今日となってはあまり活用されていない電信線に莫大な投資を行ったのである。

このような現象は後進性の利益とも言えるし、広い意味でカエル跳びとも言える。後から来た国が得をするのである。工業化の過程で後進性の利益が発揮されることは、経済学の古典的研究で歴史的に説明されている。アジアにおいては、20世紀末に日本を先頭として、アジアＮＩＥＳ、ＡＳＥＡＮ諸国、中国がキャッチアップしていく過程が重層的追跡過程として定式化された。

デジタル化の進展は、それらが一気に生じるイメージである。すなわち、携帯電話を実用化した企業が生まれると、高所得の日本や韓国だけではなく、その何十分の一の所得しかないカンボジアや

表 28-1　ASEAN 諸国の電話普及率

国名	携帯電話普及率		固定電話普及率	
	2000 年	2021 年	2000 年	2021 年
ASEAN 加盟国				
ブルネイ	28.4	135.5	24.1	25.2
カンボジア	1.1	120.0	0.3	0.2
インドネシア	1.7	133.7	3.1	3.3
ラオス	0.2	65.0	0.8	17.5
マレーシア	22.3	140.6	20.2	24.6
ミャンマー	0.0	126.3	0.6	1.0
フィリピン	8.3	143.4	3.9	4.0
シンガポール	67.8	147.5	48.0	32.0
タイ	4.8	168.8	8.9	6.5
ベトナム	1.0	138.9	3.2	3.2
(参考)				
東ティモール	-	104.9	-	0.1
中　国	6.7	121.5	11.5	12.7
日　本	52.7	163.2	48.9	49.3
韓　国	57.3	140.6	55.3	44.8

注　普及率は、人口 100 人当たり電話の保有台数。
出典：World Bank, World Development Indicators, https://databank.worldbank.org/source/world-development-indicators#

ミャンマーでも同じように携帯電話が普及するのである。遅れてきた国は研究開発の費用を払う必要もなく、開発の失敗によって生じる費用をも回避できる。携帯電話の開発はおろか生産する技術さえない国でも、その便益を享受できるのである。

デジタル化は経済全体への波及効果も持っている。ＡＳＥＡＮ諸国では電子商取引が普及しているが、これも実店舗のサービスを経ずして普及した国もある。日本では百貨店が苦境に立たされている。ＡＳＥＡＮ諸国のなかでは、シンガポールには日本などから進出した百貨店があるし、インドネシアには国営から出発したサリナ、タイにはセントラルがある。しかし、カンボジアやラオスでは百貨店という店舗形態はなかったであろう。そこに電子商取引が定着したのだから、これもまたカエル跳びの一例である。

電子商取引ではメールなどで注文された商品を宅配便で配達する。日本ではそもそも郵便局の小包（ゆうパック）が物財を送るのにつかわれていたし、クロネコとかペリカンとかをシンボルとした宅配業者がアナログの時代から定着していた。多くのＡＳＥＡＮ諸国では、宅配が産業として確立したのは電子的な注文と決済のシステムができてからであった。紙ベースの伝票での宅配を経ずにカエル跳びしたのである。

ＡＳＥＡＮはデジタル化にどのように取り組んでいるか。まず、新型コロナウイルス感染症が深刻となった２０２０年初頭以降、オンラインでの会議が増えたことがあげられる。ＡＳＥＡＮの活動は会議外交という言葉に象徴されるように、年間何百という会議を開催して相互理解を深めることが最優先されてきた。それらの会議を開催できるということがＡＳＥＡＮ加盟の条件とみなされてもきた。

東ティモールには、膨大な会議を運営するだけの会場やホテルなどの物理的な設備と外務官僚の人的な資源がないから、加盟が難しいと言われてきたのである。しかし、オンライン会議が増え、ホストがジャカルタの事務局となれば、会議の議長国の負担は大いに軽減されるであろう。また、コロナ禍のなか、ジャカルタのASEAN事務局に新館が完成し利用に供されるようになったことも議長国の責務を事務局に移譲する機運につながった。

ASEANがデジタル化の重要性を認め、第1回デジタル相会議（ADGMIN）をオンラインで開催したのは2021年1月21・22日のことであった。採択されたプトラジャヤ宣言では、デジタル接続共同体という名称を用いて、デジタル化が経済に与える影響を肯定的にとらえた。その後、ADGMINは毎年開催され、多くの文書を採択しているが、デジタル分野の投資であるとかAIやビッグデータに関する研究開発の実施であるとかの目に見える進展は少なく、かけ声が先行しているのが実態である。

ASEAN加盟国だけの取り組みよりも、域外国との協力関係のほうが実質的にデジタル分野の進展につながっている。日本との間ではサイバーセキュリティに関する能力構築を進めているし、中国ともデジタル分野における新技術に関するフォーラムを開催している。デジタルの分野では、ASEAN加盟国だけの取り組みは技術的に限界があるので、中・日・米といった域外国と積極的に協力する必要があろう。

歴史的にみると、ASEANは、2015年11月26・27日にベトナムのダナンで開催された第14回情報通信相会議の場で、「ASEAN・ICTマスタープラン2020（AIM2020）」を採択した。

情報通信相会議は２０１９年の第19回まで開催されたが、２０２０年には開催されなかった。２０２１年の第１回デジタル相会議は情報通信相会議の名称を変更したもので「ＡＳＥＡＮデジタル・マスタープラン２０２５（ＡＤＭ２０２５）」を採択した。デジタル分野はカエル跳びが可能な分野なので、後発のラオスなどを取りこぼすことのないように能力構築や投資の誘導などに配慮するのが共同体としてのＡＳＥＡＮの役割となろう。

（吉野文雄）

29

ASEAN経済共同体

★経済共同体の深化に向けた取り組み★

ＡＳＥＡＮ経済共同体（ＡＥＣ）は、政治安全保障共同体（ＡＰＳＣ）、社会文化共同体（ＡＳＣＣ）とともに、ＡＳＥＡＮが２０１５年に創設を宣言したＡＳＥＡＮ共同体を構成する一つの柱である。ＡＳＥＡＮ共同体構想が打ち出されたのは、２００３年のＡＳＥＡＮ首脳会議で採択された「第二ＡＳＥＡＮ協和宣言」である。この中で、ＡＥＣは「単一の市場および生産拠点としてのＡＳＥＡＮ」であると位置付けられた。当初、ＡＥＣも含めＡＳＥＡＮ共同体の実現は２０２０年とされていたが、その後、加速化の議論が行われ、２００７年の首脳会議において、２０１５年に前倒しをすることが合意された。

また、２００７年には、ＡＥＣを実現するための計画・工程表と位置付けられる「ＡＥＣブループリント」が採択され、段階的に経済統合を進める道筋が示された。ＡＥＣブループリントでは、①単一市場と生産基地、②競争力のある経済地域、③公平な経済発展、④グローバル経済への統合の4本柱が設けられ、それぞれの柱で項目別に具体的な計画と工程表が規定された。特に、単一市場と生産基地では、物品、サービス、投資、熟練労働者の自由な移動（free flow）が項目として立てられるなど、野心的な内容であった。

AECは、野心的なAECブループリントが採択されるとともに、「共同体」という用語が用いられたことから、当初は、幅広い分野での自由化やルール形成等への期待が高まった。しかし、2015年時点でAECが実現した成果は、物品貿易分野が中心であり、その他分野は一定の進展はみられたものの、総じて限定的であった。なお、物品貿易の自由化についても、EUのように対外共通関税を設定する関税同盟ではなく、自由貿易協定（FTA）である。

それでも、10ヵ国を擁するASEANが、物品貿易分野で質の高いFTAを実現したことは、ASEANの単一市場の形成と生産拠点としての魅力を高める重要な制度的基盤になっている。ASEANにおける物品貿易の自由化については、第25章で詳述されているが、ASEAN6（シンガポール、マレーシア、タイ、インドネシア、フィリピン、ブルネイ）は2010年にはほぼ全ての域内関税撤廃を実現し、CLMV（カンボジア、ラオス、ミャンマー、ベトナム）は、2018年に同様に域内関税を撤廃した。ASEAN経済大臣会合（2019年9月）の共同声明によると、2019年時点のASEANの域内関税撤廃率は98・6％（ASEAN6：99・3％、CLMV：97・7％）となっている。

2015年のAEC創設は、段階的に進めてきた経済共同体形成の取り組みについて、一つの節目としてその創設が宣言されたものである。2015年のAEC創設とともに、「AECブループリント2025」が採択され、2016年以降もAECの深化に向けた取り組みが継続して進められている。同ブループリントは、「高度に統合・結合した経済」「競争力のある、革新的でダイナミックなASEAN」「強化された連結性と分野別協力」「強靭で包摂的、人間本位・人間中心のASEAN」

「グローバルなASEAN」の5つの柱から成っている。同ブループリントは、よいガバナンス、持続可能な経済開発、産業界の役割強化など新たな項目を加えるとともに、基本的に「AECブループリント」を引き継ぐ内容となっている（ジェトロ 2016：53）。但し、「高度に統合・結合した経済」のサービス、投資、熟練労働者の項目から、「自由な移動」という野心的な用語がほぼ使われなくなるなど、より実態に即した内容となったことも特徴である。

当初、「AECブループリント2025」には工程表が盛り込まれていなかったが、2017年に各項目別に具体的な行動計画とスケジュールを盛り込んだ「AEC2025統合戦略行動計画（CSAP）」が発表され、翌2018年には、貿易円滑化や電子商取引等の分野で追記が行われた同改訂版が公表されている。

この進捗を評価する観点から、2021年には、AECブループリント2025に対する「中間評価（MTR）」が発表された。同中間評価では、各柱別に進捗率が発表され、最も進捗している柱は「高度に統合・結合した経済」（進捗率6割）で、その他の柱は同4～5割であると評価されるとともに、これまでに実現した具体的成果が整理されている。

中間評価における具体的な成果は、「AECブループリント2025」が広範な項目を対象としていることを反映し、多様な内容となっている。主たる成果をみると、「高度に統合・結合した経済」ではASEAN自己申告制度（AWSC）の導入、ASEANシングル・ウインドウにおける10ヵ国の原産地証明書の電子的交換（e-Form D）の実現、ASEANサービス貿易協定（ATISA）の署名、ASEAN包括的投資協定（ACIA）の改訂、「競争力のある、革新的でダイナミックなASEA

N」では二国間租税条約の締結、「強化された連結性と分野別協力」では電子商取引協定の署名、ASEAN大の電力網の進展、「強靭で包摂的、人間本位・人間中心のASEAN」では産業界との対話、「グローバルなASEAN」は地域的な包括的経済連携協定（RCEP）の署名などが盛り込まれている（中間評価の詳細は石川（2021）が詳しい）。

2016年以降のAECの深化の取り組みでは、貿易円滑化措置で進捗がみられたことが成果の中心であると指摘できる。上述の通り、原産地証明手続きではAWSCが導入されたが、これは認定輸出者には、自己申告制度の利用を認める制度である。ASEANでは、指定発給機関が原産地証明書を発給する第三者証明制度が活用されているが、自己申告制度は生産者等が自ら同証明書を発給できる制度で、貿易手続きの円滑化につながることが期待される。さらに、ASEANシングル・ウインドウを通じた原産地証明書の電子的交換も段階的に実現し、全ての加盟国で電子的交換が行われており、手続き面の改善は着実に図られている。これらは、ASEAN物品貿易協定（ATIGA）の修正議定書に基づいて導入されている。

また、ASEAN各国が認定し、税関手続きの簡素化を提供する認定事業者（AEO）について、相互認証を行う「ASEAN　AEO相互認証取り決め（AAMRA）」が全ての加盟国によって署名されており、今後、段階的に運用されていく予定である。この他、ASEAN域内での通過（トランジット）貨物の輸送の円滑化に向けた取り組みも段階的に進められている。

また、ACIA改訂、ATISA、電子商取引協定など、物品貿易以外の分野で協定が締結・更新されたことが挙げられる。投資、サービス、電子商取引などで一定の制度的基盤は構築されたこととなる。ＡＣＩＡについては段階的に改訂されており、２０２３年のＡＳＥＡＮ経済大臣会合の共同声明によると、第5議定書が実質妥結し、ラチェット（自由化水準を引き上げると、引き下げる方向に戻すことができないルール）を含むとしている。ＡＴＩＳＡは、鍵となるネガティブ・リスト（自由化対象外とする分野の一覧表）については、各国から段階的に提出されることとなっている（ＡＴＩＳＡの詳細は蒲田（２０２１）が詳しい）。電子商取引協定は、２０１９年にＡＳＥＡＮ電子商取引協定が署名され、２０２１年に発効しているが、環太平洋パートナーシップに関する包括的及び先進的な協定（ＣＰＴＰ）の電子商取引章と比較すれば、全般的に規律の緩い内容となっている。

また、ＡＥＣには、「グローバルなＡＳＥＡＮ」の柱で、ＡＳＥＡＮの対外的な経済関係が含まれるが、ＡＳＥＡＮ諸国が参加するＲＣＥＰは２０２２年に発効している。また、ＡＳＥＡＮはこれまで中国、韓国、日本、オーストラリア・ニュージーランド、インド、香港とＦＴＡを発効させているが、２０２１年にはカナダとの間でＦＴＡ交渉を立ち上げている。

ＡＥＣは、２０１５年までに物品貿易の自由化をほぼ実現し、２０２５年に向けてその深化に向けた取り組みを継続している。２０１６年以降、貿易円滑化、サービス貿易、投資、電子商取引などの分野で一定の制度的基盤の構築がなされているが、自由化や規律の水準を深めていくことは引き続き課題となる。また、近年は、環境、経済安全保障などＡＳＥＡＮを取り巻く通商課題は複雑化しており、今後、ＡＳＥＡＮ経済共同体の枠組みで、どのような方向性が打ち出されていくかも注目される。

（椎野幸平）

コラム5

ヒトの移動、国際観光と国際人流

伊藤　晋

ASEAN加盟国間では、経済水準、労賃、教育環境、人的能力等に多様性があることから、国際観光や労働者の移動等に代表される人の移動の自由化は、観光産業を通じた経済成長に加え、人材の需給ギャップを埋め、労働力の最適配置に繋がるため、経済成長、経済格差是正の観点から重要である。

ASEANでは観光は主要な産業と言える。ASEANの統計によれば、コロナ禍前の2019年時点での対GDP比観光産業は、ASEAN全体で12・1%、観光関連の就業者は、ASEAN全雇用の13・3%を占めており、各国の経済成長に大きく貢献している。表は、ASEAN各国における受入国際観光客数の推移を2010年、コロナ禍直前の2019年、そしてコロナ禍の2020年について示したものである。ASEAN等の取り組みにより、国際観光客数は順調に増加し、2019年には2010年のほぼ倍に拡大した。タイ、マレーシアが主要な受入国となっている。訪問する側としては、2019年では域内国が35・9%、域外国が64・1%であり、域外国では中国が域外国全体の35・1%を占め、圧倒的な1位となって

表　ASEANへの国際観光客数

国名	国際観光客数（百万人）		
	2010年	2019年	2020年
ブルネイ	0.2	0.3	0.1
カンボジア	2.5	6.6	1.3
インドネシア	7.0	16.1	4.1
ラオス	2.5	4.8	0.9
マレーシア	24.6	26.1	4.3
ミャンマー	0.8	4.3	0.9
フィリピン	3.5	8.3	1.5
シンガポール	11.6	19.0	2.7
タイ	15.9	39.9	6.7
ベトナム	5.0	18.0	3.7
ASEAN合計	73.58	143.4	26.2

出典：ASEAN Visitor Arrivals Dashboard

いる。他方、コロナ禍により、人の移動制限が課せられたこと等により、国際観光客数は大きく減少し、2020年には前年比の2割未満となった。

観光分野におけるASEANとしての取り組みとしては、ASEAN経済共同体（AEC）のブループリントにて明記されている。2015年を目標として2007年に策定されたAECブループリント2015では、観光は4つの柱の一つである「単一市場と生産基地」にある7項目の一つである「サービス貿易の自由化」の中で位置付けられていたに過ぎなかった。他方、2025年を目標として2015年に改訂されたAECブループリント2025では、第3の柱である「連結性強化とセクター協力」の6項目の一つとして観光が新たに明記された。具体的には、①観光訪問地としてのASEANの競争力拡大、②持続可能であり包摂的な観光の実現、の戦略の下、10項目の行動計画が盛り込まれた。

また、同ブループリントを受け、2011年には「ASEAN観光戦略計画2011－2015」が、また2016年には「ASEAN観光戦略計画2016－2025」が策定された。2016－2025の同計画では、AEC2025と同様の内容で、2つの戦略と10の行動計画が策定されている。なお、2009年に策定されたASEAN社会文化共同体（ASCC）のブループリントで盛り込まれていた「観光」は、同改訂版であるASCCブループリント2025では記載が無い。

次に労働者の移動についてはどうだろうか。労働者のうち、熟練労働者の自由な移動については、AECブループリントが推進しているが、非熟練労働を含む出稼ぎ労働者については、ASCCブループリントにおいて人権の保護や待遇等明記している。

AECブループリント2015では、前述の

「単一市場と生産基地」の一項目として「熟練労働者の自由な移動」が明記される一方、AECブループリント2025では、5つの柱のうち、第1の柱である「高度に統合され結合された経済」の第5項目として、「熟練労働者とビジネス訪問者の移動円滑化」が記載された。AEC2025で「ビジネス訪問者」が追加されたのは、2012年署名された自然人移動（MNP）において、ビジネス訪問者を対象としたことが背景と言える。また、熟練労働者のうち、エンジニア、看護師、建築士、測量士、旅行業専門職、医師、歯科医、会計士の8職種を対象として、専門サービスの相互認証取極（MRA）を導入している。

　ただし、加盟国によって教育内容や水準が異なること、実際の就労に関する労働ビザ等の発給は加盟国の手続に依ること等により、熟練労働者の移動は容易ではない。人の移動は、冒頭に記載のとおり、ASEAN域内における人材の最適配置を進めるメリットはあるものの、送出国と受入国の利害が対立することもあり、また出稼ぎ労働者を中心として、国内政治問題化する場合もある。

Ⅵ

ASEANの社会文化協力

30

国際化の進展と高等教育における協力・交流

★域内外と連携するASEAN高等教育空間の創造★

ASEANでは、7000校を越える高等教育機関に約1800万人の学生が学ぶが、各国における高等教育の国際化の進展とともに、国境を越えた国際連携が進み、今日ではさまざまな高等教育のネットワークが誕生している。1990年代、高まる進学需要のもとで高等教育の多様化や民営化が進み、英語を教授用語とする大学が増加した。これにより、ASEANから英語圏を中心とする欧米諸国への留学に加え、アジア域内の留学交流が増加し、かつ共同学位プログラム等のトランスナショナル教育が増えたことで、かつての留学送り出し側からASEANが留学先として受け入れ側になり、頭脳流出問題の軽減や世界における国際交流の拠点化が進んだ。今日では、アジアをはじめ、中東、アフリカ諸国からASEANに来る留学生が目立つ。

アジアにおける高等教育ネットワークの嚆矢は、1991年に誕生したアジア太平洋大学交流機構（UMAP）であるが、ASEANが組織したネットワークとしては1995年に設立されたASEAN大学ネットワーク（AUN）がある。これは1992年の第4回ASEANサミットで提唱され、地域のアイデンティティの発展と、既存の協力を活かした人材育成を企図してASEAN各国のリーディング大学から構成されている。

2009年にはマレーシア、インドネシア、タイの3ヵ国による学生移動プログラムが形成され、2011年には東南アジア教育大臣機構・高等教育開発センター（SEAMEO-RIHED）がその運営を継承して「アジア国際学生モビリティ（AIMS）プログラム」を展開するようになった。AIMSは当初の3ヵ国から、その後フィリピン、ブルネイ、ベトナム、シンガポールが参加するようになった他、ASEAN以外からも日本と韓国が参加している。

こうしたASEAN地域の高等教育ネットワークは、域外との連携も強めている。たとえば2001年にAUNのサブネットワークとして「ASEAN工学系高等教育ネットワーク」が発足し、2003年に国際協力機構（JICA）の技術協力プロジェクトとして日・ASEAN域内の留学を通じた各国大学の教員の資格向上、ASEAN域内大学の大学院プログラムの改善、大学間ネットワーク強化が図られてきた。また欧州のEUとASEANの間には、2015年に始動した地域間協力の強化を目的としたEU支援プロジェクト「EU-ASEAN間の高等教育分野の連携プログラム（通称SHAREプログラム）」がある。実施期間は当初4年間（2015～2019年）であったが、その後2022年までの期間延長の措置がとられた。SHAREプログラムでは、欧州の高等教育連携を進めた「ボローニャ宣言」と欧州高等教育圏の展開、EUにおける学生流動を促す「エラスムス計画」、ならびに「欧州単位互換制度」における欧州の経験をASEANにおいて活かすことを目的の一つに掲げている。さらに日本、中国、韓国の3ヵ国政府によって2011年より展開されている「キャンパスアジア・プログラム」では、東アジアの学生モビリティの活性化が図られ、2022年に開始された第3期キャンパスアジア・プログラムでは、交流の相手国にASEANを含める方向が打ち出されて東アジアとASEANを結ぶスキームが開始された。

以上みた相互互換性と等価性を軸とした国際連携の動きは、欧州の動きに追随するものとして注目される。欧州で確立された欧州単位互換制度に対して、アジアではUMAPの単位互換制度に加え、ASEAN単位互換制度の活用が推進されてきた。また質保証の点では、自国の高等教育の基準を対外的にも対応できるようにする「アジア・太平洋地域質保証ネットワーク（APQN）」があるが、ASEANにおいては、AUNが1998年から地域レベルの質保証と域内の高等教育機関の質向上を目指すAUN質保証制度（AUN-QA）を展開している。またASEAN自体もASEAN質保証ネットワーク（AQAN）を組織し、域内外で学生・労働者・専門家の流動性を高めることを目的として、2013年にASEAN質保証枠組み（AQAFHE、2014年よりAQAFに改称）を設け、地域の質保証機関や高等教育機関に共通の原則となる参照点を定めた。今日ではこうした参照基準の設定にも国際連携の動きがみられる。たとえばAQAFは、2021年にASEAN質保証枠組みガイドラインをEU助成プロジェクト「SHARE」の支援を得て策定し、域内の外部質保証機関の活動検証の実施要領等をまとめている。

ASEANは、2015年の第27回ASEAN首脳会議において「政治・安全保障共同体」、「経済共同体」、「社会・文化共同体」から成るASEAN共同体の構築を宣言し、「ASEAN共同体ビジョン2025」を採択した。あわせて「高等教育に関するクアラルンプール宣言」によりASEA

N高等教育空間の構築に向けた高級実務者会合の取組を開始した。翌2016年の第28回ASEAN首脳会議では、2025年までにASEAN域内の留学生数を増加させるという戦略目標を含む「ASEAN連結性マスタープラン2025」が採択された。

2021年5月に開催されたASEAN教育大臣会合では、「教育に関するASEAN5ヵ年計画（2021〜2025年）」が承認され、戦略やメカニズム、奨学金の提供を通じた、高等教育の調和におけるASEANの能力維持・強化を掲げている。また、こうした取組を推進するため、「ASEAN高等教育のモビリティに関するワーキンググループ2025」が設置された。このワーキンググループはASEAN10ヵ国の教育省及び高等教育省と、AUN、SEAMEO-RIHED、AQAN、UNESCO等の地域組織の代表者から構成されている。同ワーキンググループは、2022年には、第15回SHARE政策対話において、ASEAN事務局、SHAREプログラムとともに、「ASEAN高等教育空間2025ロードマップ及び実施計画」を発表した。そこでは、新型コロナ感染症とパンデミック後の世界の高等教育の変化、ならびに持続可能な開発目標（SDGs）を意識し、調和と国際化、レジリエンスがあるASEAN高等教育空間の構築が示されている。具体的には、ASEAN域内の質保証の実施強化、「ASEAN資格参照枠組（AQRF）」の推進、学生や教員、研究者、インターンシップのモビリティに関する地域協力の推進・強化、ASEANの高等教育資格や専門職の相互承認の推進などである。ここには、「高等教育の資格の承認に関するアジア太平洋地域規約（東京規約）」の締結や、ASEAN域内のバーチャルエクスチェンジ及びオンラインを活用した双方向の国際協働学習（COIL）プラットフォームの設計、ASEAN加盟国を対象とした奨学金制度の構築、ＣＬＭＶ諸国（カンボジア、ラオス、ミャンマー、ベトナム）における学生流動の支援などが含まれ、ＡＳＥＡＮ高等教育空間の発展が企図されている。

（杉村美紀）

31

感染症への対応

★新しい共通する課題★

2019年12月、中国の武漢で1例目の患者が報告されて以降、新型コロナウイルス感染症は瞬く間に世界中で流行した。2020年1月30日には、世界保健機関（WHO）が「国際的に懸念される公衆衛生上の緊急事態」を宣言し、その後も感染拡大が加速、さらに重症度も増したことから3月11日にはパンデミック（世界的な大流行）とみなせると表明するに至った。

その間、ASEAN加盟国でも1月13日にタイで最初の事例発表以降、感染者は増え続けた。WHOのデータによると、第2波がピークを迎えていた同年5月末までにASEAN加盟国の感染者数は約9万人であった。対人口比率を見てみると0・013％程度となり、同時期の日本と大差無くさほど多いように思えないが、同時期日本では学校が封鎖されたり移動が制限されていたことを思い起こせば、新型コロナ感染症はASEAN加盟国でも大きな懸念となっていたのである。

遡って2002年11月に中国で発生した重症急性呼吸器症候群（SARS）の感染がASEAN加盟国でも拡大した。SARSに対してASEAN加盟国は集合的な協力体制を模索し、2003年4月26日には各国保険担当相が会合、また29日には各国首脳がバンコクに結集し対策を協議した。その結果、ASEAN加盟国は共通の作業計画の策定、ウェブサイトを使った状況の公開、感染症対策に関する共同研究の強化などで合意した。また、その後も労働担当相や空港管理者が会合を開き、集合的な方針もまとめられた。

こうした集合的な取り組みがどの程度各国の対応に影響したかという問題はあろうが、構築されたネットワークは新型コロナ感染症においても効力を発揮した。ASEANウェブサイトでは「コロナウイルス感染症の予防、追跡と対応に関するASEAN保健部門の取り組み」と題したサイトが立ち上げられ、2023年5月15日まで情報が更新され続けた。

構築されたネットワークの成果は、他にも見ることができる。各国で最初のケースが報告され始めた2020年1月、ASEAN加盟国の保健担当局者会議（SOMHD）がメンバーとコミュニケーションを開始するとともに、2月3日には各国保険担当相が遠隔会議を開催し既存のメカニズムを活用して情報交換を強化することが確認された。既存のメカニズムとは、先に紹介したSOMHDの他、ASEAN公共保険緊急オペレーションセンター（PHEOC）、ASEAN＋3現場疫学訓練ネットワーク（ASEAN＋3 FETN）、生物学に関するビッグデータと視覚化のためのASEANセンター（ABVC）、ASEAN危機調査とコミュニケーションセンター（ARARC）などである。

2月16日には、ベトナムのグエン・スアン・フック首相がASEAN議長として声明を発表し、ASEAN加盟国の結束を要請した。声明では、中国とその他の国からの支援への謝辞とともに、中国、日本、韓国（プラススリー）とASEANが共同で行っている予防、拡大防止に対する取り組みについて言及している。

このような初期的なネットワーク再確認で存在感を表したのが中国である。２０２０年１月、中国は肺炎の集団発生に関するレポートをＡＳＥＡＮへ提供し、支援を開始した。続いて2月20日には、新型コロナ感染症対策に関する特別外相会議をラオスで開催、協力体制の構築を呼びかけるとともに、医薬品のサプライチェーンの確保にも協力することで合意したのである。これらの交流や支援が、先に紹介したＡＳＥＡＮ議長が声明で中国にとりわけ気を遣ったことに繋がったのであろう。

ＡＳＥＡＮ加盟国の集合的対策の１つにＡＳＥＡＮ新型コロナ対策基金の設立がある。４月９日の外相会合で承認された基金の目的は、医療機器の購入および治療・ワクチン開発研究の補助、ＡＳＥＡＮ加盟国間での食品、医療機器など必要物資の融通、社会文化への影響を最小限に留めるための情報共有などであった。続く14日にはＡＳＥＡＮ、日本、中国、韓国の首脳がテレビ会議を開催し、基金の財源を日本、中国、韓国が支援している既存の基金の再分配と、域外からの資金も呼びかけることで合意された。日本は、既存の基金からの再分配の他、２０２１年６月に１００万米ドルの拠出を行った。

このようにＡＳＥＡＮとして集合的取り組みを模索した一方、各国での措置実施体制には課題もあった。ＡＳＥＡＮ地域内での協力が促進される一方で、対策を実行する責任はそれぞれの国家にある。効果的な国家的対応には、他部門に渡る対策を国家対策として集中化させるリーダーシップや措置の厳格な実施が必要となる。また、ワクチンへのアクセスについては、ＡＳＥＡＮ加盟国が個別に多国間、二国間支援を交渉する必要があったことも指摘されている。先に紹介した基金を使ってワクチンを購入する場合にも、個別交渉の結果、国連機関であるユニセフが手配した事例もあった。

表 31-1　ASEAN 加盟国新型コロナ感染症概況

国	2022年人口（人）	2023年7月5日まで			
		感染ケース（人）	感染率（%）	死亡者（人）	死亡率（%）
フィリピン	115,559,009	4,165,499	3.60	66,484	1.60
ベトナム	98,186,856	11,620,623	11.84	43,206	0.37
タイ	71,697,030	4,752,422	6.63	34,371	0.72
ミャンマー	54,179,306	640,552	1.18	19,494	3.04
ブルネイ	449,002	54,188	12.07	15	0.03
シンガポール	5,975,689	2,506,870	41.95	1,841	0.07
マレーシア	33,938,221	5,122,019	15.09	37,152	0.73
インドネシア	275,501,339	6,812,127	2.47	161,879	2.38
ラオス	7,529,475	218,491	2.90	671	0.31
カンボジア	16,767,842	138,920	0.83	3,056	2.20
ASEAN 全体	679,783,769	36,031,711	5.30	368,169	1.02
日本（参考）	123,951,692	33,803,572	27.27	74,694	0.22

出典：WHOのデータを基に筆者作成。

つまり、ASEAN加盟国で集中的な対応が模索された一方、実際の対応にはASEAN加盟国内で相当な差異があったのである。

このことは表からも読み取れる。2023年7月時点で感染率が最も高いのはシンガポールの41・95％であるが、3％以下の国がインドネシア、ミャンマー、ラオス、カンボジアと4ヵ国ある。これは予防に成功したというよりも、データ採取の方法や正確性の問題であろう。

インドネシアは島が多く、島の山中にまでワクチンを行き渡らせるのが困難であったこと、それに加えて新型コロナ感染症を巡って政治的権力闘争が繰り広げられたことが報告されている。筆者は、インドネシアの僻地と呼ばれるティモール島を研究地としている。ティモール島を含む東ヌサ・トゥンガラ州での最初の感染例は2020年4月10日であったとされているが、にわかに信じがたい。また水際対策として飛行場に置かれた簡易手洗い場のタンクは、水道に接続されておらず、また排水もされていないようなものであった。ミャンマーではクーデターも対策の障害となった。それらの国々では感染率は低い一方、死亡率は逆に高くなっていることにもこうした課題が現れているのではなかろうか。

一方で、ベトナムは対策が比較的うまくいったことで知られており、対応世界ランキングで2位といったデータもある。これはベトナムが政治的に共産党一党制の社会主義国であり、地方の人民委員会を通じて、中央政府の政策が全国規模で浸透しやすかったからだと分析されている。

新型コロナ感染症の蔓延が始まって以来、ASEAN加盟国は集合的な対応が協議され実行された対策もあったが、最終的に対策を実行するのはそれぞれの国家である。新型コロナ感染症は、国家間で保健体制や実施能力に相当の差異があること、また国内においても都市部、地方との格差は依然問題として存在することを浮き彫りにしている。

（堀江正伸）

写真31-1　水際対策で東ヌサ・トゥンガラ州クパン空港に設置された手洗い用タンク
（2022年8月9日筆者撮影）

32

ASEAN人道支援・防災調整センター（AHA）

★新たな協力分野の模索★

国際災害データベース（The International Disaster Database）によれば、１９９０年1月から２０１３年7月に全世界で発生した自然災害の件数は1万２６２２件、そのうち東南アジアでの発生は１５９９件であり13％程度である。しかし、世界人口の9％程度が暮らす東南アジアが自然災害による死者に占める割合は約20％（40万９３２１人）と不釣り合いなことが分かる。国際連合人道問題調整局（ＯＣＨＡ）も、２０１５年から２０２1年までの全世界の自然災害被災者の70％がアジアに集中していることに警鐘を鳴らしており、理由として沿岸部に集中する人口、環境破壊や気候変動の影響に対する脆弱性等をあげている。もう1つ紹介しておきたいデータが、ドイツのルール大学ボーフムの国際平和法と武力紛争研究所が発行している『世界リスク報告書』である、報告書では自然災害リスクが高い国をランキング形式で発表しているが、２０２２年版15位までにフィリピン（1位）、インドネシア（３位）、カンボジア（４位）、ミャンマー（6位）、ベトナム（12位）とＡＳＥＡＮ加盟国が6ヵ国ランクインしている。ＡＳＥＡＮ加盟国にとって人道危機に対する備えを行うことは喫緊の課題なのである。

この課題にＡＳＥＡＮ加盟国が協力して取り組もうとするのが、ＡＳＥＡＮ人道支援・防災調整センター（ＡＨＡセンター）である。ＡＨＡセンターは、２０１１年11月ＡＳＥＡＮ加盟国全ての外務大臣により調印された「ＡＨＡセンター設立に関する協定」に基づき設置されたものであるが、下地作りは２００３年の災害管理委員会（ＡＣＤＭ）創設まで遡る。ＡＣＤＭは、災害において各国が管理能力を発揮できるようにすること、またＡＳＥＡＮの相互協力の精神を災害において発揮する場として設立された。

ＡＣＤＭは、ＡＳＥＡＮ加盟国の災害対応担当機関をメンバーとして、毎年少なくとも1回は会合を行うこととなっている。今日ＡＣＤＭの任務は、２００５年に取りまとめられ２００９年に批准された「災害管理と緊急対応に関するＡＳＥＡＮ合意（ＡＡＤＭＥＲ）」にて定められている。それらは、域内協調、技術協力、資源確保の推進である。ＡＨＡセンターは、この目標達成に向けて災害時の加盟国間の協力と調査を担う機関として設立された。より具体的な任務は、(1)災害のモニタリング、(2)災害へ準備と対応、(3)対応能力向上である。

(1)災害モニタリングとしては、各国の自然災害担当省庁と協力して域内の危険と災害をモニターし、情報を共有する活動をしている。また各国の気象や地質担当省庁と協力し早期警告も発信している。

(2)災害準備と対応としては、ＡＳＥＡＮと支援国、またＡＳＥＡＮ加盟国間を結び、いち早く災害に対応するための活動を行っている。具体的には、緊急対応のための調整や対応のための基本手続きの確認（ＳＡＳＯＰ）、共同対応計画の策定（ＡＪＤＲＰ）、災害緊急輸送システムの運用（ＤＥＬＳＡ）、緊急対応調査チームの派遣（ＥＲＡＴ）、地域災害緊急対応シミュレーション訓練の実施（ＡＤＲＥＸ）

を行っている。

(3)対応能力向上では、先に紹介したERATのガイドラインを作成したり、またASEAN加盟国の災害担当省庁職員向けに研修を行ったりしている。この研修に参加した者は、研修を単に自国での災害に活かすのではなく、ASEAN加盟国の災害担当者ネットワークを構築することも目指されている。

2014年10月に開催された25回ACDM会議において、AHAセンターは「1つのASEAN、1つの対応（One ASEAN, One Response）」と呼ばれる方針を発表した。この方針の目的は、人道対応の効率化を図ること、被災した国の負担を軽減すること、そして被災した人々の苦痛を緩和することにある。順番が前後するが、先にAHAセンターが災害への対応の準備として行っているSASOPとAJDRPは、この方針に沿って作成されたものである。SASOPでは民間と軍隊の資産や能力をどのように災害対応に位置づけるか、どのように支援を開始しまた終了させるかや、複数の支援をどのように調整するかについてASEAN全体としての基準を定めている。AJDRPは、SASOPをベースとして、資源が迅速に活用されるよう準備を促し、また実際の行動を統合させることが目的である。

AHAセンターの具体的な成果活動として、ASEAN災害情報ネットワーク（ADINet）を見ておきたい。ADINetは2011年7月に日・ASEAN外相会議において日本が東日本大震災、阪神・淡路大震災、インドネシア・スマトラ沖地震等で得られた防災の知識や日本の防災・環境分野における取り組みをASEAN地域で活かすために提案した「ASEAN防災ネットワーク構築構想」が実現化されたものであり、日本は資金提供、専門家の育成という面でも支援を続けてきた。ADINetはウェブベースの情報共有システムであり誰でも閲覧できるが、ASEAN域内で発生している災害をリアルタイムで表示するとともに、全域に関わる週間レポート、特定の災害に特化したレポートもタイムリーに提供している。

AHAセンターは現場においても存在感を増している。2012年11月にミャンマーで発生した地震に初めての現地ミッションを送り出して以降、2020年11月のフィリピンでの台風対応までに計36回のミッションを派遣してきた。当初ミッションの目的は、調査、モニタリング、情報提供であったが、直近3回のミッション（2020年カンボジア、マレーシア、フィリピンでの新型コロナ感染症、2020年ベトナムでの洪水、2020年フィリピンでの洪水）では、先に紹介した緊急物資の輸送システムを運用するDELSAが派遣されている。つまり、情報関連での協力に加えて実際の支援物資の提供をASEANとして行ったということである。DELSAは自然災害発生後6時間以内に支援体制を整え、また48時間以内に実際の支援物資の搬送を開始できる体制を築いている。

DELSAは国連がマレーシアに設置している人道支援物資備蓄庫（UNHRD）と協力し物資の備蓄、運搬を目指しているが、徐々に有効性を発揮していると同時に、国連等の人道支援機関とも実務を通じて協力体制を整えてきている。

本章で説明してきた通り、ASEAN加盟国は自然災害時の人道支援で協力を進め、また集団的な活動の幅も広げてきた。そこでは、各国の外務省、災害担当相はもとより、実働する担当者がネットワークを築いており、AHAが果たしてきた役割は大きい。災害時以外でも連携を取り合うチームワークは、災害対応において迅速な対応やＡＳＥＡＮ内外から受け入られた支援を実際に被災者に提供する基盤として成長することが期待されている。

（堀江正伸）

33

ASEAN政府間人権委員会

★人権と内政不干渉の狭間で★

2008年12月に発効したASEAN憲章の第14条でASEAN人権機関を設立することが明記された。これを受けて2009年10月に、ASEANにおける人権の促進と保護に全面的な責任を持つ包括的な人権機関として設立されたのが「ASEAN政府間人権委員会（AICHR）」である。

冷戦の終結によって、人権や民主主義といった価値規範の重要性が高まった。しかし、権威主義体制を敷く一部の東南アジアの国家は、開発独裁や人権侵害を正当化するために「アジア的人権論」を唱えた。1993年6月にウィーンで開催された世界人権会議では、インドネシア、シンガポール、マレーシア、ベトナム、ミャンマーが人権の普遍性に異を唱える中国などとともに、欧米諸国と激しく対立した。一方で、翌月シンガポールで開かれた第26回ASEAN外相会議では、世界人権会議で採択された「ウィーン宣言および行動計画」に基づき、地域的人権メカニズムの設立を検討することを明記した共同声明が発表された。これを受けて、1995年にトラック2のASEAN人権メカニズム作業部会が設立された。作業部会はASEANの高級事務レベル会合（SOM）との協議を重ね、2000

年7月にASEAN人権委員会の設立に関する合意案をSOMに提出した。

しかし、ASEAN憲章の起草過程において、人権は最も大きな論争の的となった問題であった。ASEAN憲章の草案を作成したのは加盟国の政府関係者で構成されるASEAN高級作業部会である。ASEAN人権メカニズム作業部会の貢献もあり、ASEAN高級作業部会はASEAN憲章の草案に新たな人権機関の設立を可能にする条文を盛り込むことに合意した。しかし、人権機関の権限は監視機能を含むのか、それとも協議機能に限定されるかについてはさらに意見が分かれた。カンボジア、ラオス、ミャンマー、ベトナムは協議機能のみを持つ機関を支持し、インドネシア、マレーシア、フィリピン、タイはより強力な権限を持つ機関を主張し、シンガポールとブルネイは橋渡し役として合意形成に尽力した。最終的に、AICHRの目的や権限を規定する「付託事項」(Terms of Reference)はASEAN外相会議が決定するという妥協案が採用された。

このような論争を乗り越えてAICHRが設立されたことは、ASEANの人権保障に関わる大きな進展であった。しかし、AICHRは地域的人権メカニズムに必要な十分な機能を備えているわけではない。第1に、AICHRはASEAN外相会議の諮問委員会であり、年2回会合を開いて年次報告書を提出する協議体である。域内の人権侵害の申し立てを受理し、調査、監視・報告、解決する権限はなく、人権の保護能力には限界がある。第2に、AICHRはASEAN加盟国の代表からなる合計10名の委員(任期3年、再任可)で構成され、その任命や罷免の権限は各国政府にある。インドネシア、マレーシア、タイでは、オープンな選考過程を経て政府関係者以外の人権専門家などが任命されている。しかし、それ以外の国では現職の政府高官などが任命されており、政府からの独立性が欠如している。第3に、AICHRは主権尊重や内政不干渉といったASEANの行動規範を踏襲しており、組織としての意思決定はコンセンサスによる。また、国家や地域の特殊性を尊重し、地域の文脈のなかで人権を促進することなどを目的としている。そのため、ASEAN域内で著しい人権侵害が発生したとしても、当該問題について積極的に協議することは容易ではない。AICHRの付託事項は5年ごとに見直しを行うことが定められているが、これまでに行われた2回の見直しでは大きな変化は生じていない。

AICHRの最も重要な成果の1つは、2012年11月の第21回ASEAN首脳会議において、AICHRが起草したASEAN人権宣言が採択されたことである。AICHRは2011年7月にASEAN人権宣言起草グループを設置し、同組織が8回の会合を経て2012年1月に人権宣言の草案をAICHRに提出した。その後、AICHRは人権宣言に関する会合を重ね、域内の市民社会組織の代表との2回の協議を経て、ASEAN人権宣言が採択された。同宣言では、前文で「人権と基本的自由の促進と保護、民主主義、法の支配、グッドガバナンスの諸原則の尊重」を再確認している。そして、市民的・政治的権利、経済的・社会的・文化的権利、発展の権利、平和への権利の各項目に分けて、人権の促進と保護における協力を推進することが明記されている。

ASEANが人権機関を設立して人権宣言を採択したことは、人権を新たな地域規範として受け入れようとしていることの証左である。これは半世紀を超えるASEANの歴史のなかで画期的な変化である。しかし、AICHRはASEAN人権宣言の遵守を担保する権限も、それに反する行動に対して強制的に規範を執行させる力もない。ASEANは依然として国家主権や内政不干渉原則を重視しており、人権と内政不干渉の狭間に立つＡＳＥＡＮの姿勢がＡＳＥＡＮ人権宣言やＡＩＣＨＲの付託事項にも反映されている。

他方で、ＡＩＣＨＲが域内の人権の促進に寄与してきたことは間違いない。たとえば、ＡＩＣＨＲは２０１２年にウェブサイトの立ち上げや人権ブックレットの発行を行い、ＡＳＥＡＮの人権の取り組みに関する情報を発信している。また、ＡＳＥＡＮ域内の人権に関する諸問題について、ＡＳＥＡＮ大使、専門部局担当者、ＡＳＥＡＮ女性・子どもの権利促進・擁護委員会（ＡＣＷＣ）などとの政策協議が行われている。加えて、女性や子ども、障害者、移住労働者、ビジネスと人権、環境、気候変動などに関する研修や地域協議会等を、国連機関や欧州連合（ＥＵ）といった域外組織とも協力して開催するようになっている。この他にも、人権に関する様々なテーマ別報告書を公表している。

近年ＡＳＥＡＮは域内の深刻な人権侵害に対して、内政不干渉原則に基づき何も行動しないのではなく、何らかの関与がみられる。たとえば、２０２１年2月にミャンマーで発生した軍事クーデター後の民衆弾圧に対して、ＡＳＥＡＮは暴力の即時停止や全勢力との対話要請、特使の派遣、首脳会議や外相会議からのミャンマー国軍総司令官の事実上の排除といった異例の措置を講じてきた。ＡＩＣＨＲはクーデター直後の2月4日と5日にビデオ会議を開催した。そして、インドネシア、マレーシア、シンガポール、タイの4名のＡＩＣＨＲ委員によって、ミャンマーの状況について懸念を表明するとともに、ＡＳＥＡＮ憲章やＡＳＥＡＮ人権宣言の諸原則を尊重し、すべての関係者が平和的な対話などを通じて問題を解決することを要請する声明が発表された。さらに、２０２２年7月にミャンマーで4人の政治犯の死刑が執行されると、ＡＳＥＡＮはそれを非難する議長声明を発表した。そして、インドネシア、マレーシア、フィリピン、シンガポール、タイの5名のＡＩＣＨＲ委員もまた、死刑執行を非難する共同声明を発表している。このように、ＡＩＣＨＲ委員のなかにも深刻な人権侵害に対して積極的に声をあげていく姿勢がみられる。ＡＳＥＡＮが域内の人権問題により積極的に関与するようになるか、あるいはＡＩＣＨＲの内部で改革を求める声が強くなれば、ＡＩＣＨＲは人権の促進だけでなく保護においても大きな役割を果たす可能性を秘めている。

（宮下大夢）

34

*ASEAN*と市民社会

★国境を越えた連帯と協力の展望★

ＡＳＥＡＮ諸国の政治体制は民主主義から権威主義まで多様だが、権威主義体制を敷く国家では市民社会の自由な活動は制限される。しかし、ＡＳＥＡＮ域内では活気に満ちた市民社会の活動が展開している。市民社会とは国家や市場から自律した社会生活の領域であり、その主体である市民社会組織（ＣＳＯ）には、非政府組織（ＮＧＯ）、専門家団体、研究機関、宗教組織、社会運動などが含まれる。ＡＳＥＡＮは政府を行為体とするトラック1を中心に、加盟国間の内政不干渉原則などを基本とするASEAN Wayで運営されてきた。しかし、１９９０年代以降、域内のＣＳＯは国境を越えて連帯し、ＡＳＥＡＮの政策決定において一定の影響力を与えるようになっている。

１９９５年にブルネイで開かれたＡＳＥＡＮ外相会議において、ＡＳＥＡＮ諸国の民衆が参加する会議の開催をタイの外相が提案した。この提案はＡＳＥＡＮ戦略国際問題研究所連合（ＡＳＥＡＮ-ＩＳＩＳ）の主導により、ＡＳＥＡＮ民衆会議（ＡＰＡ）として実現した。ＡＳＥＡＮ-ＩＳＩＳはＡＳＥＡＮ加盟国のシンクタンクの連合体であり、政府と密接な関係を持つシンクタンクも含まれる「半官半民」のトラック2である。ＡＰ

Aの第1回会合は2000年にインドネシアのバタムで開催され、およそ300人が参加した。APAの主な議題は域内の民主化、人権、非伝統的安全保障などであった。ASEAN-ISISは自らの役割をトラック1と市民社会を行為体とするトラック3との橋渡しであると考えており、CSOの代表も参加したAPAはトラック2・5とも呼ばれた。しかし、ASEAN-ISISはASEAN高官とCSO代表の直接対話（インターフェイス）を実現するために、APAにおいてASEANの政策に異議を唱えることを制限したり、CSOの参加者を選定したりした。こうしたASEANへの譲歩にも関わらず公式の直接対話の機会は確立しなかったため、ASEANの改革を求めるCSOの不満を募らせた。その結果、ASEAN-ISISは2009年にAPAの終了を決定した。

APAに対抗して始まった域内最大の市民社会の集まりが、ASEAN首脳会議と並行して開催されるASEAN市民社会会議（ACSC）である。2005年の第1回会合はマレーシア首相の働きかけで行われたが、2006年以降は「アジア民衆アドボカシー連帯（SAPA）」の主導で2024年現在まで開催されている。SAPAは100以上のCSOから構成され、ASEAN憲章の起草やASEAN政府間人権委員会の設立などにおいて積極的な提言活動を行ってきた組織である。2009年以降はACSC／ASEAN民衆フォーラム（APF）の共同開催になり、数百人から千人を超える参加者が地域問題について協議し、ASEAN首脳に向けた民衆の声明が提出される。ただし、ASEAN高官とCSO代表の直接対話セッションは常設ではなく、ASEAN首脳会議のオプションとして位置付けられている。2023年9月にジャカルタで開催されたACSC／APFでは、「東南アジアの安全な空間、民主主義、公正の回復」をテーマに800人以上の参加者が3日間にわたる議論を行った。そして、①平和と人間の安全保障、②オルターナティブな地域主義、③周縁化された集団の人権と安全な空間、④気候・環境正義、⑤社会経済的正義のための統合的アプローチ、⑥民主主義と反権威主義の6項目に関する民衆の声明が発表されている。

上記以外にも、域内外に広がる多様な市民社会の活動が存在する。たとえば、1997年に設立された「自由選挙のためのアジアネットワーク（ANFREL）」は東南アジア8ヵ国を含むアジア18ヵ国28のCSOで構成される。ANFRELはアジアにおける民主化の促進を目的に、選挙監視、能力構築、政策提言に取り組む国際選挙監視ネットワーク組織である。筆者も参加した2015年のミャンマー総選挙における選挙監視活動など、域内の民主化支援において重要な役割を果たしている。さらに、2013年にはASEAN加盟国の現職議員や元議員が「人権のためのASEAN議員連盟（APHR）」を設立した。2023年7月時点で、APHRは人権や民主主義の促進に取り組むASEAN8ヵ国の有志議員130人以上で構成される。APHRはACSC／APFに参加して市民社会と議員によるタウン・ホール公開討論会を開催したり、他のCSOとともに域内の人権問題に関する共同声明を発表したりするなど、市民社会と協力して域内の人権促進に取り組んでいる。

ところで、ASEAN共同体には社会・文化共同体が含まれるが、域内の学術文化交流は1990年代から盛んに行われてきた。たとえば、1995年にはバンコクに事務局を置くASEAN6ヵ国11の有力大学からなるASEAN大学ネットワーク（AUN）が設立された（詳しくは第30章参照）。2023年7月時点で、加盟大学は10ヵ国30大学、準加盟大学は168まで拡大している。AUNが掲げる目標は次の4つである。第1に、ASEAN域内の大学間の連携協力体制を強化すること。第2

に、重点分野に関する共同研究・教育プログラムを促進すること。第3に、ASEAN加盟国の学生、教員、研究者間の協力と連帯を促進すること。第4に、ASEAN加盟国の高等教育の政策志向組織として役割を果たすことである。2008年のASEAN憲章の発効とともに、AUNはASEANの社会文化領域における主要な実施機関として機能することとなった。

2008年12月に発効したASEAN憲章の第1条第1項では、「地域の平和、安全、安定を維持・強化し、民衆志向の価値をさらに強化すること」がASEANの目的として明記された。また、2015年4月の第26回ASEAN首脳会議では、「民衆志向、民衆中心のASEANに関するクアラルンプール宣言」が採択されている。こうしたなかASEANの市民社会は、多様な政治体制下で国境を越えた連帯と協力を進め、人権、民主化、教育などの多様な分野において積極的な活動を展開している。ASEANと市民社会の連携はまだまだ発展途上だが、市民社会が果たす役割と期待は着実に拡大してきている。

（宮下大夢）

35

社会文化共同体（ASCC）

★思いやりある社会の実現を目指して★

社会文化共同体（ASCC）は、経済共同体（AEC）、政治安全保障共同体（APSC）とともに、ASEAN共同体の三つ目の柱として2003年の「第二ASEAN協和宣言」に明記され、2015年のASEAN共同体の創設とともに始動した。ASEAN共同体の設立に際してASCCの創設に尽力したのはフィリピンであった。

ASCCは「人々のための柱」として「人間志向で」「人間中心の」のASEAN共同体を作るべく、主として社会開発・人間開発に関する問題に取り組んできた。ASCCが取り組みの対象とする課題は多岐にわたり、文化・芸術、情報・メディア、教育、青少年、スポーツ、社会福祉、ジェンダー、女性と子どもの権利、経済開発・貧困撲滅、労働、環境、ヘイズ／煙害、災害対応、人道支援、健康・保健などが含まれる。ASCCは、人々の生活に関わるこれらの問題についてASEAN諸国が共同で取り組む回路を作ることで、ASEANの人々の生活の質を向上させ、ASEANという組織を人々に近しいものにすることを目的としてきた。

ASCCの起源は、1997年に採択された「ASEAN

ビジョン２０２０」に遡る。ここでは２０２０年までに「共通のアイデンティティを備え、社会的に結合した、思いやりのあるＡＳＥＡＮ」を構築することが示され、２００３年の「第二ＡＳＥＡＮ協和宣言」採択に際しても「思いやりある社会」という語はＡＳＣＣ創設の中核的理念となった。２００４年に採択された「ビエンチャン行動計画」は、２０１０年までの行動計画として、思いやりある社会の建設、経済統合の社会的影響の管理、環境の保全、ＡＳＥＡＮアイデンティティの推進を掲げた。２０１５年のＡＳＥＡＮ共同体設立を見据えて２００９年に採択されたＡＳＣＣブループリント（ブループリント２０１５）では、人間開発、社会正義と権利保障、社会的保護と福祉、環境の持続可能性、ＡＳＥＡＮアイデンティティの構築、ＡＳＥＡＮ原加盟国と新規加盟国との開発格差の是正という、具体的に取り組むべき６つの分野が特定され、これに関する３３９の行動項目が設定された。

　こうした各種の合意や取り決めの上に、２０２５年までのＡＳＣＣ像を示したのが「ブループリント２０２５」であり、現在のＡＳＣＣはこれに則って活動している。ブループリント２０２５では２０２５年までにＡＳＣＣが取り組むべき主要な成果分野として、①人々への関与と恩恵、②包摂、③持続可能、④レジリエント、⑤ダイナミックの５つが示されている。①「人々への関与と恩恵」とは、ＡＳＥＡＮの諸プロセスへの関係者の関与を促進し、人々のエンパワメントを行うことで、ＡＳＥＡＮ諸国の人々の利益となる、社会的責任のあるコミュニティを創ることであるとされる。②「包摂」とは、あらゆる社会経済的な障壁の除去と人権の保護を通じて、多様な背景を持った人々が包摂される共同体を創ること、③「持続可能」とは、社会開発と環境保護の双方を促進する持続可能な共同体を作ることとされる。また④「レジリエント」の分野では、災害や気候変動を含めた様々な課題に適切に対応する能力を強化し、社会的・経済的な脆弱さを克服することが、⑤「ダイナミック」の分野では、自らのアイデンティティ、文化、遺産を自覚しつつ、ダイナミックで調和のとれた地域コミュニティを創設することが目標とされている。さらＡＳＣＣブループリント２０２５では、このような共同体を実現するために９７７のプロジェクトの立ち上げが明記された。

ブループリント２０２５に示された共同体を作るための具体的な活動は、ＡＳＣＣの下に設置された15の分野別組織が担当している。これらの分野別組織は基本的にその分野のＡＳＥＡＮ加盟国の担当閣僚会議とこれを支える高級事務レベル会合として構成されており、その下に実働部隊としてのワーキンググループが置かれている。

現在ＡＳＣＣの中で最も活発な活動が見られるのは、環境に関する分野別組織である。ＡＳＥＡＮ諸国の環境大臣によって構成される環境大臣会議（ＡＭＭＥ）の下に環境に関する高級事務レベル会合（ＡＳＥＯＮ）が置かれている他、越境煙害に関するＡＳＥＡＮ協約締結国会議（ＣＯＰ-ＡＡＴＨＰ）も分野別組織の一つとして活動する。特にＡＳＥＯＮの下には現在、自然保護と生物多様性、海岸・海洋環境の保全、水資源管理、環境的持続可能な都市作り、気候変動対策、化学物質・廃棄物対策、環境教育と持続可能な消費と生産といった分野に関するワーキンググループが置かれ、各種プロジェクトの運営を担っている。煙害はもとより、地球規模の気候変動や、越境的な環境汚染の深刻さが明らかになる中で環境に関する協働は必要不可欠になってきている。

また教育はＡＳＣＣの設立以前から諸国家間の協力が進んでいた分野である。ＡＳＣＣでは、ＡＳＥＡＮ諸国の教育大臣によって構成される教育大臣会合（ＡＳＥＤ）の下に、教育に関する事務レベル会合（SOM-ED）が置かれ、これが中心となって教育に関わるプロジェクトが運営されている。教育分野には、東南アジア教育大臣機構（SEAMEO）やASEAN大学ネットワーク（AUN）といった古くからの域内協力枠組みも存在するため、これらと協働しながら高等教育分野における高度人材育成や、教育・研究者の交流、大学間交流、ASEAN単位認定制度の創設などが行われてきた。

表35-1　ASCCブループリント2025の要素

A. 人々への関与と恩恵
A.1. ASEANプロセスに関与するステークホルダー
A.2. エンパワーされた人々と強化された制度
B. 包摂
B.1. 障壁を減らす
B.2. 全ての人に平等なアクセス
B.3. 人権の促進と保護
C. 持続可能
C.1. 生物多様性と天然資源の保護と持続可能な管理
C.2. 環境的に持続可能な都市
C.3. 持続可能な気候
C.4. 持続可能な消費と生産
D. レジリエント
D.1. 災害を予測し、災害に対応・対処・適応し、より良く・賢明に・早く復旧することのできる、災害に強靭なASEAN
D.2. 生物学的、化学的、放射性／核物質性のものを含むすべての健康に関する危機、新たな脅威に対応することのできる、より安全なASEAN
D.3. 気候変動の衝撃に適応するための強化された制度的・人的能力を持つ、気候に適応するASEAN
D.4. 女性、子ども、若者、高齢者／老人、障がい者、民族的少数者集団、移民労働者、脆弱で周辺化されたグループ、及びリスク有る地域に住む人々への社会的保護の強化、気候変動に関連する危機や災害、環境変化に対する脆弱性の削減
D.5. 危機時における資源の利用可能性、アクセス、持続可能性の向上を通じた、危機時の金融システム、食糧・水・エネルギー利用可能性、その他社会保障ネットの強化と最適化
D.6.「麻薬のない」ASEANに向けた努力
E. ダイナミック
E.1. 開放的で順応するASEANに向けて
E.2. 創造的で、革新的、応答的なASANに向けて
E.3. ASEANで起業家精神の文化を生み出す

（ASCCブループリント2025文書より筆者作成）
参　照 :https://asean.org/wp-content/uploads/2021/08/8.-March-2016-ASCC-Blueprint-2025.pdf（2024年3月25日アクセス）

またASEANアイデンティティの涵養を目指して、ASEAN憲章の各国語翻訳の公開やASEAN諸国民間の相互理解の増進のため知的交流プロジェクトが行われている。

越境労働の管理と越境労働者の権利保護は、ASCCの活動の真価が問われる分野と言える。現在ASCCでは労働関係大臣会合（ALMM）の下に、労働に関する高級事務レベル会合（SLOM）と「移住労働者の権利の保護と促進に関するASEAN宣言」に関する委員会がおかれ、労働市場監視、委員労働者の社会的保護などに取り組んでいる。ASEAN諸国では経済障壁の撤廃と経済統合の進展により、越境労働者が増加しており、そこには非熟練労働者や非正規労働者も含まれる。AECの主たる関心が熟練労働者・正規労働者である一方で、「思いやりある社会」を目指すASCCにはこうした人々をも捕捉するプラットフォームとして機能することが期待されている。

ASCCは、ASEAN共同体を構成する「三つの柱」の中で最も制度化が遅れていると言われてきた。その主な理由はASCCが取り組む問題の多くが本来加盟各国の国内事項として国内政策を通じて解決されるべき問題であると考えられたことにあり、現在でもこうした事情に大きな変化があるわけではない。ASCC理事会は各国の管轄大臣の調整機関という機能に留まらざるを得ないことも少なくなく、ASCCの活動の多くは共同体の創設以前から行われてきた機能的協力の延長に過ぎないとも指摘される。しかし今後経済分野での障壁の撤廃が進めば国内の諸問題の連関性が高まることは不可避であり、また近年は気候変動やCOVID-19に代表されるような国境を越えた災禍も増加している。今後各国が共同して取り組むべき課題が増加すれば、「思いやりあるASEAN」構築のためのプラットフォームとしてのASCCの真価が問われることになる。

（井上浩子）

コラム6

東南アジアの国家建設とジェンダー

田村慶子

まず、ジェンダーとは何かを確認したい。ジェンダーとは「女はこうあるべき」「男はこうあるべき」という社会的規範や、「女らしさ」「男らしさ」の「らしさ」に含まれる諸要素を意味する。ただ、ジェンダーのカテゴリーの区別は決して中立ではなく、「女らしさ」「男らしさ」に含まれる諸要素と特徴の間には、後者が前者に対して上位にあるという価値のヒエラルキーを伴い、男性は女性よりも価値と力のある存在と見なされてきた。

ただ、東南アジアの伝統社会では欧米よりも相対的に女性の地位は高く、多くの地域で女性にも均分相続や家の相続権が認められていた。また伝統社会では商業活動を担ったのは主に女性であり、近世になって交易のために来航する商人が増えると、商品生産や市場、外来者との交流において彼女らの活動が拡大した。外来の商人の多くは商業活動の一環として一時婚という形で現地妻を持った。現地妻となることは女性にとっても多様な商業関係を有することを意味していたので、恥ずべきことではなかった。

これらは商売に関わることは女性の関心事、権力と地位をめぐることが男性の関心事と理解され、また当時は人口が少なかったために土地より労働力が重視され、女性の戸外労働も当然という社会通念があったからである。ただ、このような相対的な経済的地位の高さは政治的地位には反映されず、女性の教育はほとんど無視され、幼児婚や重婚も珍しいことではなかった。

18世紀後半から東南アジアは欧米に（半）植民地化され、人々の生活全体を公的と私的領域に分離してそれを男性と女性に振り分け、女性に貞節と父や夫への従属を奨励するという、当時のヴィクトリア王朝的性道徳にもとづく男女の理想像も持ち込まれた。東南アジアでは、近代的生活様式を取り入れて社会的上昇を遂げるにつれて女性が公共の場や商業から撤退していくという事態が、ヴィクトリア朝イギリスやオランダよりも明確に起きた。

20世紀になって各地で民族意識が高揚したが、自治や独立の獲得という民族全体の解放が優先され、女性の教育や地位向上は「女性の問題」として後回しにされた。さらに独立を獲得すると、国民国家を正統化するにあたって家父長制が利用された。政治指導者（男性）は国家を家、自らを父、妻を母、国民を子どもとする父系的ナラティブを使って多様な社会集団を国民に統合しようとしたのである。

家父長制イデオロギーは経済発展にも寄与した。若い未婚女性は労働集約型産業の単純労働者として動員されたが、男性との賃金や昇進での差別は深刻だった。ただ、女性もまた家父長的な規範を内在させていたために、安価な給与と差別的な待遇を受け入れた。

しかし、1980年代になると各国の国家政策に女性の地位向上が謳われるようになり、家父長的な法は次々と改正された。国際社会におけるジェンダー平等に向けた機運の高まりと、国によって状況は異なるものの、東南アジア諸国の民主化運動がその要因である。

もっとも、性差別的なジェンダー規範は容易に変化するものではない。ステレオタイプ的なジェンダー規範は法律、慣習、人々の意識に大きな影響を与え、女性を家族内での母・嫁・娘の役割に縛り続けている。さらに、新型コロナウイルスの猛威によってジェンダー不平等が改めて顕在化した。私たちがコロナ禍から学ばねばならないのは、「疎外されてきた人々」を包摂する社会を創るための議論の中心にジェンダー平等を位置付けることだろう。

VII

ASEANと広域地域秩序

36

ASEANの中心性

★外交的主体性の模索★

「ASEANの中心性」については、これまでASEAN関連諸会議で採択される文書、ASEAN加盟国や主要なASEAN対話国の指導者や閣僚等の発言などで幾度となく言及がなされてきたが、ASEANはその具体的な意味内容について公式な定義はしていない。他方、多くの研究者らによって、「ASEANの中心性」に関する考察がなされ、その本質や機能について論じられてきた。いずれの議論も、「ASEANの中心性」が、ASEANが地域環境のあり方に一定の影響力を行使してきた（あるいはしてきたとみなす）ことを示す概念であることについては一致している。

「ASEANの中心性」は⑴ASEANを中心とするARF、ASEAN＋3、EAS、ADMM＋といったマルチの諸地域制度の形成と展開、⑵対話国制度、東南アジア友好協力条約（TAC）へ域外国の署名、域外国とASEANとの間での広義の自由貿易協定（FTA）の締結、といったASEAN＋1の連携の制度化、⑶ASEAN共同体形成に端的に見られるASEAN協力の深化、といったASEANの域外戦略や域内協力における主に3つの成果を踏まえ、ASEANの役割の重要性を強調する概念であると解することができる。

１９９０年代、２０００年代の20年間は、ＡＳＥＡＮを制度的中心とする地域アーキテクチャ構築が実質的に進んでいった時期であり、ＡＳＥＡＮ共同体設立が現実の目標として掲げられるほどに域内協力へのモメンタムが高まり、実際に協力が強化された時期であった。こうした動きが深化していくのと並行し、またそれと深く関連する形で、ＡＳＥＡＮが東南アジア、および東アジア、アジア太平洋といったＡＳＥＡＮを内包する広域地域における協力やそれを実行するために形成された諸制度において中核的な役割を果たすべきである、という言説が繰り返されるようになった。

ただし、当初は必ずしも「中心性」という用語は使われなかった。例えば、１９９５年第2回ＡＲＦにＡＳＥＡＮから提出された「ＡＲＦに関するコンセプト・ペーパー」では、ＡＳＥＡＮはこの地域における「中核的役割（pivotal role）」を果たすべきであり、また「推進力（driving force）」でもあるという表現が使われた（ARF, 1995）。その後２０００年代初頭より、地域アジェンダの一つとして東アジア共同体構築が議論され、２００５年にＥＡＳが発足するまでのプロセスにおいて、ＡＳＥＡＮが地域協力や共同体構築における「推進力」であるということが何度も繰り返された。

そして２００７年1月にセブで開催された第12回ＡＳＥＡＮ首脳会議の議長声明において、ＡＳＥＡＮの公式文書で初めて「ＡＳＥＡＮの中心性」という用語が登場した。２００８年に発効したＡＳＥＡＮ憲章では、明確に「ＡＳＥＡＮの中心性」という文言が盛り込まれた。その後、この用語はＡＳＥＡＮ関連の文書や指導者らによって多用されるようになったのである。

より具体的に「ＡＳＥＡＮの中心性」に込められた意味内容は、以下の要素に整理されよう。一つは、ASEAN自身が、こうしたASEAN地域統合の進展とASEANを中心とする地域アーキテクチャの形成に重要な役割を果たしてきたという主張である。次に、ASEANが中心に位置付けられているこのような地域アーキテクチャが地域秩序の安定化に寄与してきたし、今後も寄与するであろうという主張である。さらにASEANが今後もこうした地域アーキテクチャにおいて中心的な役割を果たしていくことがASEANにとっても地域全体にとっても望ましいという主張である。

ASEANが東南アジアにおける地域協力や地域経済統合のプラットフォームとして機能してきたことには確かである。他方、東アジア・アジア太平洋における主要な域外国を含む重層的な地域アーキテクチャの形成が、果たしてどこまで彼らの「中心性」に起因するものか、またそこでASEANが「中心」なのかについては議論の余地がある。ASEAN諸国が発展したとはいっても、超大国であるアメリカや中国などの大国とは国力の点では明らかに劣位にあるからである。

この点については、ASEANが、主要な域外国との関係を自らが主体となって展開してきた域外戦略の影響力を強調する議論がある。他方、アジアにおける地域制度形成において、アメリカ、中国、日本といった主要な大国や地域大国によるリーダーシップが不在であり、ASEANが役割を発揮する余地が存在したことを重視する議論がある。ただ、これらの議論は必ずしも相互排他的ではない。またASEAN各国指導者や政策担当者らが、自らの役割の重要性を強調しようとした際に「リーダーシップ」といった明確な言葉を使わず「中心性」という、パワー行使の有無については曖昧さを残す用語を使ったことにも留意すべきだろう。すなわち「中心性」とは、ASEANがリーダーシップとは言い切れないものの、この地域における制度化に大きく寄与し、自らを中心とする制度を形成し、かつＡＳＥＡＮ共同体設立にまでこぎ着けるまでに域内協力を深化させた不可思議なパワーを表現する用語でもある。

ＡＳＥＡＮが一定の自立性を確保し、「ＡＳＥＡＮの中心性」を維持できるか否かは、ＡＳＥＡＮ自身、すなわちＡＳＥＡＮ諸国が一定の団結を維持し、ＡＳＥＡＮの一体性や中心性の重要性を認識し続け、それに沿った行動をとるかどうかにも大きく依存する。２０１０年代から今日にかけて、米中間の戦略的競争が激化し、またＱｕａｄやＡＵＫＵＳなどの戦略連携が立ち上がる中、ＡＳＥＡＮの存在感が相対化され、ＡＳＥＡＮの一体性や中心性は揺さぶられている。しかしそうした中、ＡＳＥＡＮ諸国はむしろ以前よりもいっそう「ＡＳＥＡＮの中心性」を強調するようになっている。例えば２０１９年６月に発出されたＡＳＥＡＮインド太平洋アウトルック（ＡＯＩＰ）は、ＡＳＥＡＮの中心性を柱とするインド太平洋概念を打ち出している。彼らが「ＡＳＥＡＮの中心性」を繰り返し強調するのは、それが失われるかもしれないことへの彼らの危機感の表れでもある。他方、そうした危機的状況下でも中心性の維持が彼らにとって重要であると考えていることの証左でもある。（大庭三枝）

37

メガFTA

★RCEP、CPTPP、IPEFとASEAN諸国★

ASEANは、1993年から段階的に関税削減を進めたASEAN自由貿易地域（AFTA）を基盤として、2000年代以降は、周辺国とのFTAを推進し、いわゆる「ASEAN＋1」のFTA網を形成している。このASEAN＋1のFTAは、中国（2004年発効）、韓国（2007年発効）、日本（2008年発効）、オーストラリア・ニュージーランド（2010年発効）、インド（2010年発効）、さらには香港（2019年）に広がっている（なお、各FTAの発効年については批准手続きによって遅れて発効している国もある）。また、ASEANは対外共通関税を設定する関税同盟ではなく、FTAであるため、日本とASEAN7ヵ国（カンボジア、ラオス、ミャンマーを除く）との各二国間FTAなど、ASEAN＋1以外にも各国は独自にFTAを締結している。

メガFTAを、「経済規模の大きい日本、米国、中国、EUによる二国・地域間FTA、または、これらの国・地域が2つ以上参加する複数国・地域間FTA」（ジェトロ 2015：40）と定義すると、ASEAN諸国が参画するメガFTAは「地域的な包括的経済連携協定（RCEP）」と米国離脱前の「環太平洋パートナーシップ協定（ＴＰＰ）」となる。また、物品貿易の自由化を交渉対象とせず、非伝統的な交渉分野を含む「インド太平洋経済枠組み（ＩＰＥＦ）」は、従来のＦＴＡと並列して議論できないものの、日米両国が関与しており、関連する枠組みとして視野に入れる必要があるだろう。

ＲＣＥＰは、その形成過程において、ＡＳＥＡＮが「ＡＳＥＡＮ中心性」を発揮しながら、関与してきた枠組みである。２０００年代半ば以降、中国主導のＡＳＥＡＮ＋３（ＥＡＦＴＡ、ＡＳＥＡＮと日中韓）や日本主導のＡＳＥＡＮ＋６（ＣＥＰＥＡ、ＡＳＥＡＮ＋３とオーストラリア、ニュージーランド、インド）の２つの広域ＦＴＡ構想が同時並行で展開され、最終的にはＡＳＥＡＮが調整する形で、２０１２年にＡＳＥＡＮ＋６の構成国を対象にＲＣＥＰ交渉が開始されることが合意された。

一方、ＴＰＰは、米国がアジア太平洋への経済的関与を強める中で、シンガポール、ニュージーランド、チリ、ブルネイが２００６年に発効させたＰ４（環太平洋戦略的経済連携協定）に、米国が交渉参加方針を示したことで、一気にその重力を増し、構築された枠組みである。２０１０年にＰ４参加国、米国、オーストラリア、ペルー、ベトナムの８ヵ国でＴＰＰ交渉が開始され、その後、マレーシア、カナダ、メキシコ、そして日本が交渉参加し、12ヵ国の枠組みとなった。

ＡＳＥＡＮ＋１の形成、ＡＳＥＡＮ＋３やＡＳＥＡＮ＋６の広域ＦＴＡ構想の進展が、米国の経済的関与を促すインセンティブとなり、そして米国の関与とＴＰＰ交渉開始がＲＣＥＰ交渉を刺激するなど、相互に影響を及ぼし合ってきたと指摘できる。

ＴＰＰとＲＣＥＰ交渉は同時並行で進められ、最初に署名されたのはＴＰＰである。ＴＰＰは「21世紀型ＦＴＡ」と呼ばれるように、物品貿易の高い自由化率（日本は95％、その他の国は99～１００％）と

表37-1　ASEAN10ヵ国のRCEP、CPTPP、IPEFへの参画状況

	ASEAN+1	RCEP	CPTPP	IPEF
シンガポール	✓	✓	✓	✓
マレーシア	✓	✓	✓	✓
タイ	✓	✓		✓
インドネシア	✓	✓		✓
フィリピン	✓	✓		✓
ベトナム	✓	✓	✓	✓
ブルネイ	✓	✓	✓	✓
カンボジア	✓	✓		
ラオス	✓	✓		
ミャンマー	✓	✓		

注　✓は参画していることを意味。
出典：各種資料から筆者作成

ともに、電子商取引、国有企業、労働など幅広い分野の高度なルールを含む協定である。その後、周知の通り、2017年にトランプ政権時代の米国がTPPから離脱したものの、一部の凍結項目を除き、11ヵ国の協定（CPTPP）として発効している。

ASEAN諸国で、この協定に参加している国はシンガポール、マレーシア、ベトナム、ブルネイの4ヵ国で、残りの6ヵ国は参加していない（表37-1）。当初、4ヵ国の中でも、ベトナムやマレーシアは高い自由化率と高度なルール分野を抱えるTPPに参加できるか懐疑的な見方もあったが、参加を実現し、両国の経済改革姿勢を印象付けるものとなった。但し、政府調達や国有企業など、両国にとってセンシティブな一部の分野では、緩やかな基準や例外を得たことには留意が必要である。例えば、マレーシアはブミプトラ政策のもと、政府調達においてブミプトラ企業を優遇しており、政府調達市場の開放は同政策に影響を与える中、開放対象とする基準額を緩やかな水準から段階的に低下させていくこととともに、一定のブミトプトラ企業に対する優遇策が許容されている（小野沢 2017）。また、多数の国有企業を抱えるベトナムにとって、国有企業章で厳しい規律

を受け入れることは困難である中、附属書において広く例外が適用されている。

ＴＰＰにシンガポールやブルネイに加えて、ベトナムやマレーシアが参加したことは、その他のＡＳＥＡＮ諸国を大いに刺激した。米国離脱前のＴＰＰに対しては、タイ、インドネシア、フィリピンが参加に関心を示すなど、ＴＰＰの重力が一段と増した。米国市場に対して、産業構造が類似するベトナムやマレーシアの市場アクセスが改善することは、貿易転換効果を通じて、その他ＡＳＥＡＮ諸国の輸出に負の影響を与えることが危惧されたことが大きいと考えられる。しかし、米国の離脱とともに、その機運は急速に萎み、バイデン政権下においても、ＴＰＰ復帰の見通しが全く立たない中、これまでその他ＡＳＥＡＮ諸国の加入申請は行われていない。

一方、ＲＣＥＰは、交渉最終段階の２０１９年にインドが突如、交渉離脱を表明したものの、２０２０年にＡＳＥＡＮ10ヵ国全てを含む15ヵ国で署名に至り、２０２２年に発効している。しかし、物品貿易の自由化率は、91％とＴＰＰと比較して低いとともに、ルール分野も、ＴＰＰでは対象となっている国有企業、労働、環境に関する章は含まれず、ＲＣＥＰで章立てが行われた電子商取引、投資、政府調達などその他の分野でも、ＴＰＰと比較して総じて規律が緩い内容となっている。

ＴＰＰやＲＣＥＰは、その質に違いはあるとは言え、対象とする分野が類似する伝統的な枠組みである。しかし、２０２２年に米国主導で交渉が立ち上げられたＩＰＥＦは、非伝統的な分野も含む枠組みである。ＩＰＥＦは、労働、デジタル経済、貿易円滑化等を対象とする「貿易」とともに、主として非伝統的な分野と位置付けられる「サプライチェーン」「クリーン経済」「公正な経済」の４本柱から成る。しかし、「貿易」には、ＡＳＥＡＮ諸国にとって最も関心が高い関税交渉は、米国の国内事情を反映し、含まれていない。サプライチェーンは、参加国の中でサプライチェーンの強靭化を進めることを目的とし、クリーン経済はエネルギーや温室効果ガス排出削減等、公正な経済は腐敗防止等を内容としている。サプライチェーンについては2023年11月に署名、2024年2月に発効しており、今後、重要分野・物品を定め、サプライチェーン強靭化に向けた協力を行っていくことになる。また、クリーン経済と公正な経済については実質妥結したものの、貿易については継続協議となっている。

このIPEFに対して中国は、排他的な枠組みであるとして警戒、批判している。また、ASEAN諸国の内、中国との関係が相対的に緊密なカンボジア、ラオス、2021年の軍事クーデターによって孤立感を強めるミャンマーは参加せず、残り7ヵ国は参加している。交渉参加するASEAN諸国としては、対米、対中関係のバランスを図りながら、IPEFからいかに実益を得るかに関心を有しているとみられる。

また、中国と台湾が2021年にCPTPPに加入申請をしている。ASEAN諸国が関与するメガFTAを巡る環境は複雑化しており、ASEAN諸国は難しい舵取りを迫られている。（椎野幸平）

38

インド太平洋の地政学

★米中の覇権争いとASEANの立場★

地政学（geo-politics）は、列強諸国が世界各地で領土や資源を争った帝国主義時代に体系化されたリアリズムの権化ともいえる学問である。地理環境が国家や国際関係に影響を与えるという前提のもと、気候や地形、資源分布、国家間の地理的位置関係、輸送交通手段などを分析する。冷戦終結後のグローバル化の流れの中で一度は時代遅れの「戦争学問」のレッテルを貼られた地政学が、現在再び注目を集めている。

その背景には、米中の覇権争いによるリアリズム的な国際構造の復活がある。軍事と経済面で大国となった中国が自らに有利な国際秩序を構築すべく積極的な外交を展開すると、米国は「唯一の競争相手」として対中政策を強硬化させた。とりわけ現代では経済的手段を用いて国益や戦略の実現、勢力拡大をもたらす国家行動が顕著であり、地政学ならぬ地経学（geo-economics）、エコノミック・ステイトクラフト、経済安全保障などの新しい用語が生まれている。インド太平洋は、従来のアジア太平洋に代わって出現した比較的新しい地域概念であるが、単純な物理的、固定的な地理的範囲ではない。国際政治を反映したダイナミックな戦略的空間として捉えることができる。

習近平政権は発足間もない2013年、カザフスタンで「シルクロード経済ベルト」、インドネシアで「21世紀海上シルクロード」という広域協力圏をそれぞれ提唱した。合わせて「一帯一路」（BRI）と呼ばれる構想は、2015年に正式な国家戦略として行動方針が発表され、⑴政策面での意思疎通の強化、⑵輸送ネットワークとエネルギー・インフラの強化、⑶貿易円滑化の推進、⑷資金融通と通貨流通の強化、⑸相互理解の深化という五つの基軸が示された。そして、地理的に隣接し「一帯一路」の起点でもある東南アジアに対し積極的に接近を開始した。東シナ海、南シナ海での海洋活動を活発化させていた時期でもあり、中国の狙いは、単に経済圏ではなく政治、安全保障分野での主導権を握る勢力圏構築にあると考えられた。

素早く反応したのが、日本の安倍晋三首相（当時）であった。第一次政権期から自由、民主主義、基本的人権、法の支配、市場経済などの「価値の外交」を推進し、2007年にインド国会での演説で、太平洋とインド洋を「自由と繁栄の海」として結合するアイデアを示していた安倍首相は、2012年の第二次政権発足直後に発表した英語論文“Asia's Democratic Security Diamond”でその地政学的な戦略的思考を示した。そして、2016年、アフリカ開発会議（TICAD）での基調演説で、日本は「太平洋とインド洋、アジアとアフリカの交わりを、力や威圧と無縁で、自由と、法の支配、市場経済を重んじる場として育て、豊かにする責任を担っている」とし、アフリカとの協力関係を呼びかけた。日本外交の新地平といわれる「自由で開かれたインド太平洋（FOIP）」の誕生である。

その後、中国との関係改善も視野に入れて、日本政府はFOIPをあえて戦略と呼ばず、多くの国家が共有できるビジョン（構想）として練り直し、自由、開放性、多様性、包摂性、法の支配を中核的理念とする「インド太平洋」という概念を国際社会で普及させる外交に努めてきた。その結果、２０２３年までに米、豪、インド、ＡＳＥＡＮ、韓国、カナダ、英仏独伊、オランダ、チェコ、ＥＵなど、独自にインド太平洋に関する文書を策定する国は増加している。他方、中国の「一帯一路」は、当初は欧州に延びる陸海路として登場したが、現在では情報通信、宇宙、環境、医療支援、北極圏などの分野も扱い地球規模で拡大されており、実質的な地理的範囲はなくなった。

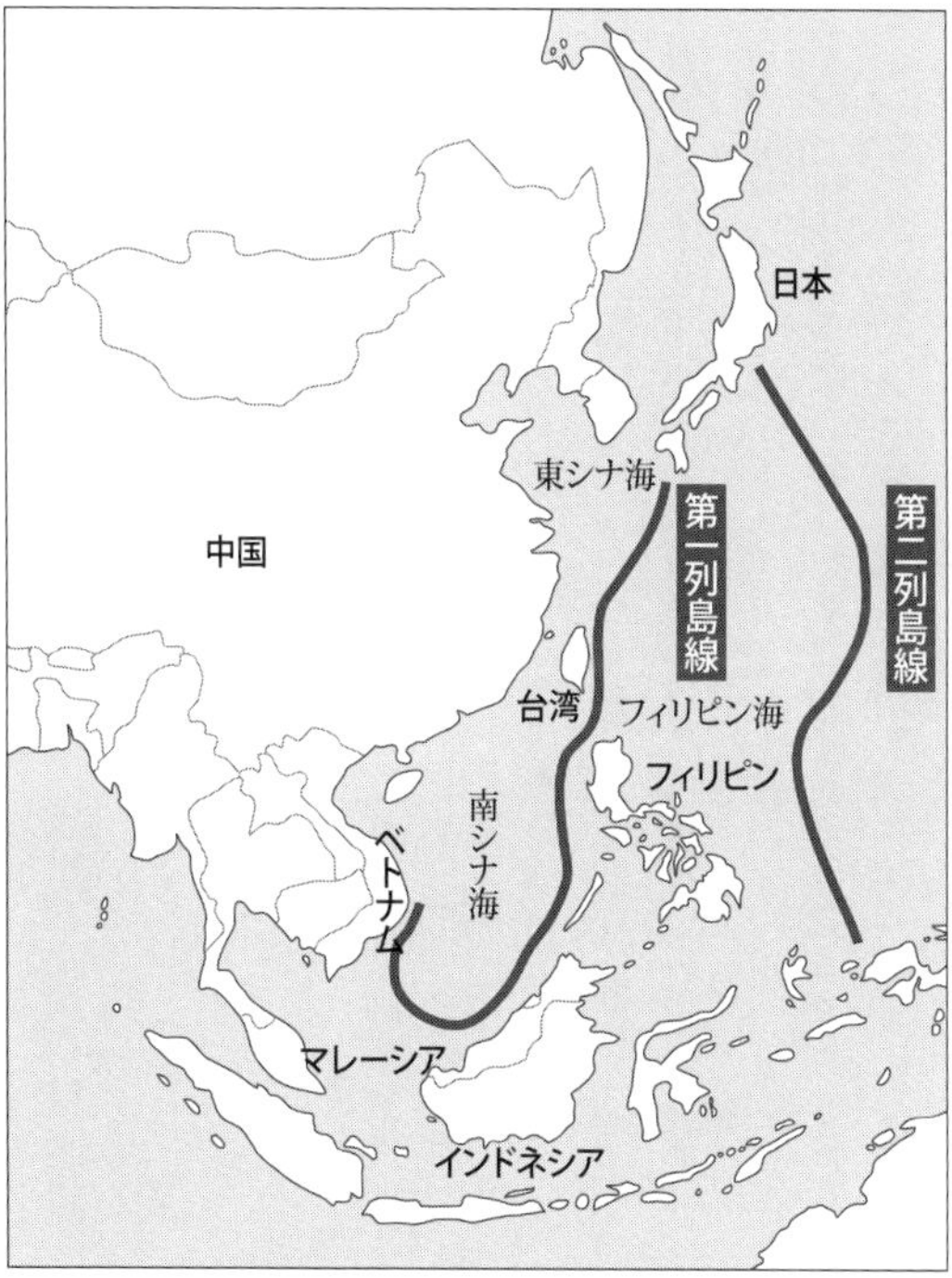

図38-1　第一列島線および第二列島線

　中国の軍事費は透明性を欠いているが、公表された統計だけでも過去30年で約39倍、過去10年でも約2倍に増加している。より遠方での海空域での活動能力を目指していると考えられる中国軍が、その勢力圏を確保するため、海洋上に独自に設定した軍事的防衛ラインが二つの列島線である。九州沖から沖縄、台湾、フィリピンを結び南シナ海に至る第一列島線は、台湾有事を想定して米軍の侵入を防ぐ自国防衛の最低ラインだ。さらに外洋に設定したのが第二列島線で、小笠原諸島や米領グアムを経由してパプアニューギニアに至る防衛ラインである。中国は近年、太平洋島嶼国・地域にも「一帯一路」への参加や警察協力などを呼びかけ進出しており、ここでも米中の覇権争いは激しさを増している。

安全保障と経済の両面から影響力増大を図る中国に対し、単独での対抗が難しくなった米国のバイデン政権は、同盟国、有志国が一丸となり、経済制裁や外交圧力も含めて抑止力を働かせる「統合抑止」と呼ばれる戦略を取っている。2021年には米英豪による軍事安全保障の枠組みであるAUKUSが創設され、豪州の潜水艦建造支援、サイバーなど最先端技術での協力が合意された。また、日米豪印のQuad（クアッド）の枠組みでも初の首脳会議をホワイトハウスで対面開催し、「自由で開かれたインド太平洋」の実現に向けて広範な分野での具体的な取り組みを強化するため、首脳会議を毎年開催することで合意した。

インド洋と太平洋を繋げる地理的要衝に位置するASEANは、対立する米中の間でジレンマに悩んでいる。どちらか一方につくことなく中立の立場を志向するのは、域外国からの干渉を避ける目的で結成、発展した組織の防衛本能でもある。ASEANは2019年、「インド太平洋に関するASEANアウトルック（AOIP）」を独自に発出した。

これにはASEANなりの歴史的起源もある。EASに参加する域外加盟国が大幅に増えた2012年頃から、当時インドネシアの外相であったマルティ・ナタレガワは、日米中印など大国の主導に依拠しないインド太平洋の地域ビジョンを唱え、ASEAN発の「インド太平洋平和友好条約」構想を呼びかけたことがあった。現在のAOIPも、ASEANを中心としたアジア太平洋とインド洋の統合を強く主張している。日本はＦＯＩＰと本質的な原則を共有するとしてＡＯＩＰに直ちに支持を表明し、インド太平洋地域でのＡＳＥＡＮのイニシアチブを歓迎している。

今後、ＡＯＩＰの主流化のためには、まずはＡＳＥＡＮ自体が結束し一体性を強化する必要があるだろう。ラオスやカンボジアのように経済援助を通して対中傾斜が進む国家もあれば、フィリピンやベトナムのように南シナ海での中国との摩擦から米国との協力関係を深める国家もある。その行動は各々の地政学的判断に基づくものだが、組織としてのＡＳＥＡＮの分断を招かないように心することが重要だ。

（平川幸子）

39

東アジア共同体

★忘れられた21世紀初めの地域的合意？★

20世紀末から21世紀初頭のアジア地域は、現在よりもはるかに協調的で協力志向の雰囲気に溢れていた。「東アジア共同体」はその象徴として各国政府が合意した共通ビジョンだ。欧州とは違いアジアの国家群は、政治制度や経済発展レベル、歴史文化、民族宗教などの点できわめて多様性に富んでいる。国家主権や内政不干渉を至上価値とする国家が多い。それでも、アジアの実態に相応しい形での地域統合や共同体構築は可能だと考えられ、具体的な成功モデルであるＡＳＥＡＮを中核として広域的な共同体を構築することが期待されていた。しかし、構想から20年を過ぎ、そのような純粋な協力・協調を志向するリベラルな東アジア共同体は実現していない。

戦後のアジアは、政治的には東西冷戦によって政治的には分断されていたが、経済面では開発や発展という地域共通の目標が存在していた。１９６０年代の日本を先頭に、70年代には新興工業経済地域（ＮＩＥＳ）、80年代にはＡＳＥＡＮ諸国、90年代には中国が次々と経済発展を遂げた。それは雁行型発展と呼ばれる成長パターンで、一国の産業が労働集約型から資本、知識集約型に発展する過程において、旧段階の生産労働拠点を直

第39章
東アジア共同体

接投資によって後発国に受け渡していく。まるで雁の隊列をなすようにバトンを繋げながら、アジア経済は一つの生産工場として統合し共同発展を遂げた。

もともと市場誘導型でデファクト統合を果たしていたアジアに、政府レベルでの制度的協力が求められた契機が、１９９７年に起きたアジア通貨危機の発生であった。同年はＡＳＥＡＮ結成30周年にあたり日中韓３国の首脳が招待されていたが、通貨危機への共同対処が喫緊のテーマとなり、継続的対応の必要性から翌年にも首脳会合が開催された。１９９９年には「ＡＳＥＡＮ＋３（ＡＰＴ）」という東アジア協力枠組みとして恒久化することで合意された。

東南アジアに北東アジアを加えた「東アジア」という地域概念については、冷戦終結後の１９９０年、マレーシアのマハティール首相が東アジア経済グループ（ＥＡＥＧ）という経済圏構想を打ち出したことがある。この時には、欧米を排除する経済ブロックだという批判を受け、名称を東アジア経済協議体（ＥＡＥＣ）に改めたものの結局実現できなかった。しかし、２０００年代に入りＡＳＥＡＮ＋３の枠組みが定例化したことで、東アジアの包括的な地域協力を求める機運は確実に高まっていた。韓国の金大中大統領の提唱により、民間有識者による東アジア・ビジョン・グループ（ＥＡＶＧ）、その政策評価を行う政府関係者による東アジア・スタディ・グループ（ＥＡＳＧ）が組織された。ＥＡＶＧが将来の東アジア共同体（ＥＡＣ）の実現に向けての取り組みを提言したことを受けて、２００３年に「東アジア研究所連合（ＮＥＡＴ）」、産官学による「東アジア・フォーラム」などが設置され同構想に関する国際的議論が活発に開始された。

共同体の基礎づくりとして、２００５年に東アジア首脳会議（ＥＡＳ）がマレーシアで初めて開催された。参加国は、従来のASEAN＋3に加えて、地理的には東アジアとは言えない豪州、NZ、インドを加えた合計16ヵ国であった。メンバーシップ拡大を推進したのは日本で、APT10ヵ国での開催を主張する中国に対して、東アジア地域主義の開放性、透明性、包含性を強調したのだ。その背景に中国の勢力増大への懸念があったことは否定できない。その路線の延長で、2011年からは米国とロシアが加わり、EASは合計18ヵ国が参加する大きな枠組みとなった。この時までには米国もリバランス政策でアジア太平洋地域に回帰する姿勢を見せ、東アジアが中国の勢力圏になることを警戒していた。日中関係の悪化も重なり、「東アジア共同体」形成に関する議論は徐々に衰退していった。やがて日本外交の要は「自由で開かれたインド太平洋」構想に移り、中国も後述する「人類運命共同体」など独自の構想やイニシアチブに注力するようになる。

他方、21世紀に入りアジアで加速した自由貿易協定（FTA）や経済連携協定（EPA）の波は経済統合を実質的に進展させた。当初は、ASEANをハブとして域外国との二者間FTAの増加が目立っていたが、やがて多国間FTAも生まれる。2012年にはAPTと豪印NZの計16ヵ国による地域包括経済連携協定（RCEP）が締結された。発効までにインドが離脱したとはいえ、東アジアでは最大規模の連携協定で、二国間でFTAを持たない日中、日韓が含まれている点で大きな前進であった。

また、2016年には、高度な自由化とルールを備え21世紀型FTAといわれる環太平洋地域連携協定（TPP）が12ヵ国で署名された。翌年、政権交代により米国が離脱したが、2018年に残り11ヵ国によるCPTPPが発効し、2023年には英国が初の新規加盟国となった。米国不在のCP

TPPには現在、中国と台湾がそれぞれ加盟申請をしている。他方、米国は2022年に中国を排除する形で、「インド太平洋経済枠組み」(IPEF)を立ち上げ、日韓豪印、ASEAN諸国と連携を進めている。このように、地域経済統合も米中対立の国際政治状況を反映した性格に変わってきている。

習近平体制の中国は、「偉大なる中華民族の復興」の実現を目指し、従来の外交方針である「韜光養晦(才能を隠して内に力を蓄える)」を転換した。「中国の特色ある大国外交」を発揮し、自らに有利な国際秩序を構築しようとしている。自由や人権、民主主義などの「普遍的」価値や、現今の「グローバル」・ガバナンスは欧米に由来するものであり、それ以外の多様な国家群の意見や利益が反映されていないと主張する。代わりに「人類運命共同体」を提唱するが、この理念では国家が国民を脅威から守るとの考え方から主権と内政不干渉の原則が強調されており、個人の自由への関心は低い。

「アジアの平和はアジア人によって守られるべき」と主張する中国は、米国抜きのASEAN+3による「東アジア」協力には今でも肯定的である。しかし、それは今世紀初頭の地域的な合意に基づく「東アジア共同体」からの発展ではない。中国は新興国、途上国に対して積極的に「運命共同体」をもちかけ、経済援助を通じて依存させる関係を増やしている。ASEANではカンボジアやラオスが典型である。2021年以降は、「グローバル発展イニシアチブ(GDI)」、「グローバル安全保障イニシアチブ(GSI)」、「グローバル文明イニシアチブ(GCI)」を次々と提唱し、二国間外交や多国間主義の場で国際的支持を取りつけようとしている。かつての地域的約束である「東アジア共同体」形成に向けたビジョンや努力は、もはや遠い過去の話になったのだろうか。

(平川幸子)

コラム7

シャングリラ・ダイアローグ

佐藤丙午

シャングリラ・ダイアローグ（アジア安全保障会議、Shangri-La Dialogues）とは、英国の国際戦略研究所（ＩＩＳＳ。国際問題戦略研究所と訳される場合もある）が主催し、シンガポールのシャングリラ・ホテルで開催される国防及び安全保障問題に関するトラック１（政府関係者による対話）の国際会議である。初開催は２００２年であり、参加者は米中を含めた地域の政府機関の国防・安全保障担当者、学術関係者、ジャーナリストなども含まれる。欧州から、フランス、ドイツ、そして主催国の英国なども代表を派遣している。

シャングリラ・ダイアローグ開催以前に、アジア太平洋地域にはＡＳＥＡＮ地域フォーラム（ＡＲＦ）が外務大臣を中心としたトラック１の会議として存在した。しかし、ＡＲＦで扱う主題は、透明性の拡大から信頼醸成の構築へと発展したが、地域の安全保障課題を実効的に扱うことはなく、トークショップと指摘されていた。このような状況を背景に、第36回ミュンヘン安全保障政策会議の場で、ＩＩＳＳのジョン・チャップマンがアジアにおける国防大臣レベルの会議の設立を提唱した。この提案を受け、２００２年にシンガポール政府とＩＩＳＳが国防大臣レベルの非公式な会議を共催し、その後２００４年にはＩＩＳＳアジアが設立され、単独での開催を続けている。

シャングリラ・ダイアローグは、ＩＩＳＳアジアの招待を基本として開催されており、第１回会議では国防大臣レベルの会議であったが、その後は各国軍の最高司令官、国防当局の副大臣クラスへと拡大していった。２００７年に中国の章沁生副大臣が会議に参加し、中国の人民解放軍のトップレベルの初の参加として注目された。その後、ベトナム、ミャンマー、ラオスなど、ＡＳＥＡＮ地域諸国の軍の最高首脳も会議に参加し、対話が実施されている。

会議には、招待国の政府の最高責任者が参加し、基調講演を行うことでも注目される。２０１０年の会議には、韓国の李明博大統領が登壇した他、豪州、マレーシア、インドネシア、ベトナム、タイ、インドの首相などが基調講演を実施している。日本の首相では、２０１４年に安倍晋三総理大臣が参加し、２０２２年には岸田文雄総理大臣が基調講演を実施している。

シャングリラ・ダイアローグの開催方式としては、全体会議（Plenary）と分科会（Break-out Groups）から構成される。会議日程は2日であり、公開される全体会議には参加者全員が参加する。２００６年までは、全体会議での報告は政府代表団の大臣か政府高官に限定されていたが、その後緩和されている。分科会ではＩＩＳＳのメンバーが司会進行し、非公開で実質的な議論が行われている。この二つの会議以外に、各国の政府代表団は会場を中心に二国間及び多国間対話を実施しており、アジア太平洋地域の安全保障担当者の人脈づくりに貢献している。非政府組織の参加も認められており、トラック２（民間レベルの対話）の場になっている。

シャングリラ・ダイアローグは、防衛外交（Defense Diplomacy）の成功例と評価されており、他の地域での防衛外交の発展に貢献した。ＡＲＦの枠組みでの防衛担当者の会合としては、ＡＲＦ諸国の国防教育機関等の代表者が集まるＡＲＦ ＨＤＵＣＩＭ、シンクタンクの役割を果たすＣＳＣＡＰなどが存在する。しかし、シャングリラ・ダイアローグは、参加国の数、代表者の地位、会議の参加者の規模などの面で、他の枠組みを遥かに凌いでおり、参加者やその発言がメディアで注目を集める重要な機会になっている。

VIII

ASEANの対外関係

40

対中経済関係

★ASEANの対中依存は高まるが★

ＡＳＥＡＮ諸国は歴史的に中国とは深い関係を構築してきた。現在世界中にいる華僑・華人は６０００万人を超えるといわれているが、その約半分がＡＳＥＡＮ諸国に居住している。華僑・華人は、母国に捨てられた棄民という認識もあり、移住先では現地の人々とは異なる独自の価値観を維持する厄介者扱いを受けた。１９４９年の中華人民共和国成立後は、社会主義革命の尖兵として移住先で反政府運動にかかわった者もいる。経済的には華僑・華人は移住先で商業資本、産業資本を蓄積し、一定の影響力を有している。

貿易や投資の関係でみると、20世紀においてＡＳＥＡＮ諸国にとって最大の相手国は日本であったが、21世紀にはいると日本に代わって中国との関係が量的にも質的に深化した。その背景には、アジアを含む世界経済の構造が、モノ作りからデジタルへと重心を移そうとしていることがある。日本が得意としたガソリン自動車やウォークマンのようなアナログ家電から、電気自動車やスマートフォンのような新興国が参入しやすい分野に成長の軸が移ったのである。

さて、地域統合体としてのＡＳＥＡＮと中国の公式の接点は

１９９１年に始まった。当時のＡＳＥＡＮ加盟国は６ヵ国であったが、１９９０年にシンガポールが中国を承認して、すべての加盟国が中国を承認したことになり、１９９６年にはＡＳＥＡＮの対話相手国となった。

経済的に中国が攻勢をかけてきたのはシンガポールで開催された２０００年の一連の首脳会議においてであった。中国は、ＡＳＥＡＮに対して自由貿易地域形成のための作業部会設置を提案したのである。この提案は事前に根回しされることなく行われたと言われており、ＡＳＥＡＮ加盟国は日本と韓国も含めてＡＳＥＡＮ＋３での自由貿易地域形成はどうかと返した。

日本と韓国それぞれとＡＳＥＡＮとの自由貿易協定締結交渉も始まったが、中国とは先行して、２００２年に財貿易に関する自由貿易協定に署名した。中国とＡＳＥＡＮはこの協定に柔軟に対応し、ＡＳＥＡＮ内後発国と位置付けられるカンボジア、ラオス、ミャンマー、ベトナムのＣＬＭＶ諸国に対しては域内貿易に課される関税撤廃時期を遅らせることが当初より定められていた。また、中国はＡＳＥＡＮ諸国にとって優先順位の高い農産物に課される域内関税引き下げを先行して実施し、ＡＳＥＡＮ側に好印象を与えた。

中国とＡＳＥＡＮとの間ではサービスに関する自由貿易協定も２００７年に署名、発効した。２００９年には中国とＡＳＥＡＮの間で投資協定が締結された。財貿易の自由化、サービス貿易の自由化、投資における内国民待遇付与の３つの協定は、ＡＳＥＡＮ中国包括的経済協力協定のもとで策定された。日本、韓国、インドなどと比較して、中国はＡＳＥＡＮとの間で経済関係を緊密化することにおいて一歩先んじたと評価されよう。

日本は、2006年に日本ASEAN統合基金を立ち上げ、統合支援やCLMV諸国を対象とした能力構築などの域内格差是正促進事業を行っている。それに対応するのが、中国ASEAN協力基金である。これは1997年に設立された基金で、2019年にはジャカルタのASEAN事務局内に拠点が設置された。また、ASEAN諸国との貿易、投資、観光の促進を目的としたASEANセンターの設立については日本が先鞭をつけた。中国は広西チワン族自治区の南寧に常設の中国ASEAN南寧見本市を設立し、年次の博覧会も開催している。南寧の会場は広大な敷地を有し、ASEAN諸国の貿易、投資、観光等の情報センターが置かれている。このような施設では、中国とASEAN諸国の企業同士が商談を行い、貿易や投資が拡大することが期待されている。同様の取り組みは自由貿易港を有する海南省でも行われており、東南アジア投資センターが設立されることになっている。

ASEANを特に対象とした取り組みではないが、2013年に中国は一帯一路構想を公表し、アジアインフラ投資銀行（AIIB）を設立した。ASEAN諸国はこの構想が対象としている地域に含まれ、AIIBにも加盟している。

以上のように制度的には中国とASEANの経済関係は緊密化しているが、その効果もあって、実態でも両者間の貿易、投資、ヒトの交流は拡大しつつある。しかし、それがASEAN加盟国一様ではないために、中国に対する思惑の相違からASEAN統合に様々な影響をもたらしている。

本書第46章の図「ASEAN加盟国の輸入元の推移」に示されているように、ASEAN加盟国の輸入総額に占める中国からの輸入額の割合は、2019年以降ASEAN域内貿易の割合よりも高い。実務家は貿易のシェアを経済統合の成果の指標とみることがあるが、そうであればASEAN統合の

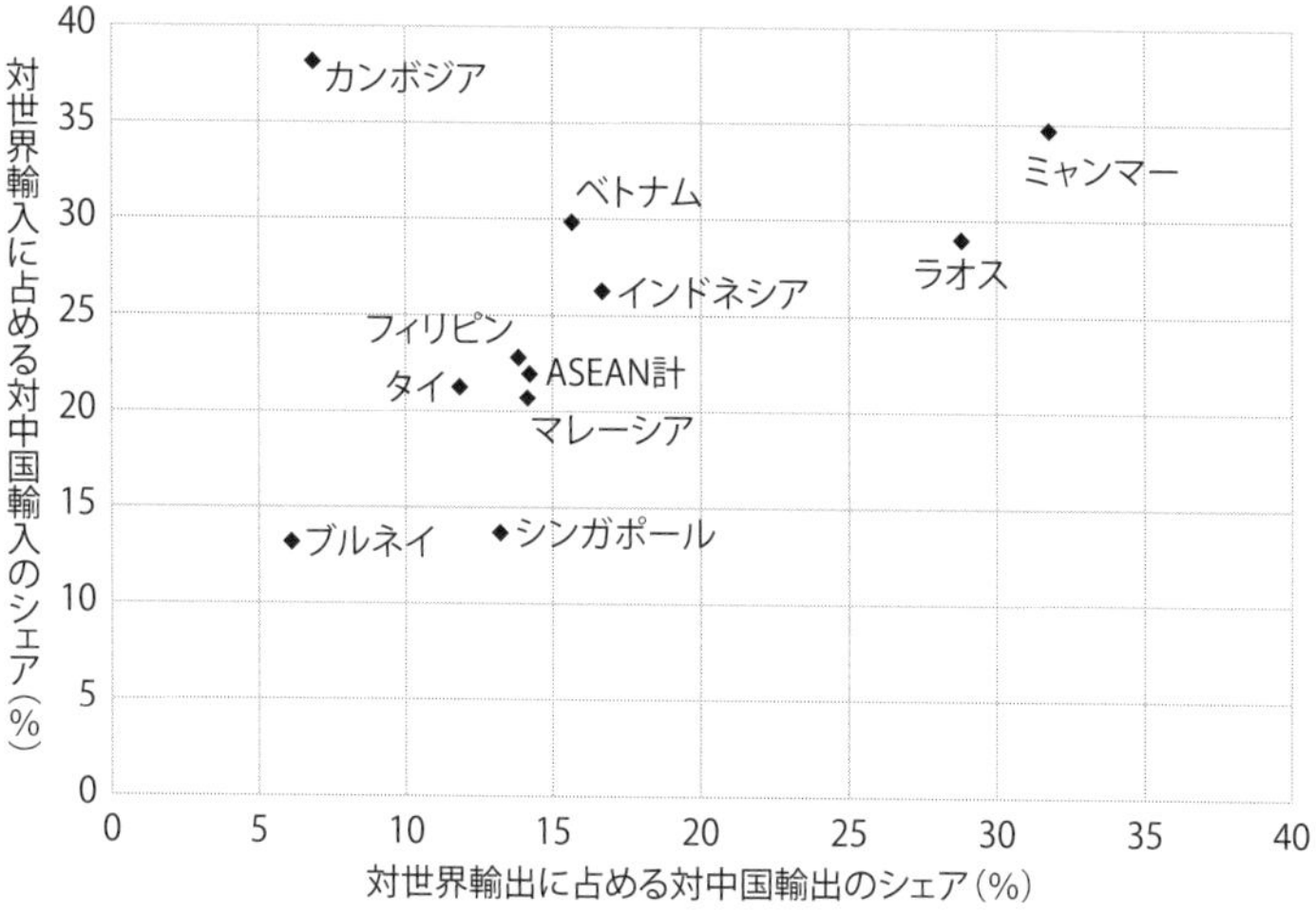

図40-1　ASEAN加盟国の対世界貿易に占める対中貿易のシェア（2019年）
（ASEANStatsDataPortalより筆者作成。https://data.aseanstats.org/）trade-annuallyに2022年1月18日アクセス）

成果よりも、ＡＳＥＡＮ加盟国が中国と統合する成果のほうが大きいことを示唆している。ＡＳＥＡＮ加盟国は、ＡＳＥＡＮとして統合を深化させるよりも、個別に中国と統合を進めるほうが経済成長につながるのではないかという疑問が生まれるのである。

ここで図に示されているのは、ＡＳＥＡＮ加盟国の輸出と輸入それぞれの貿易総額に占める対中貿易のシェアである。コロナ禍の影響が出る前の２０１９年をとっている。ＡＳＥＡＮ加盟国全体では、輸出における対中比率が14・2％、輸入においては21・6％である。

加盟国ごとに見ると、輸出入双方で対中依存度が高いのはミャンマーとラオスである。輸出ではそれほどでもないが輸入において対中依存度が高いのはベトナムとカンボジアである。これら４ヵ国はいわゆるＣＬＭＶであり、ＡＳＥＡＮ内後発国に分類される。それらの国々が中国との経済関係を深めていることは興味深い。ＣＬＭＶはＡＳＥＡＮ内にとどまるよりも、中国との統合を目指した方が経済的な利益が大きい可能性があるからである。

２０１２年、カンボジアが議長国を務めて開催されたＡＳＥＡＮ閣僚会議は議長声明に合意できずに終わり、混乱したことがあった。その経済的な背景はこの図から明らかである。カンボジアの貿易構造には大きな特徴がある。中国から繊維材料を輸入して、国内の工場で衣料品（アパレル）に仕上げ欧米に輸出するというものであるが、問題は国内の工場にも中国資本の工場が多いことである。いわば中国の飛び地経済であり、ＡＳＥＡＮ閣僚会議の場で、中国の利益を体現したと批判されることの経済的な理由である。

（吉野文雄）

41

対中政治関係

―――★中国の対 ASEAN 分断、関与、懐柔、脅迫・強制★―――

中国はＡＳＥＡＮ諸国に対し、長い目で見れば、特定の地域や国に対する感情的な思い入れよりも、グローバルなパワー・バランスの中で中国の立ち位置を考えて冷徹に対応することが多い。予想できる将来、中国の台頭が続くとしても、アメリカが世界で最も豊かでパワーの強力な国であるという見込みに立ち、米中間のダイナミックな関係の中でＡＳＥＡＮ諸国の役割を計算し、実施してきた。

しかし、対外政策上の「合理性」だけではない。権威主義の中国でも国内政治がある。ハイテクを駆使した監視技術が取り入れられても、中国共産党はそのコントロールからジャーナリズムや世論が逸脱することを強く警戒してきた。対米譲歩は国内の感情を刺激しやすいが、ＡＳＥＡＮ諸国との譲歩ならそうでもない（譲歩した分を後で取り返せる！）。また、中国南部の沿岸地方は、東南アジアと歴史的な関係が長く、経済的な結びつきも強いので、中央政府のＡＳＥＡＮ諸国に対しての強硬な態度には一定の限界がある。加えて、中国とＡＳＥＡＮ諸国との関係は、政治、経済、軍事、文化など多方面に及ぶので、党、政府、軍などさまざまな組織が絡むが、これらの間のコーディネートがうまくいっているとは限らない。コーディネートをしようとしても、課題は領土・領海問題、海洋安全保障、投資・貿易・援助・金融など多方面で、これらの利害関係を整合的にまとめるのは非常にむずかしい。

中国のASEAN諸国に対する政策には少なくとも4つの性格がある。分断、関与、懐柔や脅迫・強制である。これら4つが総合的に行われる政策の一つに「統一戦線工作」があると言われている。簡単に言えば中国共産党の味方を増やす政策で、中華人民共和国の建国前から続く歴史的な背景がある。現在では、相手国への浸透工作（「影響力作戦」とも言われ、相手の国のメディア支配、オピニオン・リーダーの取り込みなど）に当てはまる性格が強いと見なされており、諜報部門の活動とも無縁ではないと考えられている。ASEAN諸国にいる華人・華僑も工作の対象となっており、ASEAN諸国側の警戒を招いてきた。

分断政策には、ASEANが1つにまとまって強大な障害とならないようにする目的がある。単体としてのASEANではなく、それぞれの国に個別にアプローチし、取り込みを図ってきた。権威主義的で最高指導者の個人的役割が大きな国では様々な手法を駆使して中国側に引き寄せる。腐敗や汚職が目立つ国では利権を与える。国内の政治対立にひそかに介入して中国の意に沿わない政治家を失脚させることもあったようである。特にカンボジアは中国の代理と見なされ、またラオスやミャンマーも中国寄りと考えられているが、これらの国々も西側とのバランスを追求しようとしてきた。

関与は南シナ海問題で典型的に見られる。南シナ海問題をめぐり、ベトナム、フィリピン、マレーシアやインドネシアと紛争や摩擦が絶えない。中国は、話し合いはするものの実質的な譲歩はしてこなかった。DOCやCOCをめぐる話し合いや交渉もほぼ同様で、引き延ばしを基本として、法的拘束力による制約を課せられることを徹底的に排除し、譲歩は表面的、名目的か、それとも後で取り戻す見込みがあるときにほぼ限られてきた。引き延ばしを続ける間に威嚇を繰り返し、この海域のコントロールを強化して既成事実を積み重ね、相手の忍耐が切れて譲歩、屈服するのを待つ。2016年の国際仲裁は中国の南シナ海領有を否定したが、中国はこれを「紙切れ」として拒絶した。

懐柔の対象は主に3通りある。1つは相手政府に対するもの、第2は相手国の企業や各組織、第3は相手国の主要な指導者個人やその家族や友人たちに対してである。政府についてみると、フィリピンのように政権交代があると米中どちらかに近づく場合と、インドネシアのように政権交代があっても極端にバランスが変わることが少ない場合に分けられるが、どちらの場合も米中の一方にベッタリになることはほとんどない。1国がアメリカに傾斜すると見ると中国は微笑外交を展開し、訪中した元首を厚遇し、経済的な利益も供与する。ただ、その一方、牽制や威圧も行う。中国寄りの政権期も、中国は既成事実化を止めることはなかった。汚職が少なくない国では、企業や統治エリートとその家族に対する懐柔は広く行われてきた。これは権威主義的な国では目立っている。懐柔と関与が入り混じる例としては、経済援助や投資がある。インドネシアでの高速鉄道建設を2015年中国が落札したのは、大統領との直接接触と安い建設費の提示（けっきょく高騰してインドネシアの負担が多くなった）があったからという。

脅迫・強制は、中国側は実施ではアメリカの本格的介入を招かないレベルのものを続ける、という姿勢である。南シナ海政策がその典型であり、中国は南シナ海における人工島の埋め立ての強行、法執行機関である中国海警による他国の漁船や作業船の追い回しや作業妨害、相手国のEEZ（排他的経済水域）への一方的立ち入りなどを繰り返し行ってきた。これらに対するアメリカの対応は、米海軍による「自由航行」作戦である。しかし、これは中国から見れば軍事的な示威行為ではあっても本格的介入ではない。

このような中国の対ASEAN諸国政策に対して、ASEAN側は緩やかであってもまとまりを保つよう努めてきた。中国寄りとされる国々も、ASEANが解体すれば、中国が自分たちを重視する必要はなくなることをよくわかっているので、自ら解体に追い込もうとしたことはない。

ASEAN諸国は、大国間でお互いに衝突を回避しようとしている状況を生かして、国際会議の議長役や開催場所の設定などを中心に、ASEANが主導する形をとってきた。ASEANはさらに一歩進んでASEANとしての経済統合を進め、統合海軍の創設に向けて合同軍事演習の準備を進めてきた。加えて、米中以外の日本やインドなど域外大国との経済や防衛上の結びつきも強化してきた。また、ASEAN諸国はAPT（ASEAN+3）とEASの両方に参加してきたし、ASEAN諸国の多くはRCEPに参加すると同時にTPP参加交渉も進めてきた。このように、ASEAN側はできる限りの対中リスクヘッジを行ってきた。

（浅野　亮）

42

対米関係

★中国へのカウンターバランス★

ASEANは米中などの域外大国に対して、特定の大国にコミットせず、また疎遠にもならないよう等距離外交を展開している。ASEAN諸国首脳が折に触れて述べるように、「いずれの大国にも与しない」というのが対外政策の基本方針である。この方針の下、ASEANにとって米国はどのように位置づけられるのだろうか。本章では、双方にとっての相互の重要性を概観した後、ASEANにとっての米国の位置づけを考察する。

米国にとってのASEAN、ASEANにとっての米国

21世紀に入り、とりわけバラク・オバマ政権下の2000年代後半以後、米国はASEANとの関係を重視している。このことは、ASEANの基本条約の1つである東南アジア友好協力条約への調印、ASEAN・米国首脳会議の立ち上げ、包括的戦略パートナーシップへの格上げに表れている。米国がASEANを重視する理由は何か。キーワードを3つ挙げるとすれば、経済、海洋、中国である。経済については、ASEANの6億6千万人超の市場、35歳以下の若年層を中心とした労働力人口の増加、中間層の増加、年5・5%超の今後の経済成長率

見通しは、対アジア輸出を伸ばして国内雇用を増大させたい米国経済にとって大きな魅力である。

海洋については、東南アジアの地理的重要性が浮かび上がる。アジア太平洋地域の地図をインド洋まで広げると、東南アジアはその中央に位置する。南シナ海の玄関口であり、通航量が多く世界で最も重要な航路の1つであるマラッカ・シンガポール海峡は、太平洋とインド洋を繋ぐ戦略的要衝である。そして昨今、米国がASEANを重視する最も重要な要因が中国である。圧倒的な軍事力を誇る米国は、アジア太平洋においてその影響力および主導権を維持したい。しかし、中国がその米国の地位を脅かしつつある。そこで、米国の主導権を維持するうえでの要が、経済成長を続け、戦略的要衝に位置し、アジア太平洋地域の多国間協力枠組みの中心に位置するASEANなのである。

他方、ASEANも経済、海洋、中国という利害を米国と共有する。第1に、米国はASEAN諸国の主要な経済パートナーである。今日、米国は中国、EU、日本に次ぐASEANの第4位の最大貿易相手国である。輸出志向型の経済発展モデルを採用したASEAN諸国は、その経済成長を米国市場に大きく依存してきた。現在は貿易総額では4位であるが、米国はASEANの重要な輸出相手国としての地位を不動のものにしている。モノの貿易において、ASEANは中国に対しては貿易赤字を拡大している一方、米国に対しては貿易黒字を維持している。2013年以降、対米貿易はASEANに安定した貿易黒字を創出している。また直接投資においては、昨今、中国の存在感が高まっているが、2012年から2021年までの10年間の直接投資総額は、中国の987億米ドルに対して米国のそれは1987億米ドルと、中国を凌駕する。

第2に、特に南シナ海問題の係争国にとって、他を圧倒する軍事力を誇る米国は、同海域に積極的かつ強硬的に進出する中国を牽制するうえで欠かせない存在である。日米同盟等によって展開される米軍のプレゼンスは、これまで大国間勢力争いを防ぎ、地域の平和と安定の維持に寄与してきた。また、米国は同盟国であるフィリピンや非NATO主要同盟国の地位にあるタイをはじめ、ASEAN諸国の重要な軍事・安全保障協力パートナーである。例えば、米国は「東南アジア海洋安全保障イニシアティブ」の下、特にフィリピン、ベトナム、インドネシア、マレーシアに重点を置いて能力構築支援をしている。

米国への期待と懸念

ASEANにとって経済と安全保障の両面において重要なパートナーである米国は、ASEANの対外戦略においてどのように位置付けられるだろうか。シンガポールの東南アジア研究所が2023年1月に発行した年次調査報告書（The State of Southeast Asia）によれば、ASEAN加盟国有識者らの多くは、中国の経済的、政治・戦略的影響力の増大に懸念を抱いているのに対して（それぞれ64・5%、68・5%）、米国のそれに対しては歓迎の意を表明している（65・7%、55・8%）（表参照）。また、万が一米中いずれかを選択しなければならない場合には、6割強が米国を選択している。同報告書が示唆することは、ASEANは、中国の伸長する影響力を抑制し、中国にカウンターバランスする役割を米国に期待している、ということであろう。アジア太平洋地域の秩序維持に関する米国への期待は今日においても大きい。

同時に、ASEANは米国に対して懸念も抱いている。1つは、対中政策の強硬化である。ASE

表 42-1　米国と中国の経済的、政治・戦略的影響力に関する ASEAN の認識（%）

	米国の影響力の伸長				中国の影響力の伸長			
	経済的		政治・戦略的		経済的		政治・戦略的	
	歓迎	懸念	歓迎	懸念	歓迎	懸念	歓迎	懸念
ASEAN	65.7	34.3	55.8	44.2	35.5	64.5	31.5	68.5
ブルネイ	87.5	12.5	68.8	31.3	86.8	13.2	94.4	5.6
カンボジア	33.3	66.7	41.7	58.3	49.5	50.5	47.4	52.6
インドネシア	50.0	50.0	32.6	67.4	50.0	50.0	38.9	61.1
ラオス	50.0	50.0	57.1	42.9	27.3	72.7	36.4	63.6
マレーシア	64.7	35.3	42.9	57.1	38.3	61.7	27.3	72.7
ミャンマー	81.3	18.8	71.9	28.1	20.5	79.5	15.2	84.8
フィリピン	73.1	26.9	70.5	29.5	16.7	83.3	13.3	86.7
シンガポール	78.6	21.4	61.0	39.0	38.1	61.9	30.4	69.6
タイ	53.8	46.2	38.5	61.5	14.0	86.0	4.5	95.5
ベトナム	84.6	15.4	73.0	27.0	13.8	86.2	7.0	93.0

出典：Sharon Seah, et al., *The State of Southeast Asia: 2023 Survey Report*. Singapore: ISEAS-Yusof Ishak Institute, 2023, pp. 25, 27 を基に筆者作成

ＡＮは米国に中国の「抑制」を期待するが、「封じ込め」は望んでいない。ドナルド・トランプ政権のインド太平洋戦略を明確に示す一連の戦略文書〈「国家安全保障戦略」〈２０１７年〉、「国家防衛戦略」〈２０１８年〉、「インド太平洋戦略報告」〈２０１９年〉〉は、中国は米国の覇権に取って代わり、自らの地域覇権を追求していると対抗心を露わにし、ＡＳＥＡＮを含む地域諸国との連携強化の重要性を説いた。これを中国封じ込め戦略と危惧したＡＳＥＡＮは、中国を刺激しないよう、中国を排除するのではなく包摂する包括的協力を強調した「インド太平洋に関するＡＳＥＡＮアウトルック（ＡＯＩＰ）」の発出という形で対応した。米国が対中強硬策に出ることで、米中対立の悪化に拍車がかかることをＡＳＥＡＮは懸念している。

もう1つの懸念は、米国のＡＳＥＡＮの中心性へのコミットメントである。オバマ政権は、ルールや規範を形成・強化することを目指し、東アジア首脳会議（ＥＡＳ）をはじめとするＡＳＥＡＮ中心の多国間地域協力枠組みを重視した。しかし、２０１７年11月のダナンでのトランプ

大統領の「自由で開かれたインド太平洋戦略」演説では、ASEANの中心性どころかASEANへの言及すらなかった。米国は今後、QuadやAUKUSといった自国を中心とする協力枠組み重視へとシフトするのではないかとの懸念が生まれた。ASEANが軽視されれば、ASEAN中心の多国間協力枠組みの重要性は相対化しかねない。

ジョー・バイデン大統領はAUKUSを発足させた一方、ASEAN重視の姿勢を見せている。2022年2月に発表された「インド太平洋戦略」は、インド太平洋地域の開放性と包括性を呼びかけ、EASやASEAN地域フォーラムへのコミットメントおよびASEANの中心性への支持を明確に示している。米国がワシントンDCで初めて主催した2022年5月の米・ASEAN首脳会議の「ビジョン・ステートメント」においても、米インド太平洋戦略とAOIPは「開放的、包括的で、ASEAN中心のルールに基づく地域アーキテクチャの促進という基本原則を共有している」と宣言し、ASEANの懸念を払拭するよう努めている。

包括的戦略パートナーシップへと格上げされたASEAN・米協力は、COVID-19、経済、海洋、サイバー、気候変動等多岐にわたるが、新たに「ASEAN・米EVイニシアティブ」が加わった。東南アジアに統合的な電気自動車（EV）エコシステムを構築することを通じて、地域の連結性を高めると同時に、ASEAN諸国が野心的な排出削減目標を達成できるようにすることを目指すイニシアティブである。バイデン大統領が述べたように、ASEAN・米関係の「新時代」の幕開けとなるかどうか、今後の進展が注視される。

（福田　保）

43

ASEANの対日関係

★真に「対等」なパートナーへ★

日ASEAN関係の起点とされているのは1973年の日ASEAN合成ゴムフォーラムである。これは日本の合成ゴム輸出がマレーシアなどの天然ゴム産業を逼迫したことによる経済摩擦を協議するためであった。当時のASEAN諸国にとって、経済援助、貿易、投資といった面での日本のプレゼンスは際立っていたが、それはASEAN諸国との間での摩擦の種でもあった。ASEAN側は対日要求や交渉をする際、個別ではなくASEANとして進めるのが有利であるとの観点から、日ASEAN対話の制度化に努めた。

他方、日本も対東南アジア政策の仕切り直しをする中で、ASEANとの関係強化を重視していくようになった。1977年の福田赳夫首相のマニラスピーチの中でも、ASEAN諸国との「対等なパートナーシップ」や「心と心の対話」を謳い、それを受けて1978年、双方の文化交流促進のためのASEAN文化基金が設立された。1978年には日ASEAN外相会議が開催され、さらにASEAN閣僚会議（AMM）にゲストとして招待された。

ただASEAN側は日本のみと関係の制度化を図っていた

わけではない。1970年代を通じ、ASEANはオーストラリア、カナダ、ニュージーランド、アメリカ、欧州経済共同体（EEC）とも対話を開始しており、日本はこれら対話パートナーの一つであった。また1979年のAMMから、日本のみならず他の対話パートナーも招待されるようになった。

とはいえ、当時ASEAN諸国にとって、日本は経済発展を図る上での最重要パートナーであった。プラザ合意後、日本企業の直接投資がこの地域に大量に流入し、雇用創出と技術移転をもたらし、東アジアにおける経済的相互依存が深化・加速した。これらは当時のASEAN諸国の経済発展に大きく寄与した。

冷戦終結後カンボジア内戦が収束に向かう中、日本は和平プロセスに仲介役を務めるなど積極的に関わった。またアジア太平洋における安全保障・政治問題についての協力・対話の枠組形成の気運が盛り上がったのを受け、1994年7月にASEAN地域フォーラム（ARF）が発足するプロセスにも深く関与した。また、ASEAN経済統合やASEAN拡大の機運の高まりに呼応し、日本は東南アジア地域全体の発展に向けた協力や対インドシナ支援を本格化させた。ASEAN10が実現すると、日ASEAN協力に域内格差（ASEANディヴァイド）の解消が重要な項目として位置づけられるようになった。

また、1997年夏のアジア通貨危機でASEAN諸国が深刻な打撃を受ける中、日本はタイ支援会合を取りまとめ、具体的な支援を打ち出すなど積極的に危機の打撃の沈静化に関与した。日本が提案したアジア通貨基金（AMF）構想が頓挫した後、日本は300億ドル規模の資金援助スキームである新宮澤構想をもって危機による打撃を受けた国々への支援を行った。それはＡＳＥＡＮ＋３の下での金融・通貨協力の具体的スキームであるチェンマイ・イニシアティブ（ＣＭＩ）へと発展した。

このように日本はＡＳＥＡＮ諸国に対する経済的支援や政治的働きかけを活発に行い、日本の影響力の大きさを印象づけていた。他方、すでにこの時期に、ＡＳＥＡＮが冷戦期には対話に踏み切れなかった中国、インド、ロシアなど多くの地域諸国との間で対話国制度を構築し、対外関係の多角化を図っていた。日本の経済力そのものが低迷する中、ＡＳＥＡＮにとっての日本の重要性は長期的には相対化される方向にあった。

そして、２０００年代にはＡＳＥＡＮは一層の対外関係の多角化に努めた。ＡＳＥＡＮが東南アジア友好協力条約（ＴＡＣ）を域外国に開放する方針を打ち出し、中国とインドがいち早く呼応して２００３年10月に署名した。それに対し、日本が結局２００４年７月にＴＡＣに署名をしたものの、当初慎重姿勢を崩さなかったことはＡＳＥＡＮ諸国を失望させた。またＡＳＥＡＮは中国といち早くＦＴＡ締結に踏み切った後、日本、韓国、オーストラリア―ニュージーランド（ＣＥＲ）、インドとそれぞれＦＴＡに署名し、地域経済統合の中心としてのポジションを確保することに努めた。また日本の署名後、オーストラリア、韓国、インド、ニュージーランドなど主要な域外国は次々とＴＡＣに署名した。

他方、日本も、特に中国のＡＳＥＡＮへの接近を強く意識する中で、２００３年12月には日ＡＳＥＡＮ特別首脳会議を開催し、ＡＳＥＡＮとの関係重視を示すと共に、２００４年７月にＴＡＣに署名し、さらに２００５年には、ＡＳＥＡＮ統合と共同体形成を後押しするために日ＡＳＥＡＮ統合基金

（ＪＡＩＦ）を創設し、ＡＳＥＡＮ統合支援の姿勢を明確に示した。

２０１０年代に入り、米中間の戦略的競争が徐々にエスカレートしている中でも、ＡＳＥＡＮは対外関係を多角的に維持する姿勢を保とうと努めた。例えば２０１９年６月に発出されたＡＳＥＡＮインド太平洋アウトルック（ＡＯＩＰ）は、すべての主要な域外国を含む「包含性」を強調した。他方、日本は以前にも増して中国牽制を意識し、普遍的価値やルールに基づく、従来のリベラル国際秩序の維持と強化を目指すという観点から対ＡＳＥＡＮ外交を展開するようになっていった。そして日ＡＳＥＡＮ協力や、ＡＳＥＡＮの一部の国との個別の協力において、安全保障・防衛協力の優先順位が明らかに上がり、実際に強化されるようになったのである。２０１４年11月に始まった日ＡＳＥＡＮ防衛担当大臣会合の定例化、２０１６年11月の日ＡＳＥＡＮ防衛協力の全体像を示した「ビエンチャン・ビジョン」、またその改訂版としての２０１９年11月の「ビエンチャン・ビジョン２・０」を発出はその表れである。また、日本が提唱した自由で開かれたインド太平洋（ＦＯＩＰ）において、ＡＳＥＡＮはその中核とされ、インフラ整備支援を含むＡＳＥＡＮ連結性強化がその具体的な協力における重要な柱として位置づけられた。また、新型コロナの打撃を受けたＡＳＥＡＮ諸国に対し、日本は総額25億米ドルの財政支援円借款の供与をはじめとする具体的な資金支援や、ＪＡＩＦを通じたＡＳＥＡＮ感染症センターの設立へのコミットメントを行った。ＡＳＥＡＮ諸国からすると、一連の日本の対ＡＳＥＡＮ（諸国）協力強化は、今や圧倒的となった中国のプレゼンスの相対化とともに、ＡＳＥＡＮの多角的な域外関係の維持強化という観点から重要である。

２０２３年12月に開催された日ＡＳＥＡＮ特別首脳会議で発出された「日ＡＳＥＡＮ友好協力に関

するビジョン・ステートメント」は、両者の相互信頼のさらなる醸成、未来の経済および社会の「共創」、自由で開かれたインド太平洋地域の平和と安定の促進、という3点が強調された。経済を発展させ、その発展を背景に社会も、人々の意識も大きく変化しているASEAN諸国と、日本は「対等」なパートナーとなりつつある。新たなビジョン・ステートメントは、こうした現実を前提として、両者が手を携えて望ましい秩序や社会作りに向けて協力する、という考え方に基礎づけられているといえよう。

（大庭三枝）

44

対EU関係

★二つの地域主義からなるパートナーシップ形成への道★

2022年12月、EUとASEAN間の初の首脳会合がブリュッセルで開催された。米中対立、コロナ禍、ウクライナ戦争などで両者が苦悩する中での、制度的関係の推進は注目に値する。また、ASEANにとってのEUの経済的価値も重要である。EUとの経済的関係から得られる恩恵は大きい。EUは、ASEANにとっての第三の貿易相手（2022年）であるし、世界で3番目に多くの投資を受ける主体なのだ（2019年のFDIは3136億ユーロ）。

そもそも、ASEANにとってのEUは、地域主義の先駆者であるという意味での「先輩」であり、最近50年間の両機構の関係のなかでも、EUをモデルあるいは参照する側面とEUに対して独自のアイデンティティを主張する側面（ASEAN Way等）が同居していた。その関係は、途上国の連合たるASEANと先進国の連合たるEUといった経済的な意味での地位の格差がASEANの経済成長により解消されていくプロセスと国際政治の構造変化とに主に影響されていた。

ASEAN成立からしばらくたった1970年代に両者の関係は遡ることができる。1970年代にASEANと当時のE

ECの制度的関係は漸進的に深まっていった。1972年に非公式対話が開始された後、欧州委員会との間にJSG（共同研究グループ）が設置され、70年代後半には、公式な対話パートナーとなり、閣僚会議の開催、拡大外相会議への参加がはじまるのである。そして、1980年にはEEC-ASEAN協力協定が結ばれるが、同協定にEECのASEAN「開発」支援に関する章が設けられた。また、その前後に、アフリカ諸国などにECが設けていたSTABEX（輸出収入安定化制度）の供与がASEANからECに要求されたように、途上国連合としてのASEANの相対的地位があらわれていた。さらに、この時期には、地域統合支援がはじまり、事務局強化のノウハウ伝授がEC側への要望に含まれた。

この非対称な関係は1990年代に大きく進展し、より対称的な関係へと向かっていくことになる。1992年にASEANがAFTA構想を立ち上げたこと、1993年に公表された世界銀行の報告書にうたわれた「東アジアの奇跡」は、アジアの経済的台頭の魅力を示し、設立直後のEUをひきつけた。1994年にARFが作られたときEUは原加盟地域となったし、アジア欧州会合（ASEM）という新たな枠組みは、フランスとシンガポールが主導して生み出された。

ASEMは、フランスのバラデュール首相とシンガポールのゴー・チョクトン首相が共同で提案し、1996年にバンコクで初回首脳会合が開催された。その後、2年ごとの首脳会合が欧州とアジアの輪番でひらかれ、51ヵ国と2機関（ASEAN・EU）が参加する地域間対話の枠組みとなっている。当初は、EUとASEAN＋3が中心であったが、現在では、ヨーロッパ側ではEU以外の国（ノルウェーなど）も含み、アジア側もASEAN＋3以外の国（ロシアなど）を含み、「地域対地域」の枠組みとなっている。

ASEMには、アジア－アメリカ－欧州という世界経済の「三極」の中で、最も制度的なつながりが弱いとみられた欧亜関係を強化するねらいがあった。アメリカ－アジアの関係も、1989年にはAPECが日豪のイニシアティブにより創設されたことにより、強化されていた。ASEMはこれへの対抗という意味合いもあった。

アジア通貨危機への対応においてASEMが主導できなかったことが、ASEMへの期待を裏切ることになり、ASEAN-EU関係も停滞した。しかし、21世紀に入って、関係がふたたび強化されていく。EUでの共通安全保障文書作成の背景となった2001年の米国同時多発テロにくわえ、2002年のバリ島でのテロ事件をきっかけに、EUでは「東南アジアとの新しいパートナーシップ」という政策文書が公表された。そこでは、対テロ協力がASEANとEU共通の課題となったのだ。

また、2003年のASEANバリ首脳会合が2020年にASEAN共同体設立を目標として掲げたこともASEAN-EU関係強化への追い風となった。2006年6月には、EUで国際競争力の確保を目指した通商戦略「グローバル・ヨーロッパ」が発表されたが、そこでは、ASEANは新興市場として重視され、ASEAN市場の開放を目指し、通商関係の強化をはかることが具体的目標に掲げられた。

実際、翌年には、EU-ASEANインターリージョナルFTA交渉が開始された。結局、この両地域間のFTAは、2008年のリーマンショック以降、危機の影響を受けたEUの積極的姿勢の後退もあり、一旦頓挫した。そして、それに代わり、EUとASEAN加盟国間のバイラテラルな交渉が行われている。ただ、2024年5月現在、EUは、シンガポール（2019年締結）、ベトナム（2020年締結）との二者間FTAを結んでいるのみである（タイ、インドネシア、フィリピンとは現在交渉中）。

2010年代以降、中国の台頭、トランプ政権の成立、米中対立、コロナ禍、ウクライナ戦争など世界が大変動に見舞われる中で、ASEANもEUも対応をせまられている。ASEANとEUが、対外戦略において共通点を持ち、不透明の国際情勢の中での緊密なパートナーとして認め合うことが、両者の制度的発展につながっている。2022年の初の首脳会合に先立ち、2020年には、平和・自由・連帯などの価値の共有、ルールに基づいた国際秩序などをかかげる戦略的パートナーシップを結び、首脳会合開催についても合意していた。そして、2022年首脳会合では、中国の広域経済圏構想「一帯一路」を意識した、インフラ開発に焦点をおく「グローバル・ゲートウェイ」戦略（2021年末公表）の実施にあたり、EUはASEANへの100億ユーロ規模の拠出を表明した。また、ASEANに対する地域統合支援は、90年代以降、1970年代以来の支援が強化されており、2015年のAEC設立支援など、ある程度その実現に貢献した。

また、FOIPを提案した日本を皮切りに、先進国を中心に作成されたインド太平洋戦略の面でも、ASEAN（ASEANアウトルック）とEU（インド太平洋戦略）は、連結性（コネクティヴィティ）などの点で共通点が多い。2022年初頭に発効したRCEPについても、EUでは、ジョセップ・ボレル上級代表が、公式に歓迎の意を示し、その中で、「インド太平洋地域とASEANとのわれわれの関与強化に主体的であるべき」というメッセージを残している。

最後に、両者の関係における日本の役割についてふれておく。福田赳夫首相（当時）が1977年

表44-1　ASEAN・EU関係における主要な出来事（略年表）

1972年	EC・ASEAN非公式対話の開始
1975年	JSG（共同研究グループ）の発足
1977年	EC・ASEAN大使級会合の開始（ダイアローグ・パートナーに）
1978年	EEC・ASEAN第1回閣僚会合（ブリュッセル）開催
1979年	ASEAN　PMC（拡大外相会議）にECが参加
1980年	EEC・ASEAN協力協定の調印・発効
1996年	ASEM第1回会合（バンコク）開催
2003年	ASEAN首脳会合（バリ）開催
2006年6月	EU、通商戦略「グローバル・ヨーロッパ」の発表
2007年	ASEAN・EU、地域機構間FTA交渉の開始
2020年	ASEAN・EU、戦略的パートナーシップ締結
2021年12月	EU、グローバル・ゲートウェイ構想の発表
2022年10月17日	ASEAN・EUが包括的航空輸送協定に署名
2022年12月	ASEAN・EU第1回首脳会議（ブリュッセル）開催

出典：筆者作成

にマニラで発表し、東南アジアの国々と心と心の触れ合う相互信頼関係を築くことなどを謳った福田ドクトリンを「棚から牡丹餅」と評価したことに典型的だが、日ＡＳＥＡＮ関係のつながりの強さに意識的であったＥＣ／ＥＵは、１９９０年代にはＡＳＥＭ創設にあたり、目立たずとも、ＡＳＥＡＮ議長国のタイを補佐する「バックベンチャー」としての重要な役割を果たした。日ＥＵのビジネス協力においてＡＳＥＡＮは重要な要素の一つであるし、日ＥＵ戦略的パートナーシップにおいても、ＡＳＥＡＮは、同志パートナーとして位置づけられている。今後の仲介役としての日本の役割が期待される。

（黒田友哉）

コラム8

ASEANに対する国際機関・日本・中国の開発資金供与の動向

稲田十一

　オーストラリアの有力シンクタンクであるローウィ研究所（Lowy Institute）が、2023年7月に「東南アジア援助マップ（Southeast Asia Aid Map）」というレポートを作成し、そこで東南アジア（ASEAN10ヵ国と東ティモール）への開発資金の詳細なデータ集を公開している。東南アジア諸国の多くはまだ開発途上であり、域外からの開発資金の支援は経済発展にとって依然としてきわめて重要であり、資金需要も膨大である。この統計の「開発資金（ODF）」には「ODA（政府開発援助）」だけでなく「OOF（その他政府資金）」を含めており、そのため、正確なODA統計を把握しにくい中国からの資金について、中国輸出入銀行や中国開発銀行などの国営政策融資機関の非譲許的融資を含めた一体的な統計をみることができる（中国資金の約5％のみがODA相当資金とされる）。統計データは2015年から2021年までの7年間の数値である。

　これを見ると、東南アジア11ヵ国への域外からの開発資金（支出金額）は、2015〜21年全体の数値としては約2000億ドル、そのうち中国の比率が19％、アジア開発銀行（ADB）16％、世界銀行14％、日本14％、韓国10％、その他（独・米・豪・仏・EU等）27％となっている。なおAIIB（アジアインフラ投資銀行）は別項目で1％となっている。中国の比率が高いことがわかるが、世界銀行やADBなどの伝統的国際機関の比率もかなり高いことがわかる。なお、コミットメントベースの数値では合計約2980億ドルで中国が全体の32％を占めているが、中国の場合はコミットしたものの実績額の比率がかなり低いのが、他のドナーと比較し

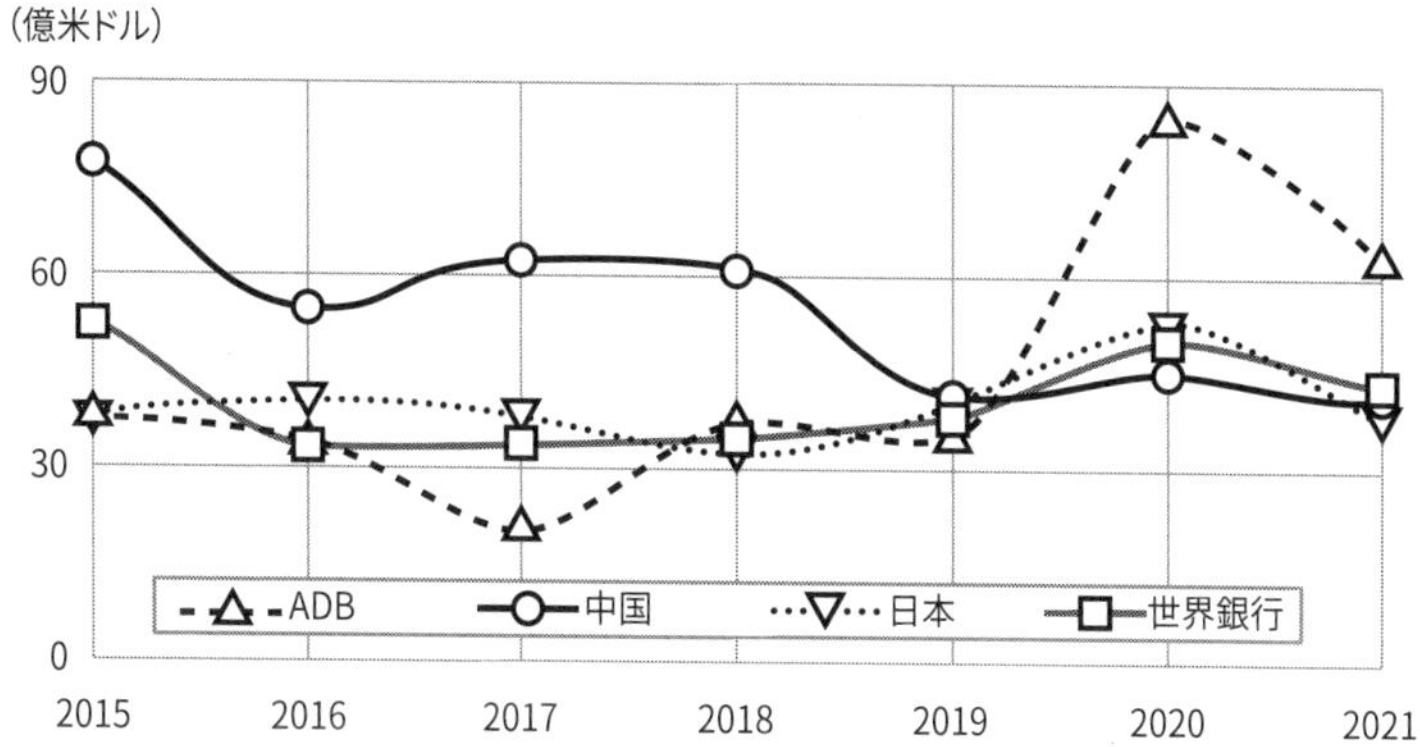

東南アジア11ヵ国に対する主要ドナーの開発資金供与額の推移
(Lowy Institute (2023), Southeast Asia Aid Map (Key Finding Report), p.3. (seamap.lowyinstitute.org) を基に作成)

た際の特徴の一つである。また、中国の開発資金の大半はインフラ(特に交通分野とエネルギー分野)に向けられている。

これら主要ドナー(中国、日本、世界銀行、ADB)の2015年から2021年までの東南アジア11ヵ国に対する各年別の支援額を整理したのが上図である。これを見ると、2019年以降、中国の比率が下がっており、むしろ世界銀行やADBの資金供与金額が大きいことがわかる。日本は世界銀行とほぼ同レベルである。中国の資金供与が近年低下している背景には、マレーシアやミャンマーなどで大型案件の見直しが相次ぎ、全体として新規融資に慎重になっていることが背景にあるとみられる。

東南アジア11ヵ国の中で、開発資金の受け入れ国として金額が大きいのは、インドネシアが最大で699億ドル、次いでベトナム356億ドル、フィリピン314億ドル、ミャンマー172億ドル、カンボジア133億ドル、ラオス110億ドル、以下、タイ・マレーシア・東ティモールの順でシンガポール・ブルネイはごくわずかである。

このうち、インドネシアでは中国資金の比率が21％、世銀17％、ADB16％、韓国11％、日本9％となっている。一方、ベトナムでは韓国

カンボジアの首都プノンペンから対岸にわたるチュルイ・チョンバー橋（2022年12月筆者撮影）
向かって左が日本の無償援助で建設した橋（1995年完成、2019年同じく無償援助で改修）、向かって右が中国の融資で建設した橋（2014年完成）。日中の役割交代か、結果としての日中協力か？

と日本がそれぞれ21％、世界銀行20％、ADB12％、中国7％、フィリピンにおいてはADB34％、世界銀行24％、日本17％で、中国は支援表明はあるものの特に非譲許的資金の実績額が不透明であるため、実績額の数値はきわめて少ない（約1％）。これら両国においては中国との南シナ海をめぐる外交問題の影響もあって中国の比率はかなり低い。また、ミャンマーではこの期間全体で見ると日本が25％、中国13％、世界銀行8％、米国7％、英国6％であり、かつて最大支援国であった中国の資金供与は2018年以降急減している。

他方、カンボジアでは中国が32％、日本12％、ADB10％、仏7％、米7％となっており、またラオスでも中国が58％、日本が5％と、両国では中国の資金が圧倒的であり、1990年代および2000年代に最大支援国であった日本の存在感はかなり低下している。

IX

ASEANの展望と評価

45

ASEANの劣化

★内憂外患★

内憂外患

1967年の創設以来、内的結束の深化と外的関与の拡大とを両輪として国際社会からも高く評価されてきたASEANだが、2000年代に入ってASEANの存在感が顕著に後退している。深化と拡大という二重課題のいずれにおいてもASEANの劣化は秘匿しえないまでに露呈されつつある。かつて国際社会における自らの存在と役割を「ASEANの中心性」とまで自負したASEANにとって、この憂慮すべき事態は何に起因するのか。

これを理解する前提として、ASEANが十全な機能を発揮するための条件は、一方では国際社会の信頼・期待を維持すること、とりわけ、対峙する米中両大国のいずれにも偏らず「中立を堅持」すること、他方で共同体を志向するASEANが「声を一つにして発言」することである。

さらに、創設から数えて半世紀を経たという事実の重みも考慮せねばなるまい。初期ASEANは、文字通り地域協力体として存続するだけで意味があったが、協力と統合の成果を積み重ね、いわば成熟期に至ると、ASEANが与えてくれるものに対する人々の期待値は不断に高いままで推移する。ＡＳＥＡＮの劣化は、これら三つの局面での挫折の反映に他ならない。

逸脱国家のインパクト

ＡＳＥＡＮの劣化は、域内結束の深化と対外関与の拡大という二重課題の双方で進行してきた。結束の深化との関連では、まずもってＡＳＥＡＮ型非同盟路線あるいは人権民主化の促進に同調しない、いわば「逸脱国家」の出現に伴う域内不協和音の常態化を指摘できる。非同盟路線からの逸脱という意味では、カンボジアが公然と親中路線に傾斜したのが典型的な例で、域内諸国の多数が中国と係争中の「南シナ海」紛争でも露骨に中国に与した。このため２０１２年のＡＳＥＡＮ外相会議では共同声明で南シナ海紛争に言及するか否かをめぐって議長国カンボジアと係争諸国のフィリピン・ベトナムなどの見解不一致が解消できず、ＡＳＥＡＮ結成来初めて「共同声明なし」で閉会するという大失態を演じた。

民主主義と人権の尊重という規範からの逸脱という点では、ミャンマー軍部が一再ならず国権を簒奪して軍政を布いたこと。１９９７年のＡＳＥＡＮ加盟に際して域内諸国が欧米諸国の非難に抗して受け入れてくれたことへの最大の裏切りであるとさえいえる。とりわけ、２０２１年２月にはミン・アウン・フライン将軍を司令官とする国軍がクーデターで実権を掌握したのみか、翌月に開催された非公式ＡＳＥＡＮ指導者会議で成立した「5項目合意」さえ棚上げにし、野党勢力との和解を拒絶しつづけている。このため、国際社会には「ＡＳＥＡＮ無用論」や「ＡＳＥＡＮ劣化論」が溢れる結果となっている。域内でも直言で知られるシンガポールのB・カウシカンは2020年10月「ASEANの他の8ヵ国を汚名から救うため、カンボジアとミャンマーの除名を余儀なくされることになるかもしれない」とさえ論じている。

域外大国による「遺棄」

他方、2010年代以降、米中両国の対峙状況が熾烈となり、両大国ともかつてのように「ASEANの中心性」に――リップ・サービス以上の――配慮する余裕を失うにいたった。

米国では、2016年「米国を再び偉大にする」(MAGA)を標榜する共和党のトランプ政権が成立した。同政権は、「偉大と豪腕とを混同」し、国際規範をないがしろにし、国際社会で自国の思うままに振る舞うのが大国らしい姿だと自負する姿勢を誇示した。

トランプ大統領は、ASEANとの重要会議に欠席を繰り返して米国の対ASEANコミットメントへの信頼感を揺るがせた。南シナ海問題に関しても、例えばARFのような多国間フォーラムへの期待を捨て、自国主導の一連の――米日豪印対話(QUAD)、豪英米対話(AUKUS)など――枠組みを導入して対抗する姿勢を誇示したことなどもその典型である。

同様に、21世紀にはいって台頭著しい中国では、2013年に習近平が政権につき、かつてASEANとの間で――その延長線上に「南シナ海行動規範」を想定した――「南シナ海行動宣言」を発出したころの対話路線から離れ、南シナ海一帯での「人工島造成」や同海域を管轄する「三沙市」を創設するなど、いわゆる「力による現状の一方的変更」を図る強硬策に転じた。合わせて、「一帯一路」(BR

I）や「アジア・インフラ投資銀行」（AIIB）などの経済枠組みにものをいわせ、ASEAN内部に親中路線に傾斜するカンボジアのような国を産み出せたことに勢いを得て、「ASEANの分断」さえ辞さない路線を突き進んでいる。

かくして、米中両大国から遺棄された形となったASEANとしては、「ASEAN中心性」を発揮して米中対峙を緩和する役割を果たすどころか、せいぜい域外大国からの影響を制御する「ヘッジング」という危機管理策に徹するのが精一杯となった。

「リーダーシップ」の欠如

最後に、域内大国インドネシアがASEANにおけるリーダーシップを失ったこともASEANの劣化を増幅したという側面も見落とせない。ASEAN創設期のスハルト大統領や軍人出身のユドヨノ大統領のような重鎮といわれる指導者がASEANの重心に座っていることでASEANにある種の方向性や安定性が与えられてきた。しかし、2014年に就任した第7代のジョコウィ大統領は、政治・外交分野に実績がなく、国益の追求には情熱を燃やしたが地域協力への関心は乏しかった。この事実は、ジョコウィが選挙期間中に「インドネシアの国益を損なうような事態があるなら、ASEAN友邦に何の意味があるのか」とさえ発言したことに象徴される。

併せて、南シナ海紛争に関しても、従来は中国とASEAN係争国の対話を図る公正な仲介者を自負したインドネシアが、ジョコウィ政権下ではナツナ島海域問題を契機に係争国に転じ、南シナ海全域の平和的解決には意を用いなくなっていった。インドネシアがG20の一角を占めるにいたったことで、ＡＳＥＡＮ内外から、「インドネシアはＡＳＥＡＮに収まりきらなくなったのか」とする懸念の声さえ浮上した。

内外政策で域内の論議をするという局面でなら、しばしばシンガポールやマレーシアのような声高な友邦が目立つ局面もあるが、ＡＳＥＡＮの方向性を決めるような場面では「重心」の存在が不可欠で、さればこそ現状についてさる大使が「リーダーなきＡＳＥＡＮの漂流」と嘆いているのである。また、ＡＳＥＡＮポータルの情報によれば、域内諸国民の75％が「ＡＳＥＡＮは『実質的な利益』をもたらしてはくれていない」と考えているという。

（黒柳米司）

46

経済統合の虚像と実像

―★多様性を残しつつ統合の成果をあげられるかが問われている★―

ＡＳＥＡＮの統合は、「多様性の中の統一」という言葉に象徴されている。もともとこの言葉はインドネシアがオランダから独立しようとする中で使われた言葉だが、ＡＳＥＡＮの統合にも当てはまる。また、ＡＳＥＡＮを象徴する言葉として「同床異夢」という言葉も用いられる。２０２１年のミャンマーでのクーデタ後のＡＳＥＡＮ加盟国の対応や南シナ海問題における中国への対応をめぐっては、加盟国の間で対応が分かれる事態となった。

幸いにして経済問題においては、政治外交とは異なり、加盟国間で利害が対立することは少なかった。争点ごとに温度差が異なるというのが実際であろう。ＡＳＥＡＮ自由貿易地域（ＡＦＴＡ）形成のための域内関税の撤廃をめぐっては、実質的に自由貿易国として域内外を問わず関税を撤廃していたシンガポールにとっては、国内の政策・制度の変更を必要としなかった。一方で、域内関税引き下げが始まってからＡＳＥＡＮに加盟したラオス、ミャンマー、カンボジアにとっては、ＡＦＴＡは加盟障壁のように働いた。そこで、域内関税撤廃の時期を調整したのがＡＳＥＡＮの役割であった。

ＡＳＥＡＮの統合過程を観察すると、柔軟に日程を変更してきたことが分かる。ＡＳＥＡＮ共同体という用語が用いられるようになった２００３年、共同体が完成するのは２０２０年とされた。しかし、２００７年になって、アジア通貨危機から順調に回復したという認識が共有されたこともあり、共同体の完成目標年は２０１５年と前倒しされた。このような日程の前倒しはＡＦＴＡ形成にあたっても行われた。

一方で、ＡＳＥＡＮがかかわった取り組みである広域地域連携協定（ＲＣＥＰ）は難産で、合意の先延ばしを繰り返した挙句にインドが交渉から離脱して決着した。

このような事例を考えると、ＡＳＥＡＮは統合に対して柔軟に対処して、現実的な選択を行っていると評価できよう。しかし、一方で優柔不断と批判されることもあろう。

ＡＳＥＡＮ投資地域をめぐる混乱は、長期にわたって影響が生じる経済活動である投資意思決定者を悩ませるものであった。１９９８年10月7日、フィリピンのマカティで、ＡＳＥＡＮ投資地域枠組み協定が調印され、まだ加盟前であったカンボジアを除く9ヵ国が署名した。アジア通貨危機後の混乱が続く中で、ＡＳＥＡＮ地域に直接投資を再び呼び込もうという意図で結ばれた意欲的な協定である。

そもそも、「投資地域」という用語はＡＳＥＡＮの造語であり、自由貿易地域などという用語と異なり、一般的な経済学の教科書には掲載されていない。「投資地域」と聞いた時に何をイメージするかというと、おそらく自由貿易地域にならって、域内投資障壁を撤廃して加盟国の投資制度や規制が一元化している状態ではなかろうか。ＡＳＥＡＮもそのあたりを意識したようである。

ＡＳＥＡＮ投資地域枠組み協定では、２０１０年までにＡＳＥＡＮ投資家に対して内国民待遇を与え、２０２０年までにＡＳＥＡＮ域外の投資家に対しても内国民待遇を与えることが記された。ＡＳＥＡＮ投資家とは、ＡＳＥＡＮ加盟国に国籍を有する個人投資家とＡＳＥＡＮ加盟国に登記しているような法人投資家と定義された。また、協定が締結された時点では、サービス業に対する投資は協定の適用範囲外とされていたが、のちに一部サービス業について適用対象に含められた。

内国民待遇の適用に関しては、当初外国企業に限って適用される税制上の優遇措置は廃止されると理解されていた。経済特別区での操業開始から5年間は法人税を半額に減免するというたぐいの優遇措置である。しかし、このような優遇措置を廃止した加盟国はない。２００９年に署名されたＡＳＥＡＮ包括的投資協定（ＡＣＩＡ）で、加盟各国の租税措置は協定の適用範囲外とされたからである。新しい協定が「包括的」とされているのは、１９８７年に署名されたＡＳＥＡＮ投資促進保護協定と１９９８年の枠組み協定とを合わせて、ＡＳＥＡＮ経済共同体形成に向けてまとめたからである。

結局、２０１０年までにＡＳＥＡＮ投資家に内国民待遇を与えた加盟国があるとは聞いたことがないし、２０２０年までにＡＳＥＡＮ域内外すべての投資家に内国民待遇を与えたということも聞いたことがない。加盟各国は各国ごとの産業政策や地域政策に基づいて外国投資法を適用しており、加盟国で足並みをそろえて外国企業の誘致条件を設定したということもない。

ＡＳＥＡＮは今日でもＡＩＡ評議会を置いて域外からの投資促進や域内投資活性化の努力を続けているが、当初華々しく打ち上げた投資地域形成の構想とは異なる方向に向かっている。ＡＳＥＡＮの公式文書などを時系列で読んでいくと、このように最初に世界の耳目を集めるような理想的な構想を

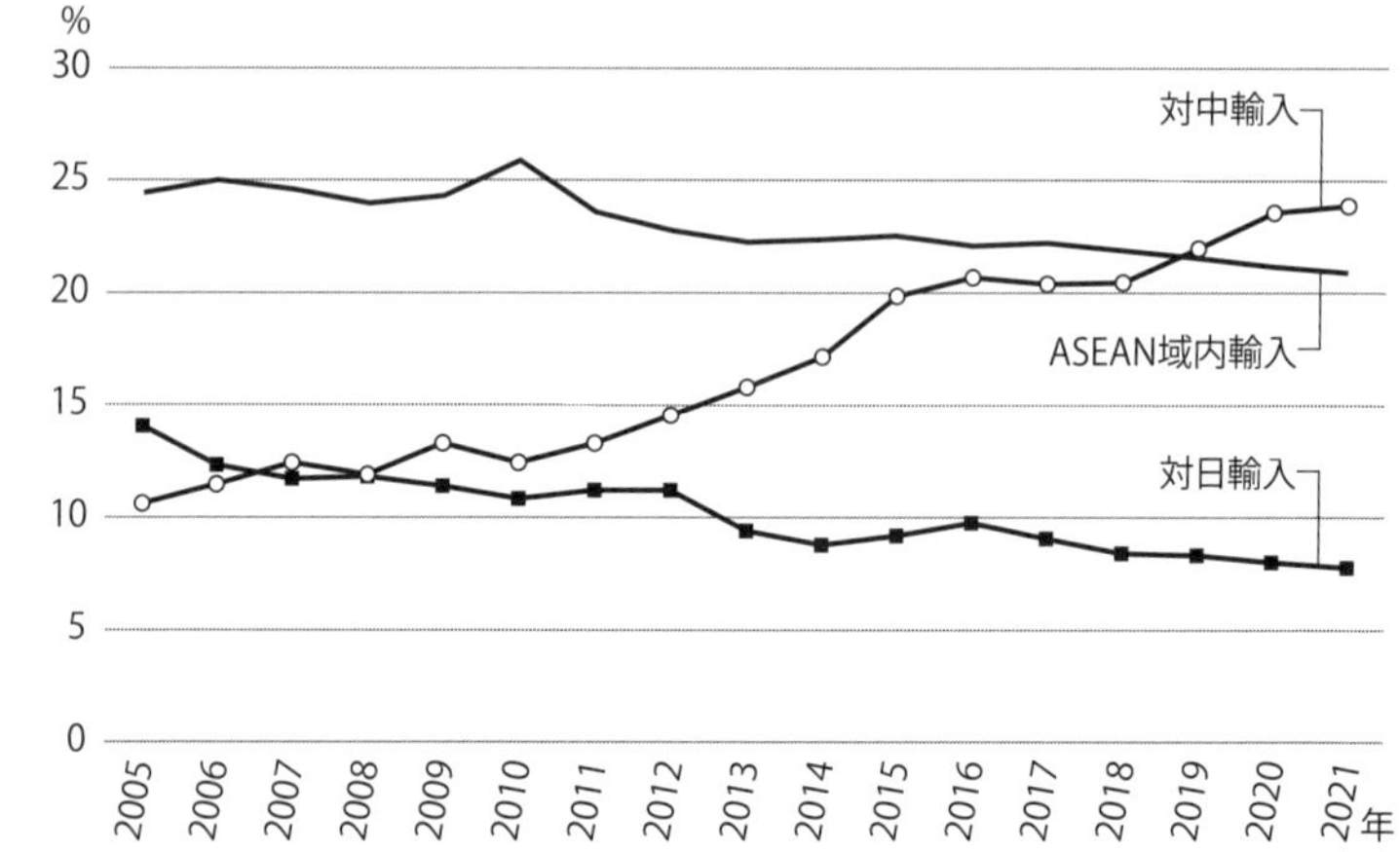

図 46-1　ASEAN 加盟国の輸入元の推移
注　輸入総額に占める各国・地域からの輸入額のシェア。
(*ASEAN Statistical Yearbook*, various years より筆者作成)

提示して、次第に現実的に成果があがるように改訂するという例である。

さて、より本質的にＡＳＥＡＮの経済統合への評価を考えてみよう。ＡＳＥＡＮ経済統合の成果をしばしば域内貿易比率でみることがある。域内貿易自由化が進んだり、域内投資手続きの円滑化が進んだりすれば、域内貿易比率が高まるであろうと考えるのである。

図には近年のＡＳＥＡＮ加盟国の輸入総額に占める加盟国からの輸入額の割合、すなわち域内輸入比率が示されている。世界金融危機後の２０１０年、この比率は25・９％を示したが、その後低下傾向にある。代わって中国からの輸入比率が２０１９年にはＡＳＥＡＮ域内輸入比率を上回っている。経済統合の程度と貿易が相関するとしたら、ＡＳＥＡＮ加盟国はＡＳＥＡＮとしての統合よりも、むしろ中国との統合が進んでいると言えよう。

ＡＳＥＡＮは東南アジアに限定された加盟国か

ら構成されており、経済統合で成果が大きい国が集まったというわけではない。したがって、ASEANが経済統合を進める場合、それなりの理由であるとか見通しが必要である。また、域外の国との協力や統合も進めるべきである。現状では、ASEAN＋1、ASEAN＋3、東アジアサミットなどの場を設定している。ASEANは、しばしば統合の運転席に座りたいというが、成果さえあがれば、運転席にこだわる必要はないのかもしれない。

（吉野文雄）

47

政治体制の多様性とASEAN

★「民主主義の後退」に至る変化とその影響★

ASEAN加盟国の政治体制は結成以来つねに多様であり、多種類の体制が混在してきた。また、加盟後に体制転換を経た国も多い。異質の政治体制を包含しながらも、1990年代以降、ASEAN各国の政治は概して権威主義から民主主義へと向かう傾向を示し、相互に影響を及ぼしながらその方向性を共有してきた。しかし、2010年代になると国内の政治経済状況や域外大国がもたらす地政学的環境の変化などを背景として、その流れに逆行する傾向を強める国が目立つようになった。また、それがASEANの統合や結束に影響を及ぼすケースも起こっている。

多様な政治体制とその変遷

ASEANは冷戦の最中に欧米日と軌を一にする西側の地域機構として結成されたことからもわかるとおり、原加盟5ヵ国は原則としては自由民主主義と資本主義に則って国作りを進めていった。しかし、1970年代以降、市民的自由や公平性よりも政治的安定と経済開発が優先されるようになり、各国で「開発独裁」と呼ばれる権威主義的な体制が登場した。198

4年に独立し、同時に6番目の加盟国となったブルネイも、憲法では議会制を謳いながら実際には国王による専制国家であった。軍部、大政翼賛的政党、王権などを基盤とするこれらの体制は、民主化の推進には障害となる一方、1980～90年代の内政安定や経済成長には寄与したとの評価もある。

1980年代後半以降、一部の国で民主化運動が昂揚し、フィリピン（1986年）、タイ（1992年）、インドネシア（1998年）でそれぞれ民主制への転換が起こった。また明確な体制転換を経ていないマレーシアとシンガポールでも漸進的な脱権威主義化が進んだ。経済発展に伴って社会構造が変化し、それが民主主義体制への移行を促し、さらにその定着へと進むといった近代化論に基づく民主化モデルが、多くの点でこの時期のASEAN諸国における民主化過程の説明として当てはまる。

また、冷戦終結後の1990年代にASEANに加盟した4国にも、程度の差はあるものの民主主義を意識し、取り入れようとする試みが見られた。カンボジアは、長期にわたる内戦の末に和平協定と国連主導の国家再建計画を受け入れ、1993年の総選挙実施を経て民主主義国家として再スタートを果たした。ベトナムとラオスは、共産党による一党独裁体制を維持したが、経済面で中国型の改革開放を進め、その過程で一定の社会的自由度の拡大もみられた。また、1960年代から長きにわたり強固に軍事独裁体制を堅持し続けてきたミャンマーも、2010年代前半にやっと民主化へと舵を切った。

ASEANとしても、2008年に加盟10ヵ国の合意により発効させた成文規約「ASEAN憲章」の中で、「民主主義、法の支配、グッドガバナンス、人権と基本的自由」の促進という目標を盛り込むに至った。このように、欧米日など西側諸国が民主化を後押し、ASEAN諸国がそれら先進国に経済・社会開発の多くを依存する中で、民主主義へ向かう潮流は緩やかながらも全体として進展していくかにみえた。

民主主義の後退――経緯・要因・影響

このような民主主義の受容と内部化の進展にもかかわらず、2010年代以降、この流れを停滞または逆行させる事態が次々と起こり、いくつかの国で民主制の動揺や権威主義への回帰が起こった。しかも、この時期の「民主主義の後退」、「新たな権威主義化」には、民主化がもたらす部分的な弊害や短期的な揺れ戻りといった従来想定されてきた「一時的な反作用」の範囲を越える側面があった。

その傾向が顕著に表れた国としてカンボジアとミャンマーが挙げられる。カンボジアは先進国や国際機関の全面的な支援を得て民主主義国として再建の途に就き、その枠組の下で多大な援助や貿易・投資面での優遇措置を受けて経済開発を進め、また選挙に基づく民主制を運用してきた。しかし、1993年以来一貫して首相の座にあるフン・セン首相とその母体の人民党は、2010年代から権威主義化の道をたどった。民主化を求める野党・救国党が各種選挙で得票を増やすと、2018年総選挙前に同党を強引に解党に追い込み、その後も野党封じと首相への権力集中を強めた。2023年総選挙でも同様の手法で一党支配を固め、さらに首相の長男への世襲による権力移譲さえ推し進めている。

一方ミャンマーでは、多くの国民が待望してきた軍政から民政への移管が2010年に始まり、2015年総選挙でアウンサンスーチー率いる民主化勢力の国民民主連盟（NLD）が圧勝して政権交代と体制転換を実現した。しかし、新体制への不満を強めた軍部が2021年2月にクーデターを起こして国家権力を再び掌握し、民主化勢力に対する厳しい弾圧と軍政への実質的回帰を目指す体制作りを進めている。

これら両国の他にも、2014年の軍事クーデター後に軍が政治支配を強めたタイ、ナジブ政権期（2009〜18年）のマレーシア、ドゥテルテ政権期（2016〜2021年）のフィリピンなど、民主化が進んだASEAN原加盟国においても、従来の民主化の流れに一部逆行するような強権的支配や社会統制の強化が起こった。これら3国では体制転換には至らなかったものの、政治システムの流動化や国民間の分裂・分断の拡大など政治的不安定化が進行した。

このような民主主義の「逆行」の要因には、各国固有の政治・経済・社会的要素が絡んでいるが、ここではそれを促進している国際的な要因について触れておく。第一に、中国との関係がもたらす影響である。中国の高度経済成長や自由貿易の進展、同国との間に跨がるサプライチェーンの発達などに伴い、2010年代以降、ASEAN諸国の対中経済依存が急速に強まった。貿易では対中輸出入が対米・対日を追い越して圧倒的なシェアに達し、インフラ整備のための中国からの投融資や援助、中国企業の進出なども大幅に拡大した。

とりわけ、カンボジア、ラオス、ミャンマーで対中関係の緊密化が顕著である。欧米が批判し、経済制裁を科す非民主的な政権や政策に対しても、中国は内政不干渉を理由に関係拡大や支援を躊躇せず、むしろそれを戦略的に活用して親中派として取り込む政策をとってきた。一方、ASEAN諸国内では、このような中国の支援を後ろ盾に権威主義化を強めようとする政権が力を持つようになった。

カンボジアとミャンマーの現政権（2024年3月時点）はその典型だが、タイ、マレーシア、フィリピンでも前述の政権下では同様のパターンがみられた。

第二に、アメリカのASEAN政策の変化である。元来、民主化を牽引し、権威主義体制や強権的政策を強く批判してきたアメリカが、2016年に就任したトランプ大統領の下でその対応を一変させた。同大統領はASEANとの首脳会議の大半に欠席するなどASEANの外交的優先順位を下げたばかりか、人権や民主化に対して極めて無頓着であり、それが域内の権威主義勢力を勢いづかせ、中国に傾倒させる一因となったのである。

以上のように、ASEANは多様な政治体制の国々を取り込みながらも一時は「民主主義の強化」を共通目標に掲げるまでに至った。しかし、2010年代以降、一部で権威主義化が進むなど、民主主義の受容をめぐって国・政権ごとに姿勢や政策に格差が生じ、それがASEANの結束や統一行動に支障をもたらすようになった。2021年のミャンマーの軍事クーデター後の軍部と反政府勢力との間の激しい対立に対してASEANが調停機能を果たせていないのはその典型といえる。さらに、中国の台頭やロシアのウクライナ侵攻を経て、国際的にも「民主主義vs権威主義」の対立軸が鮮明になる中、ASEAN諸国に対しても両者の間の選択を迫る空気が強まっていくことになろう。

（金子芳樹）

48

周辺から見たASEAN

★緩やか結束の地域機構★

本書を通じてＡＳＥＡＮの中心性と一体性をみてきた。その一方で、ＡＳＥＡＮは政治体制、文化や宗教の多様性に基づく内政不干渉政策を地域機構の柱に据えてきた。それが第11章で扱った「ASEAN Way」の本質でもある。本章ではまず二つの国際的な決議からＡＳＥＡＮの一体性をみてみる。一つは、ＡＳＥＡＮ加盟国にとっても地域の安全保障に大きな影響を及ぼしているロシアのウクライナ侵攻に関する国連決議の動向、もう一つは非核兵器地帯の延長上にある国際ＮＧＯ主導の核禁止条約への署名・批准状況である。

次ページの表は地域機構としてのＡＳＥＡＮ（東ティモールも含める）が国際政治の表舞台でどのような一体性を示したのかを知る上で重要な決議への賛否である。まずウクライナに侵攻したロシアの拒否権発動で国連安全保障理事会が機能不全に陥った後、２０２２年3月2日に開かれた国連総会緊急特別会合でのロシア非難決議の採決結果である。反対票を投じた加盟国はいなかったが、旧ソ連以来の関係を持つベトナムとラオスが棄権した。次にロシアが一方的にウクライナ東部・南部４州の住民投票を行い、併合を宣言したことの違法性を問うた２

表48-1　最近のASEAN加盟国における国際政治上の決議動向

ASEAN加盟国（「原則」加盟の東ティモールも含める）	ロシア非難決議 2022/3/2	ロシア4州併合無効決議 2022/10.12	核兵器禁止条約 2023/1/9現在
インドネシア	賛　成	賛　成	署　名
フィリピン	賛　成	賛　成	署名・批准
マレーシア	賛　成	賛　成	署名・批准
タイ	賛　成	棄　権	署名・批准
シンガポール	賛　成	賛　成	棄　権
ブルネイ	賛　成	賛　成	署　名
ベトナム	棄　権	棄　権	署名・批准
ラオス	棄　権	棄　権	署名・批准
ミャンマー	賛　成	賛　成	署　名
カンボジア	賛　成	賛　成	署名・批准
東ティモール	賛　成	賛　成	署名・批准

０２２年10月12日の国連総会緊急特別会合である。前回決議同様に反対を投じた加盟国はいなかったものの、ベトナム、ラオスに加えタイが棄権に回った。民主化勢力を弾圧した軍主導の選択であったと思われる。

さらに、東南アジア非核兵器地帯条約の次の段階に期待される核兵器禁止条約への対応を確認してみた。シンガポールは２０１７年の同条約の表決において棄権をしている。同条約は国連加盟国中の１２２ヵ国・地域で採択されたものの、批准国が条約発効に必要な50ヵ国に達したのは２０２０年10月であった。その後実際に、批准から90日後の２０２１年１月22日に発効した。しかしながら、国連加盟国中の１２２ヵ国の賛成を得られたにもかかわらず、条約発効までに３年以上を要したのは、言うまでもなく、核保有国からの圧力であった。多くの途上国はこれら核保有国から多額の援助を受け、あるいは深い貿易関係が背後にあるからだ。

シンガポールを除いて、他のＡＳＥＡＮ加盟諸国はインドネシア、ミャンマー、ブルネイの3ヵ国が署名のみでまだ批准には至っていない（2023年1月9日現在）。それでも多くの加盟諸国が国際NGO主導の核禁止条約に賛同し、すでに批准までに至っていることは、国際社会に発信する上でASEANの平和と安全に対する強いメッセージになっているものと思われる。

ASEANを周辺から見た場合、南アジアを中心に存在する南アジア地域協力連合（SAARC）と太平洋諸島フォーラム（PIF）との関係が重要であろう。これら二つの地域機構はどのような眼で近隣の地域機構であるASEANをみているのであろうか。

まず、SAARCは7ヵ国からなり、1985年12月に正式に発足し、常設事務局は87年以降ネパールのカトマンズに置かれている。ただ、同機構は主要な大国であるインドとパキスタンのカシミール地方をめぐる深刻な対立もあり、かつ両国は核兵器不拡散条約（NPT）には加盟していない核保有国である。その点からしてもASEANの方向性とは異なっている。その一方で、少なくとも2点の共通項が存在する。第一に、同地域における中国の影響である。スリランカは経済上の債務不履行を引き起こし、「債務の罠」の典型的な対中援助依存が問題になった国家であり、同様にパキスタン、モルディブなども含まれる。

また、新興国も含まれるG20の中心的メンバーの一つでもあるのがインドである。ASEANからはインドネシアが参加している。インドは、米中対峙下でその存在感を際立たせている。「日米豪印4ヵ国首脳会合（QUAD）」で、あるいは米国ら民主主義国家主導の「自由で開かれたインド太平洋（FOIP）」と中国の「一帯一路」構想との狭間に存在するのはASEANが抱える安全保障の立場と類似する。

次に、PIFからみたASEANである。PIFの前身は南太平洋フォーラム（SPF）であり、1971年8月にニュージーランドのウェリントンでの首脳会議開催を経て大洋州諸国の対話の場として発展し、2000年10月よりPIFに名称変更された。現在はフィジーに事務局を持ち、15ヵ国・2地域から構成されている。豪州やニュージーランドも加盟している一方で、域外対話国として日本、中国、欧州に加え、島嶼ASEAN諸国なども含まれる。PIFも米国・豪州か中国かという米中対峙下に置かれている点で、ASEANと同様の立場にある。2022年5月の王毅外相（当時）の南太平洋島嶼国家訪問は経済面の連携と同時に安全保障面での協定を求める歴訪であった。ただ、片岡真輝が述べているように、PIFにも存在する「パシフィック・ウェイ」と呼ばれる加盟国間のコンセンサスが得られず、中国との安全保障面の協定は見送られている。

南太平洋地域では1985年署名、86年発効のラロトンガ条約が締結されている。66年に始まったフランスによる同地域での核実験を踏まえて、核実験反対の気運が高まったことによる。ASEANに比べて10年早い非核地帯条約の発効であった（第15章参照）。

本章は「周辺から見たASEAN」を取り上げたが、いくつかの視点をもとにまとめてみたい。2023年現在の国際政治上の不安定化を考えると、地域機構としてのASEANの結束力・一体性が周辺諸国・地域の動向から高まっているのではないか。少なくともジョー・バイデンが米国大統領に就任してからの同地域への関与は一段と高まっており、FOIPへの取り込みを強める一方で、中国も近隣地域であるASEANに対して一帯一路構想との関係に基づき援助を通じて関係を深めている。また、インドはG20のメンバーであると同時にグローバル・サウスのリーダーとして、米中陣営に適度なバランスをとっている一方で、ASEANの中心的な国家であるインドネシアやベトナムなどもほぼ同様の立場を示している。表を改めて概観すると、地域機構としてのASEANの立ち位置は、多少の加盟国間の濃淡はあるにせよ、大国主導の国際政治に一定の距離感を持つことで、自らの経済的・政治安全保障上の確保を当面は維持していくものと思われる。

（山田　満）

49

拡大する中国の経済協力とその功罪

★「国際援助規範」との関係★

急増する中国の経済協力の課題

近年の中国の経済成長は著しく、その政治的経済的影響力の拡大はグローバルな課題でもある。特に、急増する中国の開発途上地域への対外経済協力（援助や投資）は、開発途上国の経済開発や政治社会に大きな影響を与えるようになっている。また、中国の習近平主席が2013年に打ち出し、2017年に中国政府の公式の政策としても打ち上げられた「一帯一路構想」（BRI）の東南アジアや南アジア諸国への経済的インパクトは大きい。

他方、その関連事業や過大な債務負担に起因する課題は「債務の罠（debt trap）」として国際的にも大きな議論となっている。中国の「一帯一路」に関連する事業のために中国から多額の融資を借り入れ、将来的に返済困難に陥るリスクを問題視する報告書や報道が、近年相次いで出されている。米国では、こうした中国の経済協力の急拡大を「略奪的（predatory）」な行動として非難する議論も高まっている。

中国が主導する個別の事業をみても、土地収用や環境問題など、住民の反対運動に直面して事業の見直しを求められる事例も頻発している。中国の経済協力の問題の一つは、その大半が融資の形で行われており、しかもその事業には中国企業の参画（いわゆるタイド）が求められていることである。また、ミャンマー、マレーシア、スリランカなど、相手国の政治変化を受けて、中国からの融資や事業の見直しがなされる事例も出てきている。

国際援助規範と中国

国際開発援助コミュニティでは、経済協力開発機構／開発援助委員会（ＯＥＣＤ／ＤＡＣ）を中心に、援助に際しての共通ルールの追求に長年取り組んできた。例えば、援助政策・実態に関する情報公開、ルールの共通化・遵守、途上国の民主化や汚職・腐敗の撲滅といった事項である。しかし、中国の援助は「内政不干渉」を原則とし、こうした国際的潮流とは一線を画してきた。国際援助協調の進展の中で、途上国側で開催される主要ドナーが一堂に会して議論するセクター会合には中国は参加せず、相手国政府との二国間の交渉を重視してきた。また、ＤＡＣや世界銀行を中心に進んできた援助ルールの共通化や効率化に向けた協調の枠組みに中国が入らないことは、民主化に関する先進国の援助アプローチはもとより、開発に関わる途上国の政策改善圧力を低下させることにつながってきた。

そのため、最低限、情報の公開やルールの共通化とその遵守を中国に対して求める国際的圧力は高まっている。実務的な面でも、事業にあたっての適切な資金計画の判断や経済合理性にもとづく決定、決定プロセスの透明性の確保や汚職の排除、適正な環境アセスメントの実施などに関して、課題が指摘されている。近年、中国が途上国で進めるインフラ整備に関して、「質の高いインフラ」が国際的に求められるようになっているゆえんである。2020年6月に開催されたG20では、「質の高いインフラ投資に関するG20原則」として、インフラ投資に際しての環境社会配慮、開放性、透明性、経済性、借入国の債務持続可能性など6原則が参加国の間で承認されてもいる。

中国の経済協力「規範」変化の兆候?

援助の歴史を振り返れば、中国の援助の進め方や考え方は、かつて(1960〜70年代)の日本の援助と類似しているという議論もある。

例えば、資源確保などの経済的利益の重視、多国間の枠組みよりも二国間援助による国益の追求の重視、支援対象国の政治体制や内政に関して口を出さない「内政不干渉主義」、あるいはある種の実利主義、等である。援助と貿易・投資の「三位一体型の経済協力」は、1970年代に当時の通産省が打ち出していた日本の経済協力アプローチでもあった。しかしながら、日本の援助政策は、特に1990年代以降、その理念(経済利益の追求の低下)、重点分野としての教育・保健衛生分野の重視、アンタイド化の推進、民主化支援など、欧米などの伝統的ドナーの援助スタンスに接近し、国際援助協調の動きにも同調してきた。

一方、上記の議論の延長として、日本の政策が時代と共に変化してきたのと同様に、中国も今後、援助ドナーとして「成熟」してくるにつれ、反汚職や環境社会的配慮などの課題により真剣に取り組むようになり、欧米など国際援助コミュニティとの協調を重視するようになるのではないかとの仮説もありえよう。実際、中国の経済協力の「規範」が変化してきた兆候もないではない。

その一つの兆候は、中国政府や経済協力事業を進める国営企業が、相手国での事業に伴う環境問題や住民移転の制約をより認識し始めたことである。第二の兆候は、債務問題への対応である。中国からの融資は途上国にとっても有用な資金提供ではあったが、やがて債務が急速に拡大し、中国支援の大規模事業の融資資金の返済が困難になる事例が増えつつある。また、中国による巨額の融資を原資とした巨大事業の将来の返済のリスクを問題視した新政権により、事業の見直しや縮小がなされた事例も、マレーシアやスリランカのほかミャンマーやパキスタンなどでも生じている。こうしたことは中国政府・国営企業にとっても悩ましい事態であり、債務返済困難に陥ったアフリカの国々に対しては部分的な債務の帳消しに応じざるをえなくなっている。

写真 49-1　建設途上で中断した中国融資によるミャンマー北部カチン州のミッソンダム（2020 年 2 月筆者撮影）

要するに、中国の経済協力政策においても、近年、国際的な基準や環境社会配慮を重視する傾向もみられる。そうだとすると、中国の経済協力政策の変容を促す要因は何であろうか。

第一に考えられる要因は、高まる国際的圧力・批判である。中国の経済協力や事業に対する批判の声が国際社会での中国の立場に有利に作用しないとの判断につながり、その意味で国際的な圧力や市民社会を中心とする国際世論の影響もないとは言えない。しかし、より説得力のある説明は、これまでの自国・自国企業中心の進め方ではうまくいかない現実に直面して、自国・企業の利益保護を実現可能な範囲で追求する上で、事業実施上の実務的な必要性に迫られて否応なく政策を変えてきた、とする議論である。

より具体的には、①途上国で経済協力事業（および経済活動）を円滑に実施するためには、住民移転や環境への影響への配慮を無視することはできず、環境・社会ガイドラインや調達手続きなどに関して国際社会ですでに定着している国際基準にあわせざるを得ない、②債務返済困難の状況に対処するには、IMFなどの国際的枠組みによる債務返済能力の審査や債務削減手続きを共有し、最終的には返済猶予や帳消しなどの対応に応じざるを得ない、という現実に直面するようになった、ということである。

もちろん、中国国内の政策決定に関連する様々な主体（外交部、商務部、財政部、人民銀行、等）によって、考え方やスタンスには濃淡があるであろう。また、中国の政府首脳や共産党組織の上層部の政策や外交姿勢は別であり、現場の担当部局ほどには実務的な柔軟性はなく、より政治・外交的な目標を追求しているように見える。

中国の急速な経済的台頭が既存の国際経済秩序にどのようなインパクトを与えつつあるのか、中国自身がこれまで欧米主導で形成されてきた国際秩序や国際的なルールに対してどのように対応しようとしているのかは、現在進行中の大きなテーマであるといえよう。

（稲田十一）

50

ASEANの評価

★評価の二極化★

ASEANの成果と評価の視点

地域協力体としてのASEANは逆説に満ちている。主要なものだけを例示しても三つある。第一に、域内の結束を目指しながら常に不協和音に苦しんできたこと。第二に、域外大国からの干渉を忌避しながら、これら大国による関与も必要としてきたこと。そして最後に、弱小諸国の集合体でありながら——かつて大国の特権事項と見なされてきた——広域アジアの平和と安定の創設という機能を発揮してきたことである。

それだけに、ASEANに対する評価もまた隔たりが大きい。高く評価する論者はASEANの利点・長所を指摘し、これを批判する論者は弱点・欠陥を暴こうとする。よくいわれる「コップ半分の水」のたとえ——まだ半分水があると楽観的に見るか、もう半分しかないと悲観的に見るか——に似ている。

ASEANを評価するためには、まず、ASEANが達成した成果を確認する必要がある。ASEANが自認する成果としては、⑴紛争多発地帯であった東南アジアに友好・協力の輪を広げ、平和と安定の地域に変容させた、⑵強権支配が当然であった諸国に民主主義の重要性を認識させ、基調としての民主化を定着させた、⑶貧困に苦しむ発展途上諸国に安定的発展の道を拓き、少なからぬ中進国を誕生させた、⑷かつて東南アジアを勢力維持の持ち駒と見做してきた域外大国に、自立した地域として認識・評価させたなどを列挙することができる。

こうした成果をASEANの役割として容認するか、他の要因――たとえば地域・国際環境の影響、あるいは時代の変化――に帰するかが評価の分かれ目である。前者は、地域機構の規範を重視する「構成主義者」の視点であり、後者は国際関係を主としてパワーの関数とみなす「現実主義者」の視点である。

理論的系譜による評価の差

国際関係を律するのは力（Power）であるとする現実主義者の見るところ、ASEAN諸国の誇る「対話による平和」は虚構でしかない。その典型はデイヴィド・ジョーンズとマイケル・スミスによるものでASEANの動向は「段取りばかりで進展がない」とし、これによって平和と安定がもたらされると期待するのは「地域的妄想」（Regional Delusion）であるとさえ呼んでいる。同様に、ASEAN主導型の一連の対話フォーラム――とりわけASEAN地域フォーラム（ARF）――については、「おしゃべりの場」（Talk-Shop）に過ぎないとの酷評もしばしば聞かれる。「現実主義者」の視点からすれば、国際社会の平和や安定は、国家間の力の関係（Power Balance）によって規定される。それだけに、国際秩序の形成や運営は大国の占有課題である。東南アジアで平和的安定が維持されてきたのは、ASEANの実績ではなく、域外大国とりわけ超大国米国の影響力によるというのである。米国はこの秩序を乱す勢力に対しては力による威圧や排除で対処しうる。しかし、ＡＳＥＡＮは規律違反を制裁する手段にも決断力にも乏しいから、せいぜい「模造の共同体」（Imitation Community）でしかないとみなすのである。

これと対照的に、規範を重視する「構成主義者」は、現実主義者のいう「強制力に依拠した平和は常に転覆の不安に怯える」ことになる。逆に、国際社会を構成する諸国が平和の重要性につき理解を共有することこそ安定的な平和の礎であるというのである。それゆえ、ＡＳＥＡＮ諸国が地域的アイデンティティと地域規範を共通の絆として結束を固め、地域秩序の維持に貢献していることを肯定的に評価する。アミタフ・アチャリャは、かくして、ＡＳＥＡＮが「萌芽的安全保障共同体」の域に達していると明言する。

興味深いことに東南アジア専門家ドナルド・Ａ・エマーソンは、上述のジョーンズとスミスらの批判的論調と、アチャリャらの肯定的論調に現れるいずれが実像に近いのかを問う「真のＡＳＥＡＮは起立願いたし」と題する論稿を発表している。ただし、構成主義者による評価には、肯定的な側面と批判的な側面とが競合している。というのは、規範を重視する構成主義者の視点からすると、民主主義の欠如はＡＳＥＡＮの重要な瑕疵である。公文書の中では、民主主義や人権などの尊重が標榜されてはいるものの、域内には「内政不干渉原則」を盾に強権支配に固執する保守派の抵抗もあって、規範が形骸化されかねないからである。

民主主義と経済発展の側面において優位を自負する欧米諸国は、ＡＳＥＡＮ域内の平和につき、「非自由主義的平和」――抑圧によって体制批判を沈黙させて表面的平和を装う――として不信を露わにする。

言い換えれば、民主主義抑圧や人権侵害を相互に批判することこそ真の平和に連なるというのである。

若干の総括

かつてインドネシアの論客、リザール・スクマは、「ASEANが目指してもいないものと異なるとして批判するのは、馬に向かって牛でないと批判するようなもの」と論じたことがある。おそらくその最たるものは、明らかに「国家主権のプールを辞さない超国家主義型統合」の道を選んだEUを理想型とみなし、「主権・国益を至上とみなすウェストファリア型統合」に留まるASEANにおける統合水準の低さを指摘することであろう。確かに、西欧における地域統合がはるかに先行していることは否めない。

とはいえ、域内不協和音という意味では、2020年、英国がEUを離脱した事態（いわゆるBrexit）などはASEANさえ被ったことのない深刻な破綻である。50年余の歴史を持つASEANは、しばしば困難な域内不和に遭遇――甚しくは「除名論議」さえ体験――してはきたが、一度として分裂したことはないのである。

それにしても、ASEANが今後も東南アジアにおける平和的発展の擁護者という地位と役割を維持するためには、いくつかの前提が不可欠であると知らねばなるまい。例えば、「ASEAN憲章」のごとき規範は、その文言でなく、それが遵守され、執行されねばならない。また、すでに取り組みが始動しているが、「国家の連合としてのASEAN」を可能な限り「人々のASEAN」に近づけていかねばならない。ある専門家の域内エリート及び官僚と一般市民に対する意識調査によれば、域内諸国民の対ＡＳＥＡＮ認識は相当に低いという。

加えて、アジア太平洋地域で対峙する米中両大国からの信頼と期待を確保することも不可欠である。両大国に「ＡＳＥＡＮの存在と機能が両国間の摩擦緩和に資する」との認識を与えることができるか否かにも来るべき50年のＡＳＥＡＮの命運を左右するといえるだろう。

こうした課題を現実ならしめるためにも、ＡＳＥＡＮ諸国は、改めて「平和的発展のための環境整備という自らの歴史的使命」を再確認し、不断にこれを実施するよう努めねばなるまい。（黒柳米司）

ASEANの論客
――B・カウシカンとR・スクマ

コラム9

黒柳米司

❖リザール・スクマ

21世紀の今日、ASEANの活動との関連では、二人の知識人の動向が注目される。一人はASEANの到達点ともされる「ASEAN共同体」の論議を最初に提唱したインドネシアのリザール・スクマ。スクマは簡潔・明確な文脈で日本でも知られるが、彼の業績のうち、もっとも傑出したものは、2003年に発表した「ASEAN共同体の将来」であろう。当時ASEANは、1990年代末のアジア通貨危機の衝撃で混迷に陥り、国際的評価も最低水準に落ち込んでいた。こうした窮状に直面してスクマは2003年、ASEANあれこれの要因のため「漂流」しているとみなし、今こそ本来果たすべき役割を想起せねばならないと叱咤する。ASEANはその存在意義を確立すべく、想定される最終目標を提示することが必要であるとし、それが「ASEAN共同体」の構築であると結論づけている。

注目すべきは、スクマがいわばASEANの理想型を念頭におくが故に、域内諸国が国益に執着してはかばかしく対応せず、民主主義は混乱・凋落し、時によっては、インドネシアのリーダーシップを警戒するそぶりさえ示すという現状との乖離が腹に据えかねていたことである。2009年、スクマは、「ジャカルタ・ポスト」紙に「インドネシアは『ASEAN後の外交政策』を必要とする」と題する論考を発表して、騒然たる論議を巻き起こした。幾分かは「ショック・セラピー」を意図していたとしても、その冒頭の一文「無視されることほどいらだつ事態はない」は、ASEAN域内におけるインドネシアの憤懣を集約していたといえるだろう。

❖ビラハリ・カウシカン

もう一人は、シンガポールのビラハリ・カウシカン。しばしばASEAN諸国が標榜する「ASEAN中心性」について、「それは政治的代物であり、人がその存在を疑えば、もそれはもはや存在しない」と解説したのは、いかにも彼らしい見識であった。

かれの言動は、いかにもシンガポール人らしく、きわめてプラグマティックである。その動向が最初に大きく報道されたのは、2020年、ISEAS主催のウェビナーで「ASEANは他の8ヵ国を救済するため、カンボジア・ラオス両国の除名を余儀なくされるかも知れない」と指摘、域内外の注目を浴びた。とりわけ、カンボジアについては、2012年の議長国として、域内最大の懸案事項たる南シナ海における中国の動向に懸念を表明しようとするのを阻止すべく「コンセンサス不在」を理由に外相会議における共同声明の発出を阻害したことを、ASEAN型非同盟という基本路線からの逸脱行為として指弾すべきであると明言したのである。

他方、カウシカンは、2021年2月1日のクーデターで軍部が国権を簒奪したミャンマーについて、ASEANの会議から国軍首脳をボイコットしようとする強硬派（インドネシア・マレーシア・シンガポールなど）からは一線を画す姿勢を保った。このことが明白となったのは、2022年、ASEAN議長国カンボジアのフン・セン首相が――他のASEAN諸国に諮らず独断で――ミャンマーを訪問し、軍政当局との対話を行ったときである。対ミャンマー強硬派の諸国はこれを激しく非難したが、カウシカンは「フン・センは正しかった」として、必要なことは、強硬派のように「道義的高みから、自己満足のためにミャンマー軍部を批判することは適切ではない」との見解を明らかにした。現時点で必要なことは、何よりもミャンマー国内における悲劇の終結である以上、実権を掌握する軍政当局と関与することは不可欠であるとし、これこそが「プラグマティックな立場」であるというのである。

ASEANを知るための参考文献

【邦文】

アジア開発銀行、澤田康幸監訳「補章アジアにおける災害レジリエンス」『アジア開発史』勁草書房、2021年。

阿部和美『混迷するインドネシア・パプア分離独立運動――「平和の地」を求める闘いの行方』明石書店、2022年。

アリソン、グラハム、ロバート・D・ブラックウィル、アリ・ウィン著／倉田真木訳『リー・クアンユー、世界を語る』サンマーク出版、2013年。

五十嵐誠一「東南アジアの新しい地域秩序とトランスナショナルな市民社会の地平――ASEAN共同体の形成過程における『下』からのオルターナティブ地域主義に注目して」『国際政治』158号、2009年。

五十嵐誠一『東アジアの新しい地域主義と市民社会――ヘゲモニーと規範の批判的地域主義アプローチ』勁草書房、2018年。

石川幸一「ASEAN共同体形成の現状と展望」『季刊国際貿易と投資』67号、2007年。

石川幸一・清水一史・助川成也編『ASEAN経済共同体――東アジア統合の核となりうるか』日本貿易振興機構（JETRO）、2009年。

石川幸一「ASEAN包括的投資協定の概要と意義」『貿易と投資』79号、国際貿易投資研究所（ITI）、2010年。

石川幸一・清水一史・助川成也編『ASEAN経済共同体と日本』文眞堂、2013年。

石川幸一・清水一史・助川成也編『ASEAN経済共同体の創設と日本』文眞堂、2016年。

石川幸一「ASEAN経済共同体ブループリント2025の中間評価」ITI調査研究シリーズ120号、国際貿易投資研究所、2021年。

石塚智佐「ICJ判決の解釈請求における新傾向――プレア・ビヘア寺院事件を素材として」『城西国際大学紀要』第23巻、2015年。

伊藤亜聖「中国ASEAN経済関係の諸相――南進しているのは誰か？」末廣昭他編『南進する中国と東南アジア――地域の「中国化」』東京大学社会科学研究所、2014年。

稲田十一「ドナーとしての中国の台頭とそのインパクト―カンボジアとラオスの事例」、金子芳樹・山田満・吉野文雄編『「一帯一路」時代のASEAN――中国傾斜の中で分裂・分断に向かうのか』明石書店、2020年。

稲田十一『「一帯一路」を検証する――国際開発援助体制への中国のインパクト』明石書店、2024年。

植竹立人「泥沼化――タイ深南部問題」『アジア経済研究所2005年。

遠藤聡「ベトナムのコロナ対策と展望」川上高司・石井貫太郎編『パンデミック対応の国際比較』東信堂、2022年。

大庭三枝『重層的地域としてのアジア――対立と共存の構図』有斐閣、2014年。

岡部達味編『ポスト冷戦のアジア太平洋』日本国際問題研究所、1995年。

小野沢純「TPP協定におけるマレーシアのブミプトラ政策――ブミプトラ企業の競争力改善となるか」『季刊 国際貿易と投資』107号、国際貿易投資研究所、2017年。

片岡真輝「激変する太平洋地域の安全保障環境と太平洋島嶼国――パシフィック・ウェイに基づく協調は可能か」『IDFスクエア』アジア経済研究所IDE-JETRO、2022年。

可児弘明・斯波義信・游仲勲編集『華僑・華人事典』弘文堂、2002年。

金子芳樹・山田満・吉野文雄編著『「一帯一路」時代のASEAN――中国傾斜の中で分裂・分断に向かうのか』明石書店、2020年。

金子芳樹「変わる東南アジアの地域秩序――中国の台頭と米中対立への対応をめぐって」萩野寛雄編『現代日本におけるアジア論の地平』芦書房、2022年。

カプラン、ロバート・D著／奥山真司訳『南シナ海――中国海洋覇権の野望』講談社、2014年。

蒲田亮平「ASEANサービス貿易協定（ATISA）のポイント」地域・分析レポート、ジェトロ、2021年。

川中豪、川村晃一編『教養の東南アジア現代史』ミネルバ書房、2020年。

菊池努『APEC』日本国際問題研究所、1995年。

菊池努「外交政策の形成と政策研究機関――ASEAN戦略国際問題研究所連合（ISIS）と政策ネットワーク」『国際問題』第575号、2008年10月。

菊池努「ASEAN政治安全保障共同体に向けて――現状と課題」山影進編『新しいASEAN――地域共同体とアジアの中心性を目指して』アジア経済研究所、2011年。

黒田友哉「EC／アセアン関係の制度化 一九六七―一九七五年――EU―アジア関係の一起源をめぐって」『国際政治』182号、2015年。

黒柳米司責任編集『ASEAN全体像の検証』日本国際政治学会編『国際政治』116号、1997年。

黒柳米司『ASEAN35年の軌跡――ASEAN Way の効用と限界』有信堂高文社、2003年。

黒柳米司「『ASEAN Way』再考」『アジア地域秩序とＡＳＥＡＮの挑戦』明石書店、２００５年。

黒柳米司編著『「米中対峙」時代のＡＳＥＡＮ――共同体への深化と対外関与の拡大』明石書店、２０１４年。

国連開発計画（ＵＮＤＰ）『人間開発報告書（一九九四年版）』国際協力出版会、１９９４年。

佐藤考一「非伝統的安全保障――海賊問題とイスラム・テロを中心に」黒柳米司編『アジア地域秩序とＡＳＥＡＮの挑戦』明石書店、２００５年。

佐藤考一『「中国脅威論」とＡＳＥＡＮ諸国』勁草書房、２０１２年。

佐藤考一「非伝統的安全保障問題とＡＳＥＡＮ中国首脳会議」同著『「中国脅威論」とＡＳＥＡＮ諸国』勁草書房、２０１２年。

佐藤考一「南シナ海をめぐる国際関係」『東亜』２０１４年７月号。

佐藤考一「中国の海洋攻勢――中国公船・漁船の動向とコロナ危機」『東亜』２０２０年８月号。

佐藤考一『「海洋強国」中国と日・米・ＡＳＥＡＮ――東シナ海・南シナ海をめぐる攻防』勁草書房、２０２３年。

ジェトロ『ジェトロ世界貿易投資報告 ２０１５年版』。

ジェトロ『ジェトロ世界貿易投資報告 ２０１６年版』。

重冨真一編『アジアの国家とＮＧＯ』明石書店、２００１年。

重政公一「東南アジアにおけるトラック２とトラック３チャンネルとの競合的協調関係――人権規範推進に向けた水平的対話モデルの考察」『国際政治』１６９号、２０１２年。

重政公一「ＡＳＥＡＮ人権宣言をめぐる政治過程――ＡＩＣＨＲと市民社会アクターとの相克」神余隆博・星野俊也・戸崎洋史・佐渡紀子編『安全保障論』信山社、２０１５年。

下村恭民・大橋英夫・日本国際問題研究所編『中国の対外援助』日本経済評論社、２０１３年。

清水一史『ＡＳＥＡＮ域内経済協力の政治経済学』ミネルヴァ書房、１９９８年。

清水一史・田村慶子・横山豪志編著『東南アジア現代政治入門』（改訂版）ミネルヴァ書房、２０１８年。

清水一史「ＲＣＥＰと東アジア経済統合　東アジアのメガＦＴＡ」『国際問題』６３２号、２０１４年。

清水一史「ＴＰＰと東アジア経済統合」石川幸一・馬田啓一・渡邊頼純編『ＴＰＰ交渉の論点と日本――国益をめぐる攻防』文眞堂、２０１４年。

下村恭民・大橋英夫編『中国の対外援助』日本経済評論社、２０１３年。

首藤もと子「アジアの市民社会と国際関係」和田春樹・後藤乾一・木畑洋一他編『東アジア近現代通史 第10巻――和解と協力の未来へ １９９０年以降』岩波書店、２０１１年。

首藤もと子「ＡＳＥＡＮ社会文化共同体に向けて――現況と課題」『国際問題』６４６号、２０１５年。

スクマ、リザール著／大野圭一郎訳「ＡＳＥＡＮ安全保障共同体――原則と現実」『国際問題』５７６号、２００８年。

鈴木早苗「ＡＳＥＡＮ憲章の策定――第13回首脳会議における憲章署名までの道のり」『アジ研ワールド・トレンド』１５０号、２００８年。

鈴木早苗「ASEANにおける組織改革――憲章発効後の課題」山影進編『新しいASEAN――地域共同体とアジアの中心性を目指して』アジア経済研究所、2011年。

鈴木早苗『合意形成モデルとしてのASEAN――国際政治における議長国制度』東京大学出版会、2014年。

鈴木早苗・福永佳文「ASEAN連結性の強化と常駐代表の役割」『アジ研　ワールド・トレンド』242号、2015年。

鈴木早苗編『ASEAN共同体――政治安全保障・経済・社会文化』日本貿易振興機構アジア経済研究所、2016年。

鈴木早苗「ASEANのミャンマーへの関与とその変化」『アジア研究』第69巻、第3号、2023年。

須藤季夫『東南アジア国際関係の構図――理論地域学をめざして』勁草書房、1996年。

田中明彦『アジアのなかの日本』NTT出版、2007年。

田中恭子編『現代中国の構造変動8　国際関係――アジア太平洋の地域秩序』東京大学出版会、2001年。

谷口美代子『平和構築を支援する――ミンダナオ紛争を和平への道』名古屋大学出版会、2020年。

玉置充子「中国の対外中国語教育戦略とASEAN地域における展開」吉野文雄編『東南アジアと中国・華僑』成文堂、2013年。

床呂郁哉・西井涼子・福島康博編『東南アジアのイスラーム』東京外国語大学出版会、2012年。

トラン・ヴァン・トウ、松本邦愛編『中国――ASEANのFTAと東アジア経済』文眞堂、2007年。

日本国際問題研究所『国際問題（No．551）焦点：東アジア共同体をめぐる政治』2006年。

日本国際政治学会編『変動期東南アジアの内政と外交』185号、2016年。

萩原宜之『ASEAN――東南アジア諸国連合』（有斐閣選書）、有斐閣、1990年。

濱田美紀編『ASEANと日本――変わりゆく経済関係』日本貿易振興機構アジア経済研究所、2023年。

廣野美和編『一帯一路は何をもたらしたのか』勁草書房、2021年。

深沢淳一・助川成也『ASEAN大市場統合と日本』文眞堂、2014年。

福田保「米中対峙下におけるアジア太平洋の多国間制度」金子芳樹、山田満、吉野文雄編著『「一帯一路」時代のASEAN――中国傾斜のなかで分裂・分断に向かうのか』明石書店、2020年。

堀場明子「タイ深南部紛争と平和構築イニシアティブ」『ボランティア学研究』第16巻、2016年。

本名純「インドネシア――コロナ危機下の反民主主義的政治アジェンダ」川島真・池内恵編『新興国から見るアフターコロナの時代』東京大学出版会、2021年。

増原綾子「民主化期インドネシアにおける脅威認識の変容と政軍関係」『国際政治』第185号、2016年。

松野明久『東ティモール独立史』早稲田大学出版部、2002年。

マブバニ、キショール、ジェフリー・スン著／黒柳米司訳『ASEANの奇跡』新日本出版社、2018年。

森聡「アメリカとアジア」福田保編『アジアの国際関係――移行期の地域秩序』春風社、2018年。

山影進『ASEAN――シンボルからシステムへ』東京大学出版会、1991年。

山影進『ASEANパワー――アジア太平洋の中核へ』東京大学出版会、1997年。

山影進「ASEANの変容――東南アジア友好協力条約の役割変化からみる」『国際問題』576号、2008年。

山影進編『新しいASEAN――地域共同体とアジアの中心性を目指して』アジア経済研究所、2011年。

山影進「ASEANにみるいびつな鏡に映したヨーロッパ統合」山本吉宣・羽場久美子・押村高（編）『国際政治から考える東アジア共同体』ミネルヴァ書房、2012年。

山影進「『不戦レジーム』を超えて――ASEANの政治安全保障協力をどう捉えるか」『国際法外交雑誌』113巻1号、2014年5月。

山下明博「世界遺産を巡る紛争における国際司法裁判所の役割」『広島平和科学』第33号、2011年。

山下明博「世界遺産をめぐる国境紛争――プレアビヒア寺院遺跡」『安田女子大学紀要』39号、2011年。

山田満編『東ティモールを知るための50章』明石書店、2006年。

山田満「アジアにおける地域紛争――東南アジアを中心に」天児慧編『アジアの非伝統的安全保障　I総合編』勁草書房、2011年。

山田満「東ティモール――21世紀最初の独立国家」清水一史・田村慶子・横山豪志編著『東南アジア現代政治入門』ミネルヴァ書房、2011年。

山田満「序論　市民社会からみたアジア」『国際政治』169号、2012年。

山田満「ASEANにおける共同体構築と平和構築」黒柳米司編『「米中対峙」時代のASEAN』明石書店、2014年。

山本武彦・天児慧編『東アジア共同体の構築1――新たな地域形成』岩波書店、2007年。

山本吉宣『国際レジームとガバナンス』有斐閣、2008年。

湯川拓「ASEANにおける規範――論争から変容へ」山影進編『新しいASEAN』アジア経済研究所、2012年。

吉野文雄「ASEANの環境協力」『海外事情』第60巻、第2号、2012年。

吉野文雄編『東南アジアと中国・華僑』（拓殖大学研究叢書（社会科学）36）成文堂、2012年。

吉野文雄「RCEPとTPP」黒柳米司編著『「米中対峙」時代のASEAN――共同体への深化と対外関与の拡大』明石書店、2014年。

レッタ、コンラード・G・M（現代政治学研究会監修）『ASEMの将来』一藝社、2003年。

【英文】

Acharya, Amitav, *Constructing a Security Community in Southeast Asia*, 2nd Ed., Routledge, 2009

Anwar, Dewi Fortuna, *Indonesia in ASEAN*, ISEAS, 1994.

Ball, Desmond, *The Council for Security Cooperation in the Asia Pacific (CSCAP): It's record and its prospects*, Canberra: Strategic and Defence Studies Centre, Australian National University, 2000.

Chachavalpongpun, Pavin (ed), *The Road to Ratification and Implementation of the ASEAN Charter*, Singapore: Institute of Southeast Asian Studies, 2009.

Ciorciari, John D. and Kiyoteru Tsutsui, eds., *The Courteous Power: Japan and Southeast Asia in the Indo-Pacific Era*, University of Michigan Press, 2021.

Cremona, Marise, David Kleimann, Joris Larik, Rena Lee, and Pascal Vennesson, *ASEAN's External Agreements: Law, Practice and Quest for Collective Action*, Cambridge University Press, 2015.

Dosch, Joern and Frederick Kliem (eds), *The Elgar Companion to ASEAN*, Edward Elgar Publishing, 2023.

Duxbury, Alison & Hsien-Li Tan, *Can ASEAN Take Human Rights Seriously? Integration through Law: The Role of Law and the Rule of Law in ASEAN Integration*, Cambridge: Cambridge University Press, 2019. doi:10.1017/9781108566414.013

Emmers, Ralf ed, *ASEAN and the Institutionalization of East Asia*, Abingdon and New York, Routledge, 2011.

Fifield, Russell H., *Southeast Asia in United States Policy*, Council on Foreign Policy, 1963〈R・H・フィフィールド『アメリカの東南アジア政策』鹿島研究所出版会、1965年〉.

Lam, Peng Er eds., *Japan's Relations with Southeast Asia: The Fukuda Doctrine and Beyond*, Routledge, 2013.

Mishra, Rahul, "What's Behind the Growing Number of Attacks in Southern Thailand?" *The Diplomat*, May 24, 2023.

Petri, Peter A. and Michael G. Plummer, *ASEAN Centrality and ASEAN-US Economic Relationship*, East-West Center, Honolulu, 2013.

Pratomo, Eddy, "Nasionalisme dan Ambalat," Kompas, 31 July.

Stubbs, Richard, "ASEAN sceptics versus ASEAN proponents: evolving regional institutions," The Pacific Review, 32-6, 2019.

【ドキュメンツ】

ASEAN 2025: Forging Ahead Together.

ASEAN, Chairperson's Statement of the 12th ASEAN Summit H.E. the President Gloria Macapagal-Arroyo "One Caring and Sharing Community," Cebu, Philippines, 13 January, 2007.

ASEAN, Chairman's Statement of the 13th ASEAN Summit, "One ASEAN at the Heart of Dynamic Asia," Singapore, 20 November, 2007.

ASEAN Economic Community Blue prinrit.

ASEAN Trade in Goods Agreement.

Charter of the Association of Southeast Asian Nations.

Declaration of ASEAN Concord II.

Master Plan on ASEAN Connectivity.

SHARE Project Management Office 2020. *Study on Enhancing Intra-ASEAN University Student Mobility*.

UNESCAP, *Asia-Pacific Disaster Report 2022.*

ASEAN主要動向・会議関連年表

年	主要動向	主要会議			
		会議	開催国	日程	主要成果
1967	8/8 ASEAN結成	外相会議1	タイ	8/5〜8	ASEAN結成
1968	1 英「スエズ以東」撤退予告 3 フィリピン、コレヒドール事件（ジャビダの虐殺） ↓11：マレーシア・フィリピン断交 10 シンガポール、インドネシア海兵隊員2名処刑	外相会議2	インドネシア	8/6〜7	
1969	6 ソ連、ブレジネフ書記長「アジア集団安保体制」提唱 7 ニクソン米大統領「ニクソン・ドクトリン」表明 12 マレーシア＝フィリピン復交	外相会議3	マレーシア	12/16〜17	
1970	3 カンボジア・クーデター（シアヌーク国王解任） ↓反共ロン・ノル政権				
1971	11 東南アジア平和自由中立宣言	外相会議4	フィリピン	3/12〜13	ZOPFAN宣言
		特別外相会議	マレーシア	11/25〜26	
1972	2 ニクソン米大統領訪中 6 国連「ASEAN経済協力チーム」最終報告書提出 ↓三大経済協力プロジェクトを勧告	外相会議5	シンガポール	4/13〜14	
		外相会議非	フィリピン	7/13〜14	
1973	1 パリ和平協定 ↓ベトナム戦争終結 11 ASEAN対日合成ゴム・フォーラム創設	外相会議6	タイ	4/16〜18	

1974	1 田中首相ASEAN歴訪 ↓ジャカルタとバンコクで「反日」暴動 西沙で中越衝突 5 マレーシア、対中国交樹立 ↓75年、フィリピン、タイも国交	外相会議7	インドネシア	5/7〜9	ASEAN事務局のジャカルタ設立合意
1975	4 インドシナ全面社会主義化 ↓プノンペン、サイゴン陥落 ↓12：ラオス社会主義化 11 第1回経済閣僚会議（AEM）	外相会議8	マレーシア	5/13〜15	
1976	6 「民主カンプチア」（ポル・ポト政権）新憲法成立 7 ベトナム社会主義共和国成立 在タイ米軍撤退完了	首脳会議1	インドネシア	2/23〜24	東南アジア友好協力条約（TAC） ASEAN協和宣言（バリ宣言） ASEAN事務局創設立協定
		外相会議9	フィリピン	6/24〜26	
1977	6 東南アジア条約機構（SEATO）解体 8 「福田ドクトリン」	外相会議10	シンガポール	7/5〜8	
		首脳会議2	マレーシア	8/4〜5	
1978	6 日＝ASEAN外相会議 ↓79年拡大ASEAN外相会議（PMC）へ 12 カンボジア紛争勃発	外相会議11	タイ	6/14〜16	
1979	1 米中国交樹立 2 中越戦争（〜3） 6 第1回PMC ↓ASEAN諸国と日・米・豪・NZ・EU	外相会議12	インドネシア	6/28〜30	
1980	3 インドネシア・マレーシアがクアンタン原則確認 8 カナダ、PMCに参加 9 リー・クアンユー「日本に学べ」運動提唱 「環太平洋共同体セミナー」（キャンベラ） ↓官財学三者構成のPECC始動へ	外相会議13	マレーシア	6/25〜26	
1981	12 マレーシア、マハティール首相「ルック・イースト」政策提唱	外相会議14	フィリピン	6/17〜18	

1982	8 カンボジア三派連合政府成立	外相会議15	シンガポール	6/14〜16
1983	8 フィリピン野党ベニグノ・アキノ暗殺事件	外相会議16	タイ	6/24〜25
1984	1 ブルネイ独立 ↓ASEAN加盟 9 ASEAN-ISIS始動（インドネシア） ↓1988年、正式発足	外相会議17	インドネシア	7/9〜10
1985		外相会議18	マレーシア	7/8〜9
1986	2 フィリピン、マルコス政権崩壊（「黄色革命」） 11 イスラエル大統領シンガポール訪問へ ↓ブルネイ・インドネシア・マレーシアが非難	外相会議19	フィリピン	6/23〜28
1987	1 第1回アジア太平洋ラウンドテーブル（マレーシア）	外相会議20	シンガポール	6/15〜16
1988	3 南沙で中越武力衝突 8 ASEAN-ISIS憲章採択（シンガポール）	外相会議21 首脳会議3	タイ フィリピン	7/4〜5 12/14〜15
1989	9 ベトナム、カンボジアから一方的撤退完了 11 アジア太平洋経済協力（APEC）発足、ベルリンの壁崩壊 ↓冷戦構造解体へ	外相会議22	ブルネイ	7/3〜4
1990	1 「南シナ海紛争ワークショップ」（インドネシア） 5 ミャンマー総選挙 ↓野党NLDが圧勝 7〜 豪・加外相相次いでアジア版「安保協力会議」構想提案 9 インドネシア、対中国交正常化 ↓11：シンガポール、対中国交樹立 12 マレーシア、マハティール首相「EAEG」提唱 ↓李鵬首相歓迎宴で	外相会議23	インドネシア	7/24〜25
1991	7 韓国・APEC加入	外相会議24	マレーシア	7/9〜20

ASEAN 主要動向・会議関連年表

	10 カンボジア紛争「パリ和平協定」成立 12 比政府、92年末までに在比米海軍基地閉鎖を通告 ↓92年閉鎖				
1992	2 中国「領海・接続水域法」制定 ↓南シナ海・尖閣諸島を中国領と規定 5 中国、南沙で米社に石油探索権付与 ベトナム・ラオス、TAC署名	首脳会議4	シンガポール	1/28	ASEAN自由貿易地帯（AFTA）創設合意 首脳会議の定例化 ↓3年ごとに公式会議、その間に非公式会議
		外相会議25	フィリピン	7/21〜22	「南シナ海に関するASEAN宣言」
1993	6 ASEAN・日・米・韓の研究機関、アジア太平洋安全保障協力会議（CSCAP）設立合意 7 ASEAN地域フォーラム（ARF）設立合意 9 世銀報告『東アジアの奇跡』	外相会議26	シンガポール	7/23〜24	APEC枠内協議体としてのEAECの承認
1994	7 第1回ARF会議（タイ） ↓ASEAN諸国＋9ヵ国とEUが参加	外相会議27	タイ	7/22〜23	CLMVの加盟同意
1995	2 中国、「ミスチーフ礁」に構造物構築 7 ベトナムASEAN加盟 ミャンマー、TAC署名 8 第2回ARF会議（ブルネイ） ↓「ARFコンセプト・ペーパー」 ↓カンボジア、ARFに参加	外相会議28	ブルネイ	7/29〜30	
		首脳会議5	タイ	12/14〜15	「東南アジア非核兵器地帯（SEANVFZ）」条約署名
1996	3 第1回アジア欧州会議（ASEM）（タイ） 7 中・印・露、PMCに参加 第3回ARF会議 ↓ミャンマー、インドが参加	外相会議29	インドネシア	7/29〜30	中露印を「対話パートナー」に
		首脳会議非1	インドネシア	11/30	
1997	7 ラオス・ミャンマーASEAN加盟 カンボジア、フンセン首相クーデター 7〜 タイ通貨バーツ暴落 ↓アジア通貨危機へ 12 第1回ASEAN＋3首脳会議 第1回ASEAN内相会議 ↓越境犯罪に関するASEAN宣言	外相会議30	マレーシア	7/24〜25	
		首脳会議非2	マレーシア	12/14〜16	

1998	5 インドネシア、スハルト体制崩壊 7 第5回ARF会議 ↓モンゴルが参加 12 東アジア・ビジョングループ（EAVG）発足	外相会議31	フィリピン	7/24～25	
		首脳会議6	ベトナム	12/15～16	「ハノイ行動計画」（1991～2004）
1999	7 カンボジアASEAN加盟 ↓「ASEAN-10」体制 11 ASEAN+3「東アジア協力に関する共同声明」	外相会議32	シンガポール	7/23～24	
		首脳会議非3	フィリピン	11/27～28	
2000	5 チェンマイ、イニシアティブ（CMI）合意 7 第7回ARF会議（タイ） ↓北朝鮮、ARFに参加 8 第1回「ASEAN民衆会議」（APA）バタム島 11 東アジア・スタディ・グループ（EASG）発足	外相会議33	タイ	7/24～25	
		首脳会議非4	シンガポール	11/22～25	ASEAN統合イニシアティブ（IAI）始動
2001	9 米国同時多発テロ 11 ASEAN+3首脳会議 ↓EAVG報告書提出（「東アジア共同体」提唱）	外相会議34	ベトナム	7/23～24	
		首脳会議7	ブルネイ	11/5～6	首脳会議の年次開催合意
2002	5 東ティモール独立 上海協力機構（SCO）常設化 5～ 第1回アジア安全保障首脳会議（シャングリラ・ダイアローグ）シンガポール ASEAN＝中国外相会議 ↓「南シナ海行動宣言（DOC）」署名 ↓中国＝ASEAN自由貿易地帯（CAFTA）交渉合意 11 EASG報告書提出 12 JCJインドネシア＝マレーシア領土紛争で裁定 ↓シパダン・リギタン島は「マレーシア領」	外相会議7	ブルネイ	7/29～30	「ASEAN統合ロードマップ」合意
		首脳会議8	カンボジア	11/4～5	
2003	10 第7回中国・ASEAN首脳会議 ↓中国・インドTAC署名 ↓中国・ASEN戦略的パートナーシップ協定	外相会議36	カンボジア	6/16～23	
		首脳会議9	インドネシア	10/7～8	「第2バリ宣言」（BCII） ↓ASEAN共同体構想
2004	7 第11回ARF会議 ↓パキスタン、ARFに参加	外相会議37	インドネシア	6/29～30	

ASEAN主要動向・会議関連年表

年	主要動向	会議	開催地	日程	備考
(2004)	7~ 日本、パキスタン、韓国、ロシア、TAC署名 11 中国=ASEAN自由貿易地帯枠組み合意 ↓発足は２０１０年 12 スマトラ島沖地震	首脳会議10	ラオス	11/29~30	「ビエンチャン行動計画」（２００４~09）
2005	7 東ティモール、ARFに参加 7~ 豪、NZ、モンゴル、TAC署名 8 アチェ和平合意 ↓１９７６年以来の内紛終結 12 第1回東アジア首脳会議（EAS）マレーシア	外相会議38	ラオス	7/25~26	ミャンマー、２００６年の議長国辞退
		首脳会議11	マレーシア	12/14~15	
2006	5 第1回ASEAN国防相会議（ADMM）マレーシア 7 フランス、TAC署名 バングラデシュ、ARFに参加 9 タイ軍事クーデタ ↓タクシン政権崩壊	外相会議39	マレーシア	7/24~25	
2007	1~ 東ティモール、バングラデシュ、スリランカ、TAC署名 8 スリランカ、ARFに参加 11 「東アジア協力に関する第二共同声明」	首脳会議12	フィリピン	1/9~15	ASEAN共同体期限を２０１５年に前倒し ↓「ASEAN反テロ協定」採択
		外相会議40	フィリピン	7/29~30	
		首脳会議13	シンガポール	11/18~22	「ASEAN憲章」採択 ↓発効は２００８年 「ASEAN経済共同体ブループリント」
2008	5 ICJ、マレーシア=シンガポール領土紛争で裁定 ↓ペトラ・ブランカ島は「シンガポール領」 ミャンマー、サイクロン「ナルギス」 ↓国際支援受け入れへ 6 K・ラッド豪首相「アジア太平洋共同体」構想 7 北朝鮮、TAC署名 10 カンボジア=タイ、プレア・ビヒア遺跡で武力衝突 ↓域内紛争で加盟国に初の死者 12 「ASEAN憲章」発効 第1回日中韓首脳会議 インドネシア「バリ民主主義フォーラム」創設	外相会議41	シンガポール	7/20~21	

年	出来事	会議	議長国	日程	備考
2009	4 プレア・ビヒア紛争再熱 6 米、EU、TAC署名 ↓第1回米＝ASEAN首脳会議 10 ASEAN政府間人権委員会（AICHR）設立	首脳会議14	タイ	2/26〜3/1	「ASEAN共同体ロードマップ」（2009〜15） ↓「ASEAN政治安全保障共同体ブループリント」 ↓「ASEAN社会文化共同体ブループリント」
		外相会議42		7/19〜20	
		首脳会議15		10/13〜15	「ASEAN連結性マスタープラン」採択
2010	1 CAFTA発足 5 中国、戴国務委員、「南シナ海は〝核心的利益〟」と発言（Washington Post紙） 10 第1回拡大ASEAN国防相会議（ADMM＋）ベトナム ↓ASEAN・日中韓・印豪NZ・米露参加 ミャンマー、20年ぶり総選挙 11 日中韓協力事務局設立協定 ↓設立は2011年	首脳会議16	ベトナム	4/8〜9	議長声明で「ASEANの中心性」協調
		外相会議43		7/19〜20	
		首脳会議17		10/28〜30	「ASEAN連結性マスタープラン」採択
2011	2 プレア・ビヒア紛争再燃 ↓7：ICJ和解勧告 3 東ティモールASEAN加盟申請 ミャンマー民政移管（テイン・セイン政権） 7 中＝ASEAN、「DOC履行ガイドライン」承認 9 日中韓協力事務局始動（ソウル） 10 クリントン国務長官「アジア回帰」論文 11 米露、EASに初の正式参加 ↓12項目の「バリ原則宣言」ブラジル、TAC署名	首脳会議18	インドネシア	5/7〜8	
		外相会議44		7/16〜23	
		首脳会議19		11/14〜19	「第3バリ宣言」（BCⅢ）
2012	1 米国防総省「リバランス戦略」公表 4 スカボロー礁で中比軍艦が対峙 7 中国、海南省に「三沙市」設立と発表	首脳会議20	カンボジア	4/3〜4	
		首脳会議45		7/9〜13	南シナ海問題で域内対立 ↓共同声明なしで閉会 ↓「南シナ海6項目ASEAN合意」

ASEAN主要動向・会議関連年表

	12	クリントン国務長官ミャンマー訪問 ↓アウンサン・スーチーと会見	首脳会議21		11/18	「BCⅢ行動計画」 「ASEAN人権宣言」採択 「ASEAN平和と和解研究所」設立
2013	1	フィリピン、南シナ海問題で中国を国際仲裁裁判所に提訴	首脳会議22	ブルネイ	4/24〜25	
	11	中国、尖閣上空を含むADIZを一方的に設定	外相会議46		6/27〜7/3	
			首脳会議23		10/9〜10	
2014	1	ミャンマーASEAN議長国に就任	首脳会議24	ミャンマー	5/10〜11	
	3	インドネシア軍高官、ナツナ諸島は「係争地」と言明				
		フィリピン南部イスラム反乱和平合意				
	4	米比防衛協力強化協定	外相会議47		8/5〜10	
		タイ・軍事クーデタ（インラック政権崩壊） ↓7：中国から潜水艦3隻購入へ				
		第13回シャングリラ・ダイアローグ ↓安倍首相基調講演				
	5	中国、ベトナムEEZに石油掘削装置（HY981）派遣 ↓ベトナムで反中デモ暴徒化	首脳会議25		11/11〜13	「ASEAN共同体ポスト2015ビジョン」 「ASEANコミュニケーション・マスタープラン」
	10	インドネシアジョコウィ大統領就任 ↓EASで「国際海洋枢軸インドネシア」論展開				
2015	10	米イージス艦、南シナ海の中国人工島（スービ礁）の12海里内を航行 ↓カーター国防長官：「航行の自由作戦」は数週間から数ヵ月継続 ↓中国政府「米艦の航行は中国の主権を脅かす」と強硬に反発	首脳会議26	マレーシア	4/26〜28	「南シナ海での人工島造成に重大な懸念」表明
	12/31	「ASEAN共同体」達成期限	外相会議48		8/1〜6	

2016	6　中国・ASEAN外相会議	外相会議非	ラオス	2/27	
	7　フィリピンの仲裁裁判所に提訴（2013年）判決「中国の主張には法的根拠がない」 →中国・ASEAN高官協議開催　DOCを格上げした「行動規範（COC）」合意を目指す	外相会議49		7/24	
	8　安倍首相、ケニアのTICADⅣ総会で「自由で開かれたインド太平洋」論展開	首脳会議28・29		9/6～7	ASEAN統合イニシアチブ（IAI）ワークプランⅢ」採択 「連結性マスタープラン2025」採択
	10　ロヒンギャ問題の再燃 →国連難民高等弁務官事務所（UNHCR）「民族浄化」と非難	外相会議非	ミャンマー	12/19	
2017	8　ASEAN50周年記念式典開催 北朝鮮・ASEAN大使情勢報告会	外相会議非	フィリピン	2/21	北朝鮮ミサイル発射に「深刻な懸念」
	9　北朝鮮核実験	首脳会議30		4/26	南シナ海問題「一部首脳の深刻な懸念に留意する」
	11　RCEP首脳会議で交渉妥結の合意延期 →「交渉妥結に向けて2018年に一層努力する」	外相会議50		8/5	南シナ海問題「一部外相により表明された最近の開発に関する懸念に留意する」
	12　米、トランプ共和党政権誕生	首脳会議31		11/13	「ASEANと中国の関係改善に留意する」
2018	2　ASEAN・中国初の合同海軍演習実施に合意	外相会議非	シンガポール	2/6	
	11　東アジア首脳会議（EAS） →「ICTとデジタル経済の安全性を高めるための宣言」発表	首脳会議32		4/27～28	
		外相会議51		8/2	
	12　ASEAN防災人道支援（AHA）センター代表とASEAN事務総長ラカイン州訪問	首脳会議33		11/13	「ASEANスマートシティーネットワーク（ASCN）」枠組み文書採択 「サイバーセキュリティ協力に関する宣言」発表
2019	2　インド太平洋協力に関する方針を発表	外相会議非	タイ	1/17	評価ミッションのミャンマーへの派遣を了承
	6　フィリピンの排他的経済水域（EEZ）内リード堆でフィリピン漁船に中国のトロール船が衝突 →中国船は救助活動をせず逃げ去る	首脳会議34		6/23	

	7 AHAセンター代表とASEAN事務総長ロヒンギャ難民が住むバングラデシュのコックスバザール訪問 →支援チームの立ち上げ 9 ASEAN・アメリカ発の合同海軍実施	外相会議52		7/31	「ASEANと中国との関係改善に留意する」 「埋め立てや緊張を高める活動に対して懸念を表明する」
	11 ガンビアがミャンマー政府を国際司法裁判所に訴える	首脳会議35		11/3	
2020	1 WHOが「国際的に懸念される公衆衛生上の緊急事態（PHEIC）」宣言	外相会議非	ベトナム	1/16〜17	
	3 WHOが世界の流行状況を「パンデミック」認定	外相会議53	ビデオ会議	9/9	
	4 ASEAN＋3特別首脳会議および保健大臣会議開催 →ASEAN公衆衛生緊急事態のための医療品備蓄およびASEAN公衆衛生緊急事態・感染症対策センター設置 ASEAN＋3疫学専門家の会合 5〜 ASEAN＋3経済大臣会議 →「新型コロナウイルスの経済的打撃緩和に関する行動計画」採択	首脳会議36		6/26	「新型コロナウイルスに対応する経済協力およびサプライチェーン連結性の強化についてのハノイ計画」 ASEAN新型コロナウイルス対応基金の設置
	6 ASEAN共同体の青写真に示された行動計画の中間評価発表 11 地域的な包括的経済連携（RCEP）協定がASEAN・日・中・韓・豪・NZで締結	首脳会議37		11/12	ASEAN包括的回復枠組み採択 「ASEANアイデンティティの解説」発表 技術・職業教育訓練（TVET）理事会の設置で合意
2021	1 米、バイデン民主党政権成立	外相会議非	ビデオ会議	1/21	
	2 ミャンマーで国軍によるクーデタが発生 →緊急外相会議開催	外相会議非		3/2	
	3 ジャカルタにて緊急特別指導者会議開催 QUAD首脳会議の共同声明でAOIP・ASEANの結束およびASEANの中心性への支持が表明 ASEAN事務総長ミャンマー訪問	特別首脳会議	インドネシア	4/24	暴力の停止と自制、全勢力による対話の実現、議長国のASEAN特使による仲介、ASEANによる人道的支援、全勢力との対話のための特使によるミャンマー訪問という「5項目コンセンサス（5PC）」合意
	6 イギリスはG7外相会議にASEAN諸国を招待	外相会議54	ビデオ会議	8/2	ミャンマーへの特使派遣決定
	12 米、「第1回民主主義サミット」招集	首脳会議38・39		10/26〜28	ミャンマー国軍最高司令官ミンアウンフラインの参加拒否

年	月・事項	会議	議長国	日付	日本関連
2022	1 RCEP協定の発効 3 ASEAN特使ミャンマー訪問	外相会議非	カンボジア	2/16〜17	ミャンマーに5PCの履行を求める
	5 米・ASEAN特別首脳会議開催 ASEAN特使ミャンマー訪問	外相会議55		8/3	ミャンマーの死刑執行を非難
	6 ミャンマーで民主化活動家の死刑執行 7 東ティモールの加盟を原則承認 11 米・ASEAN関係を「戦略的パートナーシップ」から「包括的・戦略的パートナーシップ」格上げに合意	首脳会議40・41		11/11	「5PC履行に関する首脳によるレビューと決定」発表
2023	5 ASEAN首脳会議開催	首脳会議42	インドネシア	5/10〜11	東ティモール首相参加 ASEAN共同体「ポスト2025ビジョン」合意
	7 ASEAN外相会議開催	外相会議56		7/11〜12	
	8 ASEAN経済相会合開催	経済相55		8/19	
	9 ASEANビジネス投資サミット開催			9/3〜4	
	9 ASEANサミット開催	首脳会議43		9/5〜7	「第四ASEAN協和宣言」発表
	9 ASEANインド太平洋フォーラム開催			9/5	岸田首相「日ASEAN包括的連結性イニシアチブ」発表
	12 日ASEAN友好協力50周年日ASEAN特別首脳会議開催		日本	12/16〜18	「次世代共創パートナーシップ」、「日ASEAN次世代自動車産業共創イニシアティブ」設立を表明

あとがき（改訂版のための追記）

本書初版が刊行されて以来まだ10年を経ていないが、地域機構としてのＡＳＥＡＮは決して理想的な状況にはないことを認めねばならない。実際、２０２３年7月22日『讀賣新聞』社説は「ＡＳＥＡＮ　存在意義を失っていいのか」と重大な懸念を表明している。同社説に象徴されるＡＳＥＡＮの試練は域内外に山積する一連の動揺である。一つは２０２１年2月のミャンマー政変で、これに直面したＡＳＥＡＮは対ミャンマー柔軟派のタイなどと、これに批判的なマレーシアなど強硬派との分断が歴然で、軍部による暴力的な市民弾圧に対し有効な手を打ち出せずにいる。しかも、折しも２０１４年にインドネシアで登場したジョコウィ政権が、これに先行するユドヨノ政権と対照的に、「ＡＳＥＡＮ離れ」とさえいえる姿勢をとったことで、ＡＳＥＡＮはリーダーシップを失い漂流感をもたらした。

もう一つは、台頭著しい中国がもたらす一連のネガティブな状況である。もっとも直接的なのは、南シナ海への強硬な進出と域内4ヵ国が係争国として巻き込んだ領海権主張である。中国は、いわゆる「力による一方的な現状変更」を強行し、南シナ海のほぼ全域を事実上自国の領海とし、これを軍事拠点化するにいたった。これと逆のベクトルを有する動向がいわゆる「一帯一路」（ＢＲＩ）構想や「アジア・インフラ投資銀行」（ＡＩＩＢ）で、中国の経済的求引力を存分に発揮して広域アジアを自らの経済圏に取り込もうとする戦略を推進しつつある。

他方米国は、中国の台頭に対して強い警戒感を抱き、これを牽制すべく日韓両国、ＡＳＥＡＮ諸国などとの既存の連携に加えて、新たに「米日豪印4ヵ国対話」（QUAD）、豪英を巻き込んだ「米英豪軍事提携」（AUKUS）などの枠組みを導入するにいたった。ただし、この間、2017年に成立した共和党トランプ政権は、力の政治を志向したから、ASEAN型協調路線を評価しようとはせず、露骨にこれを無視してきた。過去10年ほどは、かくしてASEANにとって逆風に満ちた歳月であった。

本書の執筆に参加したのは、主として「21世紀アジア研究会」としてほぼ20年近く研究会を重ねてきた研究者諸兄姉である。このグループは、この間、ASEANに焦点を当てた科研費プロジェクトを二度実施し、それらの成果を含めて、明石書店からいわば「ASEAN三部作」ともいうべき論集――『アジア地域秩序とASEANの挑戦』（2005年）、『ASEAN再活性化への課題』（2011年）、および『「米中対峙」時代のASEAN』（2014年）――を上梓してきた。本書は、こうした実績の延長線上に成立した企画であり、「21世紀アジア研究会」メンバーに加えて、ASEANに関わる諸分野に精通した研究者諸兄姉にもご協力を得て刊行の運びとなったものである。

10年前にはASEANをめぐる主要な問題意識は、アジア太平洋秩序の構築という新たな課題に対してASEANが果たしうる役割を探ることにあった。次いで、ASEANがたとえば「東アジア共同体」構想に象徴される広域アジアの地域協力の推進という刮目すべき成果をあげたが、他方では「プレアビヒア寺院」をめぐるタイ＝カンボジアの武力紛争というASEANの存在意義を損ないかねない事態をも体験したことから、ASEANの「深化と拡大」という二重課題の相関を検討する必要性に注目した。そして2010年代以降には「中国の台頭」にともなう「パワー・トランジション」論議とともに「米中対峙」が新たなキーワードとして浮上するなか、弱者の連合体としてのASEANがいかなる役割を果たしうるかの検討が必要となった。

本改訂版でとりあげた50項目は、ASEANの全体像を俯瞰する際の定点観測ともいえる要素を各分野の専門的知識を駆使しつつ解説した初版に、新たな地域・国際環境の変容を加味して読者に提供するものである。本書が、ASEANの生成と発展、成果と限界、評価と展望を理解する上で有益な引証基準となることを切に希望する所以である。

2024年6月

編者を代表して

黒柳米司

略語	全表記	邦訳
SEAARC	Southeast Asian Association for Regional Cooperation	東南アジア地域協力連合
SEARCCT	Southeast Asia Regional Center for Counter Terrorism	テロ対策東南アジア地域センター
SEAC	South East Asia Command	東南アジア司令部
SEANWFZ	Southeast Asia Nuclear Weapons Free Zone	東南アジア非核兵器地帯
SEATO	Southeast Asian Treaty Organization	東南アジア条約機構
SKRL	Singapore-Kunming Rail Link	シンガポール昆明鉄道
SLORC	State Law and Order Restroration Council	国家法秩序回復評議会（ミャンマー）
SOM	Senior Officials Meeting	高級事務レベル会合
SPDC	State Peace and Development Council	国家平和発展評議会（ミャンマー）
TAC	Treaty of Amity and Cooperation in Southeast Asia	東南アジア友好協力条約
TPP	Trans-Pacific Partnership	環太平洋連携（協定）
TTIP	Transatlantic Trade and Investment Partnership	環大西洋貿易投資パートナーシップ
TTRs	Designated Transit Transport Routes	指定された越境交通路
UCDP	Uppsala Conflict Data Program	ウプサラ大学紛争データ・プログラム
UMNO	United Malays National Organization	統一マレー人国民組織
UNCLOS	UN Convention on the Law of the Sea	国連海洋法条約
UNDP	United Nations Development Program	国連開発計画
UNTAET	United Nations Transitional Authority for East Timor	国連東ティモール暫定行政機構
VAP	Vientiane Action Program	ビエンチャン行動計画
WHO	World Health Organization	世界保健機関
WTO	World Trade Organization	世界貿易機関
ZOPFAN	Zone of Peace, Freedam and Neutrality	（東南アジア）平和・自由・中立地帯

略語一覧

略語	全表記	邦訳
MCA	Malayan Chinese Association	マラヤ華人協会（馬華公会）
MIC	Malayan Indian Congress	マラヤ・インド人会議
MILF	Moro Islamic Liberation Front	モロ・イスラム解放戦線
MNLF	Moro National Liberation Front	モロ民族解放戦線
MoA-AD	Memorandum of Agreement on Ancestral Domain	祖先伝来の地に関する合意覚え書き
MPAC	Master Plan on ASEAN Connectivity	ASEAN 連結性マスター・プラン
MRA	Mutual Recognition Agreement	（ASEAN）相互承認協定
NAFTA	North American Free Trade Area	北米自由貿易地帯
NGO	Non-Governmental Organization	非政府組織
NLD	National League for Democracy	国民民主連盟（ミャンマー）
NPA	New People's Army	新人民軍（フィリピン）
NTS	Non-Traditional Security	非伝統的安全保障
OIC	Organization of Islamic Cooperation	イスラム協力機構
OSCE	Organization for Security and Cooperation in Europe	欧州安全保障協力機構
PAFTAD	Pacific Trade and Development Conference	太平洋貿易開発会議
PAP	People's Action Party	人民行動党（シンガポール）
PECC	Pacific Economic Cooperation Committee	環太平洋諸島フォーラム
PIF	Pacific Islands Forum	太平洋諸島フォーラム
PMC	Post Ministerial Conference	（ASEAN）拡大閣僚会議
PTA	Preferential Tariff Agreements	（ASEAN）特恵関税協定
PULO	Patani United Liberation Organization	パタニ統一解放機構
RCEP	Regional Comprehensive Economic Partnership	（アジア太平洋）地域包括的経済連携協定
RHAP	Regional Haze Action Program	地域的煙害行動計画
RVC	Regional Value Contents	累積追加価値基準
SAARC	South Asian Association for Regional Cooperation	南アジア地域協力連合
SAPA	Solidality for Asian People's Advocacy	アジア民衆アドボカシー連帯
SARS	Severe Acute Respiratory Syndrome	重症急性呼吸器症候群
SCO	Shanghai Cooperation Organization	上海協力機構

略語	全表記	邦訳
ECAFE	Economic Committee for Asia Far East	アジア極東経済委員会
ECOWAS	Economic Community of Western African States	西アフリカ諸国経済共同体
EDCA	Enhancement of Defense Cooperation Agreement	（米比）防衛協力強化協定
EEC	European Economic Community	欧州経済共同体
EEZ	Exclusive Economic Zone	排他的経済水域
EPG	Eminent Persons Group	賢人会議
ESCAP	Economic and Social Commission for Asia and the Pacific	（国連）アジア太平洋経済社会委員会
FEALAC	Forum for East Asia-Latin America Cooperation	東アジア中米協力フォーラム
FOIP	Free and Open Indo-Pacific	自由で開かれたインド太平洋
FPDA	Five Power Defense Agreements	5ヵ国防衛取決め
FTAAP	Free Trade Area for Asia-Pacific	アジア太平洋自由貿易圏
EAC	East Asian Community	東アジア共同体
EU	European Union	欧州連合
GATT	General Agreement on Tariffs and Trade	関税及び貿易に関する一般協定
GCC	Gulf Cooperation Council	湾岸協力会議
GDP	Gross Domestic Product	国内総生産
GMS	Greater Mekong Sub-region	大メコン圏
HPEAEs	High Performance East Asian Economies	高実績東アジア経済群
IAI	Initiative for ASEAN Integration	ASEAN 統合イニシアティブ
ICJ	International Court of Justice	国際司法裁判所
IGGI	Inter-Governmental Group of Indonesia	インドネシア援助国会議
IMF	International Monetary Fund	国際通貨基金
INTERFET	International Force for East Timor	東ティモール国際軍
ISEAS	Institute of Southeast Asian Studies	東南アジア研究所（シンガポール）
ISIS	Institute for Strategic and International Studies	戦略国際問題研究所（マレーシア）
JI	Jemaah Islamiyah	ジェマー・イスラミヤ
JICA	Japan International Cooperation Agency	日本国際協力機構
JIM	Jakarta Informal Meeting	ジャカルタ非公式会議

略語一覧

略語	全表記	邦訳
BAPPENAS	Badan Perencanaan Pembangunan Nasional	（インドネシア）国家開発庁
BC II	Baliconcord II	第二バリ宣言
BNPP	Barisan Nasional Pembebasan Patani	パタニ民族解放戦線
BRI	The Belt and Road Initiative	一帯一路
BRN	Barisan Revolusi Nasional	パタニ革命戦線
CBN	Confidence Building Measures	信頼醸成措置
CGI	Consultative Group on Indonesia	対インドネシア協議グループ
CEPT	Common Effective Preferential Tariff	共通効果特恵関税
CICA	Conference on Interaction and Confidence Building in Asia	アジア相互協力信頼醸成会議
CLMV	Cambodia, Laos, Myanmar and Vietnam	カンボジア・ラオス・ミャンマー・ベトナム（ASEAN 後発諸国）
CMI	Chiang Mai Initiative	チェンマイ・イニシアティブ
CNRM	Councelho Nacional daresistencia Maubere	マウベレ民族抵抗評議会
CPR	Committee of permanent Representative	常駐代表委員会
CRRN	Councelho Revolucionario de Resistencia Nacional	民族抵抗革命評議会（東ティモール）
CSCAP	Council for Security Cooperation in the Asia-Pacific	アジア太平洋安全保障協力会議
CSCE	Conference on Security and Cooperation in Europe	全欧安保協力会議
CSIS	Centre for Strategic and International Studies	戦略国際問題研究センター（インドネシア）
CSO	Civil Society Organization	市民社会組織
CSU	Co-ordination and Support Unit	(RHAP）協調支援ユニット
CTC	Change in Tariff Classification	関税番号変更基準
DAC	Declaration of ASEAN Concord	ASEAN 協和宣言
DOC	Declaration on the Conduct of Parties in the South China Sea	南シナ海行動宣言
EAEC	East Asia Economic Caucus	東アジア経済協議会
EAEG	East Asia Economic Group	東アジア経済グループ
EAS	East Asia Summit	東アジア首脳会議
EASG	East Asia Study Group	東アジア・スタディ・グループ
EAVG	East Asia Vision Group	東アジア・ビジョン・グループ

略語	全表記	邦訳
AJCEP	ASEAN-Japan Comprehensive Economic Partnership	ASEAN・日本包括的経済連携協定
AMBDC	ASEAN Mekong Basin Development Cooperation	ASEAN メコン河流域開発協定
AMF	Asian Monetary Fund	アジア通貨基金
AMM	ASEAN Ministerial Meeting	ASEAN 閣僚会議（外相会議）
AMMTC	ASEAN Ministerial Meeting on Transnational Crime	越境犯罪対策閣僚会議
ANFREL	Asian Network for Free Elections	アジア自由選挙ネットワーク
APA	ASEAN People's Assembly	ASEAN 人民会議
APCET	Asia-Pacific Coference for East Timor	アジア太平洋東ティモール会議
APEC	Asia-Pacific Economic Cooperation	アジア太平洋経済協力
APF	ASEAN Peoples' Forum	ASEAN 民衆フォーラム
APHR	ASEAN Parliamentarians for Human Rights	人権のための ASEAN 議員連盟
APSC	ASEAN Political Security Community	ASEAN 政治・安全保障共同体
APT	ASEAN Plus Three	ASEAN プラス 3（日中韓）
ARF	ASEAN Regional Forum	ASEAN 地域フォーラム
ASA	Association of Southeast Asia	東南アジア連合
ASC	ASEAN Security Community	ASEAN 安全保障共同体
ASCC	ASEAN Secio-Cultural Community	ASEAN 社会文化共同体
ASCPA	ASEAN Security Community Plan of Action	ASEAN 安全保障共同体行動計画
ASEAN	Association of Southeast Asia Nations	東南アジア諸国連合
ASEAN-ISIS	ASEAN Institutes for Strategic and International Studies	ASEAN 戦略国際問題研究所連合
ASEANPOL	Chifs of ASEAN Police	ASEAN 警察長官会議
ASEM	Asia-Europe Meeting	アジア欧州会議
ASPAC	Asian and Pacific Council	アジア太平洋協議会
ASW	ASEAN Single Window	ASEAN シングル・ウィンドウ
ATIC	ASEAN Tourism Information Center	ASEAN 観光情報センター
ATIGA	ASEAN Trade in Goods Agreement	ASEAN 物品貿易協定
AUN	ASEAN University Network	ASEAN 大学連合
AUN-SEED-Net	ASEAN University Network/Southeast Asia Engineering Education Development Network	ASEAN工業系高等教育ネットワーク

略語一覧

略語	全表記	邦訳
ABAC	APEC Business Advisory Council	APEC ビジネス諮問委員会
AC	ASEAN Community	ASEAN 共同体
ACB	ASEAN Centre for Biodiversity	ASEAN 生物多様性センター
ACC	ASEAN Coodinating Council	ASEAN 調整理事会
ACCT	ASEAN Convention on Counter-terrorism	ASEAN テロ対策協定
ACFTA	ASEAN-China Free Trade Area	ASEAN・中国自由貿易協定
ACIA	ASEAN Comprehensive Investment Agreement	ASEAN 包括的投資協定
ACSC	ASEAN Civil Society Conference	ASEAN 市民社会会議
ACWC	ASEAN Commission on the Promotion and Protection of the Rights of Women and children	ASEAN 女性・子どもの権利促進・擁護委員会
ADB	Asian Development Bank	アジア開発銀行
ADMM	ASEAN Defense Ministers Meeting	ASEAN 国防省会議
ADMM+	ASEAN Defense Ministers Meeting Plus	拡大 ASEAN 国防総会議
ADIZ	Air Defense Identification Zone	防空識別圏
AEC	ASEAN Economic Community	ASEAN 経済共同体
AEM	ASEAN Economic Ministers Meeting	ASEAN 経済閣僚会議
AFAS	ASEAN Framework Agreement on Service	ASEAN サービス貿易枠組み協定
AFTA	ASEAN Free Trade Area	ASEAN 自由貿易地域
AHP	Asian Highway Project	アジア・ハイウェイ・プロジェクト
AHRD	ASEAN Human Rights Declaration	ASEAN 人権宣言
AIA	ASEAN Investment Area	ASEAN 投資地域
AIC	ASEAN industrial Complementation	ASEAN 産業補完計画
AICHR	ASEAN Intergovernmental Commission on Human Rights	ASEAN 政府間人権委員会
AICO	ASEAN Industrial Cooperation	ASEAN 産業協力（スキーム）
AIGA	ASEAN Investment Guarantee Agreement	ASEAN 投資保護協定
AIIB	Asian Infrastructure Investment Bank	アジア・インフラ投資銀行
AIJV	ASEAN Industrial Joint Ventures	ASEAN 産業合併事業（計画）
AIP	ASEAN Industrial Project	ASEAN 産業プロジェクト

平川幸子（ひらかわ・さちこ）［10、38、39］
早稲田大学社会科学総合学術院・研究院客員教授。
【主要著者・論文】
「安倍外交の検証：ASEAN と台湾への接近を中心に」（『問題と研究』51 巻 1 号、2022 年）、「オバマ政権における台湾への戦略的曖昧政策――リバランス政策からの新アプローチ」（鈴木健人・伊藤剛編『米中争覇とアジア太平洋』有信堂、2021 年）、“Japan: Living in and with Asia,” Lee Lai To and Zarina Othman eds, *Regional Community Building in East Asia: Countries in Focus*, (Routledge, 2016)『「二つの中国」と日本方式：外交ジレンマ解決の起源と応用』（勁草書房、2012 年）

福田　保（ふくだ・たもつ）［42］
東洋英和女学院大学国際社会学部教授。
【主要著書・論文】
「意図せざる戦争――軍事衝突は偶発的に起こるのか」（今野茂充編『国際安全保障――基本的な問いにどう答えるか』2024 年、春風社）、“Japan and ASEAN: Fifty Years of Cooperation and Trust” (Leszek Buszynski, ed., *Handbook of Japanese Security*, MHM Limited, 2023),『アジアの国際関係――移行期の地域秩序』（編著、春風社、2018 年）。

堀江正伸（ほりえ・まさのぶ）［31、32］
青山学院大学地球社会共生学部教授。
【主要著書・論文】
『人道支援は誰のためか――スーダン・ダルフールの国内避難民社会に見る人道支援政策と実践の交差』（晃洋書房、2018 年）、「「取り残された地域」にとっての持続可能な開発目標――インドネシア・西ティモールの事例」（真崎克彦・藍澤淑雄編『ポスト資本主義時代の地域主義――草の根の価値創造の実践』明石書店、2024 年）。

宮下大夢（みやした・ひろむ）［33、34］
名城大学外国語学部准教授。
【主要著書・論文】
「難民問題をめぐる ASEAN の地域ガバナンス――ロヒンギャ難民危機への新たな関与を事例に」（山田満・本多美樹編著『「非伝統的安全保障」によるアジアの平和構築』明石書店、2021 年）、「アジア太平洋――市民社会に広がる R2P と虐殺予防」（西海洋志・中内政貴・中村長史・小松志朗編著『地域から読み解く「保護する責任」』聖学院大学出版会、2023 年）

＊山田　満（やまだ・みつる）［9、15、21、48］
編著者紹介参照。

湯澤　武（ゆざわ・たけし）［16］
法政大学グローバル教養学部教授。
【主要著書・論文】
Japan's Security Policy and the ASEAN Regional Forum: The Search for Multilateral Security in the Asia-Pacific (Routledge, 2007), *ASEAN and the Institutionalization of East Asia*（共著、Routledge, 2011）, *International Security in the Asia Pacific: Transcending ASEAN towards Transitional Polycentrism*（共著、Palgrave Macmilan, 2018）.

＊吉野文雄（よしの　ふみお）［27、28、40、46］
編著者紹介参照。

椎野幸平（しいの・こうへい）[29、37]
拓殖大学国際学部教授。
【主要著書・論文】
『FTA 新時代 アジアを核に広がるネットワーク』ジェトロ（共著、2010）、「RCEP 利用の要因に関する分析：日本の輸入にみる考察」（『国際開発学研究』第 22 巻第 2 号、2023）、「インド太平洋経済枠組み（IPEF）へのインド・東南アジア諸国の対応－デジタル、労働、サプライチェーンの課題－」（『海外事情』第 71 巻第 2 号、2023）。

清水文枝（しみず・あやえ）[23]
平成国際大学法学部准教授。
【主要著書・論文】
「コロナ禍の南シナ海問題――大国間で揺れるフィリピン」『国際情勢紀要』第 91 号（国際情勢研究所、2022 年）、"The Political Dynamics and Impacts Surrounding Subic Naval Base in the Philippines," Minori Takahashi eds., *The Influence of Sub-state Actors on National Security: Using Military Bases to Forge Autonomy*（共著、Springer, 2019）.

清水一史（しみず・かずし）[24、25]
九州大学大学院経済学研究院教授。
【主要著書・論文】
『ASEAN 域内経済協力の政治経済学」（ミネルヴァ書房、1998 年）、『ASEAN 経済共同体』（共編著、ジェトロ、2009 年）、『現代 ASEAN 経済論』（共編著、文眞堂、2015 年）、『ASEAN 経済共同体の創設と日本』（共編著、文眞堂、2016 年）、『東南アジア現代政治入門』（共編著、ミネルヴァ書房、2018 年）、『RCEP と東アジア』（共編著、文眞堂、2022 年）。

杉村美紀（すぎむら・みき）[30]
上智大学総合人間科学部教育学科教授。
【主要著書・論文】
"Impact of a consortium-based student mobility programme: The case of AIMS（Asian International Mobility for Students）, *Journal of International Cooperation in Education*, 2024（共著）、"Japan: Challenges in Internationalization of its Higher Education Sector" In Kapur, D. et al .eds. *The Oxford Handbook of Higher Education in the Asia-Pacific Region*. 2023（共著）.

鈴木早苗（すずき・さなえ）[6–8、コラム 2、13、17]
日本貿易振興機構 アジア経済研究所地域研究センター研究員。
【主要著書・論文】
『合意形成モデルとしての ASEAN ――国際政治における議長国制度』（東京大学出版会、2014 年）、『ASEAN 共同体――政治安全保障・経済・社会文化』（編著、日本貿易振興機構アジア経済研究所、2016 年）、『ASEAN の政治』（東京大学出版会、2024 年）

田村慶子（たむら・けいこ）[コラム 6]
北九州市立大学名誉教授・特別研究員、NPO 法人国境地域研究センター理事長。
【主要著書・論文】
『多民族国家シンガポールの政治と言語――「消滅」した南洋大学の 25 年』（明石書店、2013 年）、『シンガポールを知るための 65 章【第 5 版】』（編著、明石書店、2021 年）、「ジェンダーとセクシュアリティをめぐるアジアの政治」（木畑洋一・中野聡編『岩波講座世界歴史 24――21 世紀の国際秩序』岩波書店、2023 年）

小笠原高雪（おがさわら・たかゆき）［2、14］
東京国際大学国際関係学部教授。
【主要著書・論文】
『「一帯一路」時代の ASEAN――中国傾斜のなかで分裂・分断に向かうのか』（共著、明石書店、2020 年）、『「米中対峙」時代の ASEAN――共同体への深化と対外関与の拡大』（共著、明石書店、2014 年）、『対テロ国際協力の構図――多国間連携の成果と課題』（共著、ミネルヴァ書房、2010 年）、『メコン地域開発――残された東アジアのフロンティア』（共著、アジア経済研究所、2005 年）

＊金子芳樹（かねこ・よしき）［20、47］
編著者紹介参照。

工藤年博（くどう・としひろ）［12、コラム 3］
政策研究大学院大学（GRIPS）教授。
【主要著書・論文】
「日本の対ミャンマー ODA――拡大と凍結の論理」（濱田美紀編著『ASEAN と日本――変わりゆく経済関係』日本貿易振興機構アジア経済研究所 eBook、2024 年）、「ポスト軍政のミャンマー――「民主化」、経済成長、クーデター」（北岡伸一編著『西太平洋連合のすすめ――日本の「新しい地政学」』東洋経済新報社、2021 年）、『アウンサンスーチー政権下のミャンマー経済』（共編著、文眞堂、2020 年）。

黒田友哉（くろだ・ともや）［44］
専修大学法学部准教授。
【主要著書・論文】
『ヨーロッパ統合と脱植民地化、冷戦』（吉田書店、2018 年）、『戦後アジア・ヨーロッパ関係史』（共著、慶應義塾大学出版会、2015 年）、“EC-ASEAN Relations in the 1970s as an Origin of the European Union-Asia Relationship,” in *Journal of European Integration History*, Vol. 25(Issue. 1)

＊黒柳米司（くろやなぎ・よねじ）［1、3、4、コラム 1、5、11、45、50、コラム 9］
編著者紹介参照。

佐藤考一（さとう・こういち）［18、コラム 4］
桜美林大学リベラルアーツ学群教授。
【主要著書・論文】
『ASEAN レジーム―― ASEAN における会議外交の発展と課題』（勁草書房、2003 年）、『皇室外交とアジア』（平凡社新書、2007 年）、『「中国脅威論」と ASEAN 諸国――安全保障・経済をめぐる会議外交の展開』（勁草書房、2012 年）。

佐藤丙午（さとう・へいご）［コラム 7］
拓殖大学海外事情研究所所長・国際学部教授。
【主要著書・論文】
古谷知之・伊藤弘太郎・佐藤丙午編著『ドローンが変える戦争』（勁草書房、2024 年）、『ウクライナ戦争と激変する国際秩序』（並木書房、2022 年、共著）、『経済安全保障と技術優位』（勁草書房、2023 年、共著）、「米国の移民政策の課題」『海外事情』（2024 年 7・8 月号）など。

【執筆者紹介】（［　］は担当章、50 音順、＊は編著者）

浅野　亮（あさの・りょう）［41］
同志社大学法学部教授。
【主要著書・論文】
『中国をめぐる安全保障』（共著、ミネルヴァ書房、2007）、『中国、台湾』（共著、ミネルヴァ書房、2008）、『概説　近現代中国政治史』（共著、ミネルヴァ書房、2012）、習近平の軍事戦略：「強軍の夢」は実現するか』（共著、芙蓉書房、2023）など。

阿部和美（あべ・かずみ）［19、22］
二松学舎大学国際政治経済学部講師。
【主要著書・論文】
『混迷するインドネシア・パプア分離独立運動――「平和の地を求める闘いの行方」』（明石書店、2022 年）。

伊藤　晋（いとう・すすむ）［26、コラム 5］
新潟県立大学大学院国際地域学研究科教授。
【主要著書・論文】
Revisiting Successful Public Private Partnership (PPP) Business in Asia: the Case of Water Concession in Metro Manila in the Philippines（『アジア経営研究』第 27 号、2021 年）、*Infrastructure Development and Public–Private Partnership: The Case of the Philippines* (Springer, 2022)、*Knowledge Transformation and Innovation in Global Society: Perspective in a Changing Asia*（共著、Springer, 2024）。

稲田十一（いなだ・じゅういち）［コラム 8、49］
専修大学経済学部教授。
【主要著書・論文】
『「一帯一路」を検証する――国際開発援助体制への中国のインパクト』（明石書店、2024 年）、『社会調査からみる途上国開発――アジア 6 カ国の社会変容の実像』（明石書店、2017 年）。

井上浩子（いのうえ・ひろこ）［35］
大東文化大学法学部教授。
【主要著書・論文】
「過去との和解、インドネシアとの共生：東ティモールの『争い』の終わらせ方」（『季刊民族学』第 186 号、2023 年）、「平和構築とローカルな法秩序：東ティモールにおける司法制度の構築をめぐって」（『国際政治』第 185 号、2016 年）、『国際文化関係史研究』（共著、東京大学出版会、2013 年）。

大庭三枝（おおば・みえ）［36、43］
神奈川大学法学部・法学研究科教授。
【主要著書・論文】
『重層的地域としてのアジア――対立と共存の構図』（有斐閣、2014 年）、『アジア太平洋地域形成への道程――境界国家日豪のアイデンティティ模索と地域主義』（ミネルヴァ書房、2014 年）、*Japan's foreign policy in the 21st century: continuity and change*,（共著、Lexington Books/ Rowman & Littlefield, 2020）など。

【編著者紹介】

黒柳米司（くろやなぎ・よねじ）
大東文化大学名誉教授。

1944年生まれ。1966年大阪市立大学法学部卒業。1968年同大学院法学研究科修士課程修了（法学修士）。1970年同博士課程中退。同年財団法人日本国際問題研究所、1986年東洋英和女学院短期大学国際教養科を経て、1992年大東文化大学法学部。2003～05年同法学部長、2008～11年同副学長（教務担当）。2013年定年退職（名誉教授）。

【主要著書・論文】
『ASEAN全体像の検証』(責任編集、日本国際政治学会『国際政治第』116号、1997年)、『ASEAN35年の軌跡』（有信堂、2003年）、『アジア地域秩序とASEANの挑戦』（編著、明石書店、2005年）、『ASEAN再活性化への課題――東アジア共同体・民主化・平和構築』（編著、明石書店、2011年）、『「米中対峙」時代のASEAN――共同体への深化と対外関与の拡大』（編著、明石書店、2014年）、“The US-China-Japan Triangle and the Concept of ASEAN Centrality,” *Asan Forum*, July 31, 2015.「アジア『巨像と草』の戦後七〇年」（『外交』Vol. 33、2015年）。

金子芳樹（かねこ・よしき）
獨協大学外国語学部教授。

1957年生まれ。1981年慶應義塾大学法学部卒業。1987年同大学院法学研究科博士課程単位取得退学。1992年法学博士（政治学）。1991～2001年松阪大学政治経済学部専任講師、同助教授、同教授を経て、2001年より現職。

【主要著書・論文】
『マレーシアの政治とエスニシティ――華人政治と国民統合』（晃洋書房、2001年）、『南部アジア』〔世界政治叢書7〕（共著、ミネルヴァ書房、2011年）、『現代の国際政治〔第4版〕――変容するグローバル化と新たなパワーの台頭』（編著、ミネルヴァ書房、2019年）、『「一帯一路」時代のASEAN――中国傾斜のなかで分裂・分断に向かうのか』（編著、明石書店、2020年）。

吉野文雄（よしの・ふみお）
拓殖大学国際学部教授。

1957年生まれ。早稲田大学政治経済学部経済学科卒業、名古屋大学大学院国際開発研究科博士後期課程退学。高崎経済大学経済学部専任講師、同助教授、拓殖大学海外事情研究所助教授、拓殖大学海外事情研究所教授を経て2012年より現職。博士（経済学）。

【主要著書・論文】
『EU世界を読む』（共編著、世界思想社、2001年）、『東アジア共同体は本当に必要なのか』（北星堂書店、2006年）、『ASEANとAPEC――東アジアの経済統合』（鳳書房、2007年）、『東南アジアと中国・華僑』〔拓殖大学研究叢書（社会科学）38〕（成文堂、2012年）

山田　満（やまだ・みつる）
早稲田大学社会科学総合学術院教授。

1955年生まれ。東京都立大学大学院社会科学研究科博士課程単位取得退学、神戸大学博士（政治学）、埼玉大学教養学部教授などを経て、2009年より現職。

【主要著書・論文】
『「非伝統的安全保障」によるアジアの平和構築――共通の危機・脅威に向けた国際協力は可能か』（共編著、明石書店、2021年）、『平和構築のトリロジー――民主化・発展・平和を再考する』（明石書店、2022年）、『新しい国際協力論――グローバル・イシューに立ち向かう（第3版）』（共編著、明石書店、2023年）など多数。

エリア・スタディーズ　139

ASEANを知るための50章【第2版】

2015年12月10日　初　版第1刷発行
2024年 6月30日　第2版第1刷発行

編著者　黒柳米司
金子芳樹
吉野文雄
山田　満
発行者　大江道雅
発行所　株式会社明石書店
〒101-0021 東京都千代田区外神田6-9-5
電　話　03-5818-1171
FAX　03-5818-1174
振　替　00100-7-24505
https://www.akashi.co.jp/

装　幀　明石書店デザイン室
印刷／製本　日経印刷株式会社

(定価はカバーに表示してあります)　ISBN978-4-7503-5762-1

エリア・スタディーズ

1 現代アメリカ社会を知るための60章
明石紀雄、川島浩平 編著

2 イタリアを知るための62章【第2版】
村上義和 編著

3 イギリスを旅する35章
辻野功 編著

4 モンゴルを知るための65章【第2版】
金岡秀郎 著

5 パリ・フランスを知るための44章
梅本洋一、大里俊晴、木下長宏 編著

6 現代韓国を知るための61章【第3版】
石坂浩一、福島みのり 編著

7 オーストラリアを知るための58章【第3版】
越智道雄 著

8 現代中国を知るための54章【第7版】
藤野彰 編著

9 ネパールを知るための60章
日本ネパール協会 編

10 アメリカの歴史を知るための65章【第4版】
富田虎男、鵜月裕典、佐藤円 編著

11 現代フィリピンを知るための61章【第2版】
大野拓司、寺田勇文 編著

12 ポルトガルを知るための55章【第2版】
村上義和、池俊介 編著

13 北欧を知るための43章
武田龍夫 著

14 ブラジルを知るための56章【第2版】
アンジェロ・イシ 著

15 ドイツを知るための60章
早川東三、工藤幹巳 編著

16 ポーランドを知るための60章
渡辺克義 編著

17 シンガポールを知るための65章【第5版】
田村慶子 編著

18 現代ドイツを知るための67章【第3版】
浜本隆志、髙橋憲 編著

19 ウィーン・オーストリアを知るための57章【第2版】
広瀬佳一、今井顕 編著

20 ハンガリーを知るための60章【第2版】 ドナウの宝石
羽場久美子 編著

21 現代ロシアを知るための60章【第2版】
下斗米伸夫、島田博 編著

22 21世紀アメリカ社会を知るための67章
明石紀雄 監修 赤尾千波、大類久恵、小塩和人、落合明子、川島浩平、高野泰 編

23 スペインを知るための60章
野々山真輝帆 著

24 キューバを知るための52章
後藤政子、樋口聡 編著

25 カナダを知るための60章
綾部恒雄、飯野正子 編著

26 中央アジアを知るための60章【第2版】
宇山智彦 編著

27 チェコとスロヴァキアを知るための56章【第2版】
薩摩秀登 編著

28 現代ドイツの社会・文化を知るための48章
田村光彰、村上和光、岩淵正明 編著

29 インドを知るための50章
重松伸司、三田昌彦 編著

30 タイを知るための72章【第2版】
綾部真雄 編著

31 パキスタンを知るための60章
広瀬崇子、山根聡、小田尚也 編著

32 バングラデシュを知るための66章【第3版】
大橋正明、村山真弓、日下部尚徳、安達淳哉 編著

33 イギリスを知るための65章【第2版】
近藤久雄、細川祐子、阿部美春 編著

34 現代台湾を知るための60章【第2版】
亜洲奈みづほ 著

35 ペルーを知るための66章【第2版】
細谷広美 編著

36 マラウィを知るための45章【第2版】
栗田和明 著

37 コスタリカを知るための60章【第2版】
国本伊代 編著

38 チベットを知るための50章
石濱裕美子 編著

39 現代ベトナムを知るための63章【第3版】
岩井美佐紀 編著

40 インドネシアを知るための50章
村井吉敬、佐伯奈津子 編著

41 エルサルバドル、ホンジュラス、ニカラグアを知るための45章
田中高 編著

42 パナマを知るための70章【第2版】
国本伊代 編著

43 イランを知るための65章
岡田恵美子、北原圭一、鈴木珠里 編著

44 アイルランドを知るための70章【第3版】
海老島均、山下理恵子 編著

エリア・スタディーズ

45 **メキシコを知るための60章** 吉田栄人 編著

46 **中国の暮らしと文化を知るための40章** 東洋文化研究会 編

47 **現代ブータンを知るための60章【第2版】** 平山修一 著

48 **バルカンを知るための66章【第2版】** 柴宜弘 編著

49 **現代イタリアを知るための44章** 村上義和 編著

50 **アルゼンチンを知るための54章** アルベルト松本 著

51 **ミクロネシアを知るための60章【第2版】** 印東道子 編著

52 **アメリカのヒスパニック＝ラティーノ社会を知るための55章** 大泉光一、牛島万 編著

53 **北朝鮮を知るための55章【第2版】** 石坂浩一 編著

54 **ボリビアを知るための73章【第2版】** 眞鍋周三 編著

55 **コーカサスを知るための60章** 北川誠一、前田弘毅、廣瀬陽子、吉村貴之 編著

56 **カンボジアを知るための60章【第3版】** 上田広美、岡田知子、福富友子 編著

57 **エクアドルを知るための60章【第2版】** 新木秀和 編著

58 **タンザニアを知るための60章【第2版】** 栗田和明、根本利通 編著

59 **リビアを知るための60章【第2版】** 塩尻和子 編著

60 **東ティモールを知るための50章** 山田満 編著

61 **グアテマラを知るための67章【第2版】** 桜井三枝子 編著

62 **オランダを知るための60章** 長坂寿久 著

63 **モロッコを知るための65章** 私市正年、佐藤健太郎 編著

64 **サウジアラビアを知るための63章【第2版】** 中村覚 編著

65 **韓国の歴史を知るための66章** 金両基 編著

66 **ルーマニアを知るための60章** 六鹿茂夫 編著

67 **現代インドを知るための60章** 広瀬崇子、近藤正規、井上恭子、南埜猛 編著

68 **エチオピアを知るための50章** 岡倉登志 編著

69 **フィンランドを知るための44章** 百瀬宏、石野裕子 編著

70 **ニュージーランドを知るための63章** 青柳まちこ 編著

71 **ベルギーを知るための52章** 小川秀樹 編著

72 **ケベックを知るための56章【第2版】** 日本ケベック学会 編

73 **アルジェリアを知るための62章** 私市正年 編著

74 **アルメニアを知るための65章** 中島偉晴、メラニア・バグダサリヤン 編著

75 **スウェーデンを知るための64章【第2版】** 村井誠人 編著

76 **デンマークを知るための70章【第2版】** 村井誠人 編著

77 **最新ドイツ事情を知るための50章** 浜本隆志、柳原初樹 著

78 **セネガルとカーボベルデを知るための60章** 小川了 編著

79 **南アフリカを知るための60章** 峯陽一 編著

80 **エルサルバドルを知るための66章【第2版】** 細野昭雄、田中高 編著

81 **チュニジアを知るための60章** 鷹木恵子 編著

82 **南太平洋を知るための58章** メラネシア ポリネシア 吉岡政德、石森大知 編著

83 **現代カナダを知るための60章【第2版】** 飯野正子、竹中豊 総監修 日本カナダ学会 編

84 **現代フランス社会を知るための62章** 三浦信孝、西山教行 編著

85 **ラオスを知るための60章** 菊池陽子、鈴木玲子、阿部健一 編著

86 **パラグアイを知るための50章** 田島久歳、武田和久 編著

87 **中国の歴史を知るための60章** 並木頼壽、杉山文彦 編著

88 **スペインのガリシアを知るための50章** 坂東省次、桑原真夫、浅香武和 編著

89 **アラブ首長国連邦（UAE）を知るための60章** 細井長 編著

エリア・スタディーズ

90 **コロンビアを知るための60章**
二村久則 編著

91 **現代メキシコを知るための70章【第2版】**
国本伊代 編著

92 **ガーナを知るための47章**
高根務、山田肖子 編著

93 **ウガンダを知るための53章**
吉田昌夫、白石壮一郎 編著

94 **ケルトを旅する52章** イギリス・アイルランド
永田喜文 著

95 **トルコを知るための53章**
大村幸弘、永田雄三、内藤正典 編著

96 **イタリアを旅する24章**
内田俊秀 編著

97 **大統領選からアメリカを知るための57章**
越智道雄 著

98 **現代バスクを知るための60章【第2版】**
萩尾生、吉田浩美 編著

99 **ボツワナを知るための52章**
池谷和信 編著

100 **ロンドンを旅する60章**
川成洋、石原孝哉 編著

101 **ケニアを知るための55章**
松田素二、津田みわ 編著

102 **ニューヨークからアメリカを知るための76章**
越智道雄 著

103 **カリフォルニアからアメリカを知るための54章**
越智道雄 著

104 **イスラエルを知るための62章【第2版】**
立山良司 編著

105 **グアム・サイパン・マリアナ諸島を知るための54章**
中山京子 編著

106 **中国のムスリムを知るための60章**
中国ムスリム研究会 編

107 **現代エジプトを知るための60章**
鈴木恵美 編著

108 **カーストから現代インドを知るための30章**
金基淑 編著

109 **カナダを旅する37章**
飯野正子、竹中豊 編著

110 **アンダルシアを知るための53章**
立石博高、塩見千加子 編著

111 **エストニアを知るための59章**
小森宏美 編著

112 **韓国の暮らしと文化を知るための70章**
舘野晳 編著

113 **現代インドネシアを知るための60章**
村井吉敬、佐伯奈津子、間瀬朋子 編著

114 **ハワイを知るための60章**
山本真鳥、山田亨 編著

115 **現代イラクを知るための60章**
酒井啓子、吉岡明子、山尾大 編著

116 **現代スペインを知るための60章**
坂東省次 編著

117 **スリランカを知るための58章**
杉本良男、高桑史子、鈴木晋介 編著

118 **マダガスカルを知るための62章**
飯田卓、深澤秀夫、森山工 編著

119 **新時代アメリカ社会を知るための60章**
明石紀雄 監修 大類久恵、落合明子、赤尾千波 編著

120 **現代アラブを知るための56章**
松本弘 編著

121 **クロアチアを知るための60章**
柴宜弘、石田信一 編著

122 **ドミニカ共和国を知るための60章**
国本伊代 編著

123 **シリア・レバノンを知るための64章**
黒木英充 編著

124 **EU（欧州連合）を知るための63章**
羽場久美子 編著

125 **ミャンマーを知るための60章**
田村克己、松田正彦 編著

126 **カタルーニャを知るための50章**
立石博高、奥野良知 編著

127 **ホンジュラスを知るための60章**
桜井三枝子、中原篤史 編著

128 **スイスを知るための60章**
スイス文学研究会 編

129 **東南アジアを知るための50章**
今井昭夫 編集代表 東京外国語大学東南アジア課程 編

130 **メソアメリカを知るための58章**
井上幸孝 編著

131 **マドリードとカスティーリャを知るための60章**
川成洋、下山静香 編著

エリア・スタディーズ

エリア・スタディーズ

174 **チリを知るための60章**　細野昭雄、工藤章、桑山幹夫 編著

175 **ウェールズを知るための60章**　吉賀憲夫 編著

176 **太平洋諸島の歴史を知るための60章**　日本とのかかわり　石森大知、丹羽典生 編著

177 **リトアニアを知るための60章**　櫻井映子 編著

178 **現代ネパールを知るための60章**　公益社団法人 日本ネパール協会 編

179 **フランスの歴史を知るための50章**　中野隆生、加藤玄 編著

180 **ザンビアを知るための55章**　島田周平、大山修一 編著

181 **ポーランドの歴史を知るための55章**　渡辺克義 編著

182 **韓国文学を旅する60章**　波田野節子、斎藤真理子、きむ ふな 編著

183 **インドを旅する55章**　宮本久義、小西公大 編著

184 **現代アメリカ社会を知るための63章【2020年代】**　明石紀雄 監修　大類久恵、落合明子、赤尾千波 編著

185 **アフガニスタンを知るための70章**　前田耕作、山内和也 編著

186 **モルディブを知るための35章**　荒井悦代、今泉慎也 編著

187 **ブラジルの歴史を知るための50章**　伊藤秋仁、岸和田仁 編著

188 **現代ホンジュラスを知るための55章**　中原篤史 編著

189 **ウルグアイを知るための60章**　山口恵美子 編著

190 **ベルギーの歴史を知るための50章**　松尾秀哉 編著

191 **食文化からイギリスを知るための55章**　石原孝哉、市川仁、宇野毅 編著

192 **東南アジアのイスラームを知るための64章**　久志本裕子、野中葉 編著

193 **宗教からアメリカ社会を知るための48章**　上坂昇 著

194 **ベルリンを知るための52章**　浜本隆志、希代真理子 著

195 **NATO（北大西洋条約機構）を知るための71章**　広瀬佳一 編著

196 **華僑・華人を知るための52章**　山下清海 著

197 **カリブ海の旧イギリス領を知るための60章**　川分圭子、堀内真由美 編著

198 **ニュージーランドを旅する46章**　宮本忠、宮本由紀子 著

199 **マレーシアを知るための58章**　鳥居高 編著

200 **ラダックを知るための60章**　煎本孝、山田孝子 著

201 **スロヴァキアを知るための64章**　長與進、神原ゆうこ 編著

202 **チェコを知るための60章**　薩摩秀登、阿部賢一 編著

203 **ロシア極東・シベリアを知るための70章**　服部倫卓、吉田睦 編著

204 **スペインの歴史都市を旅する48章**　立石博高 監修・著　小倉真理子 著

205 **ハプスブルク家の歴史を知るための60章**　川成洋 編著

206 **パレスチナ／イスラエルの〈いま〉を知るための24章**　鈴木啓之、児玉恵美 編著

207 **ラテンアメリカ文学を旅する58章**　久野量一、松本健二 編著

208 **コンゴ民主共和国を知るための50章**　木村大治、武内進一 編著

——以下続刊

◎各巻2000円（一部1800円）

〈価格は本体価格です〉